L'INVISIBLE DE LA RUE VAUCOULEURS

Sous la direction
de Guy BENSOUSSAN,
du grand rabbin de France Haïm KORSIA
et de Michel Gad WOLKOWICZ

L'INVISIBLE DE LA RUE VAUCOULEURS

SARAH HALIMI

FEMME JUIVE ASSASSINÉE
À PARIS EN 2017

250 personnalités pour penser l'Affaire et ses enjeux

ACI LILLE

CONSISTOIRE CENTRAL
UNION DES COMMUNAUTÉS JUIVES DE FRANCE

DAVID REINHARC
Éditions

NOTE DE L'ÉDITEUR

DÉFENSE DU NOM PROPRE

DAVID REINHARC

L'été 2022, Haïm Korsia nous a mis, Michel Gad Wolkowicz et moi, en relation avec Guy Bensoussan, qui était à l'origine d'un projet en hommage à Sarah Halimi, pour sauver son nom de l'oubli. Par cet honneur, il m'offrait d'assumer pleinement mon engagement d'éditeur. Je conçois ce métier comme proche de celui d'avocat – défendre le nom propre, la possibilité pour un sujet de parler à la première personne du singulier, la qualité de la parole dans tout ce qu'elle peut avoir d'étrange, de dérangeant, d'insupportable même, parfois, dès lors qu'elle révèle un être, un visage, une façon d'habiter la terre, et d'habiter le temps, qui ne ressemblent à aucun autre. Pour cette raison, mais pas seulement, je veux exprimer ici ma gratitude à ces trois hommes – trois *mensch*.

Je me suis toujours demandé ce qui avait pu traverser la tête de mon père le jour où, petit garçon, à la gare Les Aubrais, venu accueillir mon grand-père, un fourreur juif hongrois sauvé la veille d'un camp d'internement, il se précipita vers lui en hurlant *papa, papa!* en yiddish – le désignant sur-le-champ à la Gestapo. Il comprit que les choses allaient tourner mal à l'instant où il le vit s'éloigner sous les coups de crosse, arraché pour toujours à l'affection des siens. Il avait vu alors, comme les proches de Sarah Halimi le lendemain de son meurtre, commis par un assassin présumé atteint d'une bouffée délirante, avec amour et angoisse, s'éloigner l'ultime visage, aimable, doux et consolateur de l'être auquel il tenait le plus.

Dans *New York Stories* de Woody Allen, la mère juive apparaît dans les nuages surplombant le loft du personnage, pour surveiller en permanence depuis le ciel ses faits et gestes. Parfois, j'imagine le surgissement inopiné de mon père et de mon grand-père – né le 15 mars 1909 à Mukacevo et mort le 12 mai 1944 à Auschwitz –, dont je suis l'obligé, derrière un nuage. Cet été 2022, Sarah Halimi est venue rejoindre papa et pépé sur ce nuage qui me suit depuis toujours.

Grâce aussi à Haïm Korsia, Guy Bensoussan et Michel Gad Wolkowicz, ainsi qu'aux deux cent cinquante contributeurs qui nous honorent ici[1]

1– Ou sur le site connexe au livre, car nous avons été amenés à tenir compte des arbitrages d'une commission dédiée à la répartition des textes.

de leur présence, quand je regarde au-dessus de moi, derrière les nuages, et comparais devant l'escorte secrète de ces trois fantômes, je ne rougis pas. Et pour cela, qui est l'essentiel, je veux encore leur dire infiniment merci.

Je suis entré dans ce projet – comme chaque fois que j'entre dans un projet éditorial, en vérité – avec à l'esprit cette épitaphe de Michelet, dans son *Histoire du Moyen Âge*, au duc d'Orléans : «Chaque homme est une humanité, une histoire universelle... Et pourtant cet être, en qui tenait une généralité infinie, c'était en même temps un individu spécial, un être unique, irréparable, que rien ne remplacera. Rien de tel avant, rien après; Dieu ne recommencera point. Il en viendra d'autres, sans doute; le monde, qui ne se lasse pas, amènera à la vie d'autres personnes, meilleures peut-être, mais semblables, jamais, jamais...»

Au départ, notre objectif était de donner à Sarah Halimi l'assistance qu'elle réclame pour ne pas disparaître complètement : il eût été terrifiant, nous rappelle Haïm Korsia, de limiter la vie d'une femme à sa mort.

Mon grand-père, mes oncles et tantes morts à Auschwitz sans sépulture, simples matricules N+1, furent tatoués au milieu d'une suite d'êtres déshumanisés et interchangeables. À l'idée nazie d'interchangeabilité des êtres, pour qui l'âme même, la condition humaine, l'appartenance à l'espèce sont rappelées à leur unique statut de produits manufacturés comme d'autres, dans les mécanismes de l'échange général, nous opposons le refus de penser par masses, l'unicité poétique de chacun, l'art de l'un par un, c'est-à-dire la restitution de l'unique dans sa singularité et son incomparable.

Il ressortait en effet des textes que je recevais qu'il était beaucoup question de la prière des morts d'Auschwitz. Le meurtre de Sarah Halimi a réveillé des blessures, et le passé est entré par effraction dans le présent. Je pensais à la phrase d'Emmanuel Levinas : «Ce qui fut unique entre 1940 et 1945, ce fut le délaissement.» *Délaissement*, le mot est juste concernant sa mort.

Les contributeurs évoquent la vie de Sarah Halimi, bien sûr, avec son visage, son corps, son âge et sa propre histoire, mais aussi Israël, l'antisionisme, l'islamisme, la haine qui perdure aux extrêmes et chez tous ceux qui, la poitrine gonflée de sentiments lyriques et de bonne conscience, crient *Mort aux Juifs!* J'avais toutefois le sentiment que le projet débordait, que nous sortions du cadre de l'hommage et de notre volonté de corriger la généralité et le nombre par le don du concret[2]. Relisant le manuscrit, à l'heure où j'écris, je comprends la cohérence de l'ensemble.

Sur fond du fantasme de faire «totalité», l'image quasi diabolique de la singularité juive, empêcheuse d'unifier en rond, et d'étouffer le particulier dans le général, ne peut pas ne pas susciter une haine destructrice.

Dans le repas de la Pâque juive, il est d'usage qu'une place soit toujours retenue pour la venue du prophète Élie, annonciateur du Messie. On le désire comme on ferait d'un être aimé dont on eût voulu qu'il arrivât. Las, à la fin du repas, il faut se rendre à l'évidence : nous avons maintenu sa place libre, il n'est pas venu. Ce nouvel échec, une fois le bel élan évanoui, nous replace chaque année face à l'éventualité de ne jamais voir venir personne combler la chaise vide. Et c'est bien cette chaise vide, cette faille, ce trou, ce *gap*, cette façon de ne pas coïncider avec soi-même sur lesquels la pulsion de mort antijuive s'exerce. Débarrassez-moi le sujet de toute fissure pour qu'enfin advienne le Grand Soir de l'être réconcilié avec soi. Peine perdue, le tonneau est troué : contre ceux, sans défaut dans la cuirasse, qui sont persuadés de posséder la pièce manquante du puzzle, nous nous dressons pour opposer comme seule certitude «la sagesse de l'incertitude, [qui] exige une force non moins grande» (Milan Kundera).

Au moment où nous passons de la conceptualisation à la réalisation de ce projet éditorial, il me plaît de penser que le seuil pourrait s'ouvrir pour les Absents. Je regarde derrière le nuage, et j'aperçois le visage de Sarah Halimi. Je suis impressionné par la noblesse de ses traits et de son port. Il me semble qu'elle esquisse de la main dans notre direction un petit signe d'adieu. Et je tremble que ce soit pour nous signifier la terrible fragilité du rapport de la France aux Juifs.

Son sourire triste nous renvoie à notre propre finitude : notre monde commun est un colosse aux pieds d'argile, dans lequel les Juifs pourraient se retrouver du jour au lendemain sans domicile fixe.

Je tiens à ce petit signe d'adieu comme à une précieuse invitation : toujours opposer à la barbarie qui revient la vision littéraire du monde. Pour ne pas que les générations à venir, de notre chagrin, ne retiennent que les larmes.

2- Je me souviens de cet entretien accordé par Danilo Kiš à Norbert Czarny dans *Art Press* en 1986, dans lequel l'écrivain mentionnait que la littérature corrige l'indifférence des données historiques : «La littérature est la concrétisation de l'abstrait de l'Histoire».

Avertissement

L'éditeur tient à préciser que cet ouvrage est le fruit de l'addition de contributions personnelles qu'il a sollicitées.

Aucune orientation éditoriale n'a été imposée aux auteurs, et aucun d'eux n'a eu connaissance des textes écrits par les autres contributeurs.

Collection *Makom* dirigée par Michel Gad Wolkowicz

SOMMAIRE

La table des matières détaillée
se trouve en fin d'ouvrage, p. 348.

I

OUVERTURES

POURQUOI CE LIVRE ?

PAS DE RESSORT PLUS PUISSANT QUE LE SENTIMENT D'INJUSTICE

GUY BENSOUSSAN

Que faire pour ne pas laisser l'oubli engloutir la figure de Sarah Halimi et l'indifférence effacer son abject assassinat, il y a cinq ans?

Comment faire comprendre à nos concitoyens que le sentiment d'injustice inséparable de l'affaire Sarah Halimi ne relève pas d'un simple drame, et encore moins d'un psychodrame «communautaire», pas plus que d'une névrose juive, mais d'une réalité qui nous concerne tous, Juifs et non-Juifs confondus? Car Sarah Halimi aurait pu être notre voisine, la voisine de chacun d'entre nous. Cela explique pourquoi il nous tenait à cœur de recueillir dans cet ouvrage les témoignages d'auteurs de toutes confessions, de tous horizons idéologiques, de sensibilités différentes. Je leur adresse en ce lieu mes vifs remerciements.

Sarah Halimi notre voisine, la voisine de chacun d'entre nous

Quand, avec mon ami le grand rabbin de France Haïm Korsia, je réfléchissais à la manière d'évoquer la personnalité, si généreuse et si modeste, du docteur Sarah Halimi, l'idée d'un livre s'est vite imposée. Car au-delà d'un hommage à la personne qu'elle fut, il nous importait de faire comprendre au plus grand nombre les enjeux de l'affaire qui porte désormais son nom et que certains n'hésitent plus à qualifier de «scandale d'État». Sarah Halimi n'est hélas ni la première ni la seule victime de la haine contre les Juifs qui tue dans notre France, pays des Lumières et des Droits de l'homme. Des Juifs y sont tués parce que juifs!

Dans le contexte de la nouvelle judéophobie dont les eaux ne cessent de monter depuis ce début de siècle, l'année 2021 a en outre enregistré un nombre record d'actes antisémites à travers le monde. En France, nous sommes confrontés à une augmentation des actes antisémites de 75% par rapport à l'année 2020, selon les chiffres livrés par le Service de protection de la communauté juive (SPCJ). Ces données sont d'autant plus terrifiantes que la majeure partie des victimes ne portent pas plainte. Il faut préciser que les statistiques fournies ne prennent pas en compte les insultes proférées sur Internet et les réseaux sociaux, devenus «les égouts du monde». Il y a bien longtemps que l'antisémitisme ne se limite plus aux quartiers dits «difficiles».

En homme, en citoyen français et Juif pratiquant, grand-père de quatre merveilleux petits-enfants, je refuse de fermer les yeux sur cette barbarie. M'y résigner reviendrait à m'en rendre complice, or je n'entends pas voir mes descendants pratiquer leur foi dans la crainte. Nos ancêtres en ont trop souffert. Du reste, comment imaginer, en 2023, craindre de pratiquer notre religion dans *le pays des libertés*, où le principe de laïcité est supposé garantir à chacun la liberté de conscience et d'expression de ses croyances ou convictions? Comment accepter de craindre nos origines dans le pays qui reconnaît, et impose, même, l'égalité de tous devant la loi, sans distinction confessionnelle? Comment ne pas se révolter de ressentir la peur d'être un Juif dans le pays de la fraternité républicaine?

JE PENSE À TOI, SARAH LA JUIVE
MICHEL JONASZ

Je pense à toi...
À mes grands-parents maternels,
Rose et Abraham et Louis, et Isidore, et Ijou et Béla,
quatre de leurs enfants... Quatre de mes oncles...
Et à tant d'autres... Aux millions d'autres...
Assassinés comme toi, Sarah, parce qu'ils étaient juifs.
Ma mère n'est plus là... Malheureusement pour moi, mais heureusement pour elle!
«Michel, ça existe encore? On sera jamais tranquille, alors?»
C'est certainement ce qu'elle m'aurait murmuré avec inquiétude et tristesse.
Oui, Maman, ça existe encore et c'est bien que tu ne sois plus là pour le voir.
Un jour, peut-être... la fraternité s'incarnera enfin et la famille humaine prendra conscience du lien qui nous relie tous.
J'attends ce jour avec impatience... Comme tant d'autres.
Je pense à toi, Sarah... Et je veux faire ici une promesse solennelle : nous ferons tout pour que personne ne puisse t'oublier.
Sarah la Juive, tu seras toujours dans nos cœurs.
Et au nom des hommes, je te demande pardon pour ta souffrance.

MICHEL JONASZ est un auteur-compositeur-interprète et acteur français.

À l'instant où j'ai appris, début avril 2017, l'épouvantable assassinat de Sarah Halimi, j'ai été envahi par un sentiment d'indignation et de colère. Combien de morts faut-il encore pour que les pouvoirs publics décident de réagir *vraiment*? Combien de vies, combien de familles seront encore détruites par une haine de même nature? Voilà que l'histoire se répète! Après le supplice de Ilan Halimi, jeune homme séquestré par ledit gang des Barbares, torturé dans une cave de cité et jeté agonisant près d'une voie ferrée dans l'Essonne, en 2006, nous déplorons l'assassinat de Sarah Halimi.

> Voilà que l'histoire se répète! Après le supplice de Ilan Halimi, jeune homme séquestré, torturé et jeté agonisant par ledit gang des Barbares, nous déplorons l'assassinat de Sarah Halimi.

Comme si la voix des anciens déportés ne s'élevait pas assez haut, comme si elle était devenue inaudible. Comme si les manuels d'histoire, les commémorations, les musées ne suffisaient plus à faire résonner «Plus jamais ça!». Mais tant que nous avons le courage de dénoncer, nous pouvons aussi nous battre. Avec les armes de l'esprit, de l'amour, de la bienveillance, et même de l'humour, constitutif de l'identité juive. Depuis toujours, la force du peuple juif réside dans sa capacité de porter l'espérance et la joie, quelles que soient les circonstances. Cela n'empêche ni la lucidité ni la détermination avec lesquelles nous devrions lutter contre la judéophobie qui gagne du terrain, voire s'impose partout là où nos principes républicains sont quotidiennement bafoués. Justement, pour que l'espérance et la joie finissent par l'emporter, il faut ouvrir courageusement les yeux sur ce qui ne peut être toléré dans une démocratie, dans une république, dans notre maison commune.

Révélatrice de plusieurs maux français, l'affaire Sarah Halimi heurte aussi en cela que la justice en France est rendue au nom du peuple. Or la majorité des Français, comme le confirment les sondages d'opinion publique, ne se reconnaît pas dans la décision inique de conclure à l'irresponsabilité pénale du meurtrier de Sarah Halimi. Une lumière dans les ténèbres. Et une preuve que tout n'est pas perdu... Mais combien seraient-ils à reconnaître la France, notre pays, en vivant le quotidien de cette femme juive, intrépide et intègre, à qui un jeune musulman radicalisé et drogué a infligé une mort atroce?

Allons-nous laisser des barbares dicter la loi?

Je me suis en effet souvent demandé si, avant la nuit fatidique du 3 au 4 avril 2017, il était arrivé à Sarah Halimi de craindre pour sa vie ou pour la sécurité de sa famille quand celle-ci lui rendait visite chez elle. La réponse est sans équivoque : oui! Son frère allait confier après le drame qu'elle craignait terriblement son voisin, qui l'avait injuriée à plusieurs reprises, la traitant de *sale Juive*, mais qu'elle n'avait pas osé porter plainte par crainte de représailles. Tout au plus, le docteur Halimi avait-elle déposé une demande de logement auprès de l'office HLM de Créteil, laquelle n'aboutissait pas. Il est consternant de constater que, cinq ans après les faits, l'entourage de la victime continue d'avoir peur : en 2022, les voisins d'immeuble de Sarah refusent tous de témoigner à visage découvert, terrorisés à l'idée d'être à leur tour agressés par la bande du jeune meurtrier franco-malien. Allons-nous donc vivre terrés, laissant des barbares dicter la loi? Allons-nous les autoriser à nous confisquer la paix et l'avenir de nos enfants ou allons-nous enfin lever la tête et, à défaut de reconnaître la France dans ce triste tableau, au moins admettre la réalité? Sans doute, ce serait le premier signe de révolte. Le premier pas aussi pour soigner notre pays devenu malade de violence, de haine antijuive, de laxisme, de lâcheté, d'indifférence.

En 2017, ce jeune musulman d'origine malienne était déjà passé vingt fois devant un juge.

Rappelons que le bourreau de Sarah Halimi n'était pas inconnu des services de police, tant s'en faut. Habitué d'une mosquée salafiste, à vingt-sept ans Kobili Traoré avait déjà écopé de six peines de prison. Son casier judiciaire comporte vingt-deux condamnations pour violences, agressions, vols et trafic de stupéfiants! En 2017, ce jeune musulman d'origine malienne était donc déjà passé vingt fois devant un juge. Le cannabis qu'il aurait consommé avant de commettre le crime aurait provoqué, selon la thèse retenue, une «bouffée délirante aiguë». Reste qu'il n'a jamais été question, dans les antécédents judiciaires de cet individu, d'un quelconque désordre psychique, pas plus qu'aucun trouble ne s'est apparemment manifesté après le crime.

Combien de temps un établissement classique de santé publique sera-t-il en mesure de garder ce «résident», plus que «patient» étant donné qu'il n'est pas malade, à l'inverse de ce qu'avaient diagnostiqué les experts, où il ne reçoit donc aucun traitement?

Il ne faut pas oublier que, au moment de l'interpellation par les forces de l'ordre, la nuit du crime, Traoré était suffisamment alerte pour clamer son innocence et osait même raconter que sa victime avait voulu se suicider en se jetant du balcon. Qu'importent ses propres hurlements, proférés dans l'immédiat après qu'il eut défenestré sa victime : *J'ai tué le sheitan* (démon, en arabe) *du quartier!*[3] Qu'importent les dizaines de témoins qui l'ont vu en train d'assommer Sarah Halimi de coups répétés sur le parapet! Qu'importe l'enregistrement d'une partie de la scène par un voisin! La bande-son, en possession des enquêteurs, a d'ailleurs confirmé l'atroce calvaire du docteur Halimi. Une analyse toxicologique du sang de son meurtrier, placé en cellule, a révélé la présence de cannabis. Voilà ce qui a incité le médecin à juger son état psychiatrique incompatible avec son maintien en garde à vue et à le faire interner. Cela, sans même qu'il ait pu être entendu par les policiers!

Tuer après avoir consommé une substance illicite - un crime et un délit punis par la loi - dispenserait-il de trente ans de réclusion criminelle? Faut-il en déduire que, au lieu de punir lourdement les criminels, nous préférons les psychiatriser?

Psychiatriser le criminel au lieu de le punir ?

Nous avons assez entendu les donneurs de leçons de morale s'écrier : «En France, on ne juge pas les fous!» Mais l'assassin de Sarah Halimi l'est-il vraiment?

Sept experts psychiatres se sont penchés sur son dossier et ont conclu à l'unanimité que, au moment des faits, le suspect souffrait d'une «bouffée délirante aiguë». Si, pour certains d'entre eux, elle aurait «altéré» son discernement, pour d'autres elle l'aurait purement et simplement «aboli». Un consensus a été atteint au sujet de la consommation soutenue et de longue date de cannabis par Traoré : une quinzaine de joints par jour pendant près de quinze ans ont, pour le moins, accentué son trouble. Cependant, au cours de l'instruction, les psychiatres se sont opposés sur les conséquences de cette addiction.

3- Voir les précisions données par Meyer Habib, p. 197.

Selon le docteur Daniel Zagury, le premier à avoir rencontré l'assassin, sa consommation «volontaire et régulière» de cannabis l'avait rendu en partie responsable de son acte, donc apte à comparaître pour s'en expliquer, autant devant le tribunal que devant la nation tout entière. Cependant, le 11 juin 2018 et le 18 mars 2019, deux autres experts ont, en revanche, estimé que le prévenu pouvait ignorer les effets hallucinogènes de cette drogue et qu'il aurait souffert d'une abolition *totale* de sa lucidité. C'est sur la foi de ces dernières expertises que les magistrats de la cour d'appel ont choisi de conclure, dans leur ordonnance du 12 juillet 2019, à l'irresponsabilité pénale de Kobili Traoré, plongeant la famille de la victime et une partie de l'opinion publique dans la stupeur.

Le 19 décembre 2019, les magistrats ont, à leur tour, déclaré que «le discernement [du] meurtrier [de Sarah Halimi] étant aboli, au sens de l'article 122-1 du Code pénal qui définit le principe de l'irresponsabilité pénale pour troubles psychiques, il ne peut donc être jugé pour son crime, dont la cour d'appel confirme les motivations antisémites». La cour d'appel a également ordonné l'hospitalisation de Traoré, assortie de mesures de sûreté sur une période de vingt ans. La partie civile a continué de se battre et, dans sa requête du 3 mars 2021, avait demandé de «retenir la responsabilité, compte tenu de l'intoxication volontaire». En vain.

« Justice pour Sarah Halimi »

La Cour de cassation a malheureusement confirmé la décision retenant l'irresponsabilité pénale du meurtrier, lequel pourra ainsi se dérober à tout procès. Par là même, la France évitera de braquer le projecteur sur une réalité qui est la sienne et qui est hideuse. Pourtant, il ne manque pas de Français qui récusent l'aveuglement volontaire.

L'arrêt du 14 avril 2021 a ainsi donné lieu à de multiples rassemblements à Paris, à Bordeaux, Marseille, Lyon, Lille, Strasbourg ou Nice, avec un seul mot d'ordre : «Justice pour Sarah Halimi». Car il n'y a pas de ressort aussi puissant que le sentiment d'injustice.

Nous avons alors entendu clamer «le besoin d'un procès». Un procès public. Mais nous n'aurions pas dû avoir à le réclamer. La décision finale concluant à l'irresponsabilité de l'assassin peut apparaître d'autant plus incompréhensible, sinon absurde, que le caractère antisémite du crime a été finalement retenu par la cour d'appel et confirmé en cassation. Il a toutefois fallu non moins d'une année de combat aux avocats de la famille Halimi pour que le caractère antisémite soit retenu par la juge Anne Ihuellou. Et nous voilà face à un paradoxe cruel : un crime explicitement et clairement motivé par la haine des Juifs, mais commis sans que le coupable en soit conscient.

À la suite de cette affaire Halimi, désastreuse pour l'image de la justice française, diverses propositions visant à modifier la loi en vigueur ont été déposées et débattues à l'Assemblée. Plusieurs dizaines de parlementaires ont ainsi proposé de modifier l'article 122-1 du Code pénal. Dans quel objectif? Considérer «le trouble psychique ou neurologique à l'origine de l'abolition du discernement» comme insuffisant à exonérer le prévenu de sa responsabilité pénale, sauf dans le cas où l'infraction est «issue d'un état pathologique ou d'une exposition *contrainte* aux effets d'une substance psychoactive». À l'avenir, une bouffée délirante aiguë provoquée par de la drogue consommée *volontairement* ne pourra donc plus être considérée comme une cause d'irresponsabilité.

La loi a été votée en janvier 2022, non sans controverses sur ses éventuelles «visées sécuritaires». Le rapport préliminaire, diligenté par l'ancien ministre de la Justice Nicole Belloubet, reflète bien ce point de vue : modifier l'article 122-1 aboutirait selon elle à *«remettre en cause notre édifice pénal»*. L'ex-garde des Sceaux n'a pas été suivie par la représentation nationale.

Le 22 juillet, sous l'impulsion et l'insistance du député Meyer Habib (UDI), l'Assemblée s'est en parallèle décidée, plus de quatre ans après les faits, à constituer une commission d'enquête sur les éventuels dysfonctionnements de la justice et de la police dans l'affaire Sarah Halimi[4]. Ses investigations ont pointé, entre autres, le fait que les policiers n'avaient pas exploité le téléphone portable du meurtrier ou qu'aucune des deux juges d'instruction n'avait pris la peine de procéder à une reconstitution. Des erreurs abyssales et un travail bâclé! Le rapporteur a néanmoins recommandé d'informer désormais le procureur chaque fois qu'un assassin sortira de l'hôpital, de façon que puisse être ordonnée une nouvelle expertise.

On attend des autorités de notre pays, le berceau des Droits de l'homme, le courage de prendre la pleine mesure de l'explosion de la haine antijuive, d'où qu'elle provienne, y compris de la mouvance islamiste ou des musulmans radicalisés. Impossible de sciemment l'ignorer, l'assassin de Sarah Halimi embarrasse tellement du fait de sa religion et de ses origines qu'il a fait se taire bien du monde. Et c'est là que la France a un vrai et grand problème avec elle-même. Il est temps de le traiter.

4- Voir ÉCLAIRAGE 1 : «La commission d'enquête parlementaire et la loi dite "Sarah Halimi" 2021-2022» (p. 196).

Un crime qui aurait dû bouleverser l'agenda médiatique

Les médias nationaux, tous les grands titres, ont été alertés de l'assassinat d'une femme juive en plein Paris très vite, au début d'avril. Pourtant, ils ont fait le choix de passer outre, sans enquêter sur le crime. En plein entre-deux-tours du scrutin présidentiel, serait-ce que cet assassinat tombait plutôt mal et aurait pu «faire le jeu» de Marine Le Pen, car l'assassin n'avait pas le profil attendu d'un croisé aux yeux bleus? Comment ce meurtre d'une rare barbarie est-il passé à ce point sous les radars médiatiques et politiques? La question, rétrospectivement, se pose.

> «Quand les nuages s'amoncellent au-dessus des Juifs, l'orage est bientôt pour tous.»

Si on parle des médias en termes de *quatrième pouvoir*, c'est parce qu'ils disposent de moyens, de compétences et de légitimité, non seulement pour porter des faits à la connaissance de tous, mais aussi pour les hiérarchiser. Littéralement et étymologiquement (du latin *informare*, informer, qui renvoie au fait de façonner, former, représenter), ils procèdent à leur qualification en les classant selon l'importance qu'ils leur accordent. Les implications de ce processus, à la fois sélectif et normatif, où s'insinuent de nombreux enjeux idéologiques, peuvent avoir de lourdes conséquences, y compris sur le plan politique. Clairement, on nous suggère à longueur de temps ce qui est digne, ou pas, d'être retenu, ce qui mérite notre attention et ce qui ne vaut pas plus de considération, ce qui fait *un événement* et ce qui n'est qu'une anecdote.

Comment accepter que le meurtre de Sarah Halimi soit resté si longtemps dans l'ombre, alors qu'il aurait dû bouleverser l'*agenda* médiatique et faire la une de toute la presse? Il nous a fallu, au contraire, affronter un silence si assourdissant que, de peu, on l'aurait dit *troublé* par l'insistance de la presse juive et des réseaux sociaux à évoquer l'affaire Halimi. Une marche blanche a certes eu lieu le dimanche qui a suivi le crime, depuis le métro Belleville jusqu'au domicile de Sarah Halimi, dans le XIe arrondissement. Organisée à l'appel du Conseil représentatif des institutions juives de France (CRIF), elle n'a rassemblé que quelques centaines de personnes; en d'autres termes, il s'agissait d'un entre-soi navrant. Et encore, d'atroces cris de *Mort aux Juifs!* en provenance des cités avoisinantes, ont perturbé son déroulement.

Nous avons dû attendre sept semaines, et notamment les prises de parole publiques des avocats comme du frère de la victime, William Attal, en mai 2017, pour que paraissent dans la presse non pas seulement communautaire, mais aussi nationale, les premières tribunes libres d'intellectuels français.

> Que ce livre participe pleinement à l'avènement de la vérité. Qu'il serve de manuel de résistance face à l'indifférence et au mensonge.

Nous gagnerons collectivement à nous interroger sur cette étrange attitude. Et à garder en mémoire le vieux dicton, jamais démenti : «Quand les nuages s'amoncellent au-dessus des Juifs, l'orage est bientôt pour tous.»

Le bien et le mal existent. Que nous soyons juifs, musulmans, chrétiens, bouddhistes, agnostiques ou athées, en notre for intérieur nous savons ce qui est bien et ce qui est mal, ce qui est juste et ce qui ne l'est pas; enfin, ce qui est honteux et ce qui est noble. Cette vérité intérieure, nous devons non seulement la protéger, mais aussi la dire à voix haute pour qu'elle devienne le fondement de notre vie sociale et publique. Comment nous projeter dans un avenir commun sans avoir confiance en notre voisin?

Que ce livre participe pleinement à l'avènement de la vérité.

Qu'il serve de manuel de résistance face à l'indifférence et au mensonge.

Qu'il apporte du réconfort à tous ceux qui ont souffert de l'antisémitisme et qui n'ont pas osé s'en plaindre.

GUY BENSOUSSAN, président de la communauté juive de Lille, est à l'initiative de ce volume collectif.

POUR QUE VIVE LA MÉMOIRE DE CELLE QUI CHANTAIT À L'OREILLE DES ENFANTS

GRAND RABBIN DE FRANCE HAÏM KORSIA

Il est terrifiant de limiter la vie d'une femme à sa mort et, plus largement, à un seul moment de son existence.

C'est probablement la raison du refus religieux d'une photo sur la tombe des défunts, pour n'enfermer personne dans un âge unique. Car quel cliché choisir? juste avant sa mort? Mais elle a été jeune, s'est mariée, a vécu, a aimé, bref, elle a été plusieurs, tout en restant la même.

Ce principe est plus terrible encore dans le cas de Sarah Halimi, cette femme juive de soixante-cinq ans, médecin, assassinée chez elle dans la nuit du 4 avril 2017. D'abord rouée de coups, puis défenestrée par son meurtrier, un délinquant de vingt-sept ans, au cri de *Allah akbar!* Mais si on ne parle que de sa mort, devenue emblématique de la catastrophique gestion de cette affaire judiciaire (j'y reviens plus loin), on risque d'oublier l'être exceptionnel qu'elle fut.

> Il est terrifiant de limiter la vie d'une femme à sa mort.

Pour cette raison, j'ai longtemps choisi de l'appeler par son nom de naissance, Lucie Attal. Puis je me suis efforcé de toujours ajouter son titre de docteur, car c'était sa vocation et son sacerdoce : s'occuper des autres, des plus faibles en particulier. Pourtant, la photo qui illustre invariablement les articles concernant son meurtre l'enferme dans une vision unique, alors qu'il en existe d'autres, avec des enfants ou dans des situations de la vie qui pourraient nous la rendre plus présente, réelle, presque vivante.

Voilà pourquoi l'initiative de mon ami Guy Bensoussan, le très dynamique président de la communauté juive de Lille, de créer ce livre collectif, me paraît éminemment louable. Elle nous permet de restituer la personne de Lucie-Sarah Attal-Halimi. Et plus encore.

De l'affaire à l'Affaire

D'abord, par la pertinence qu'il y avait à rassembler les signatures les plus diverses pour repenser le désastre Sarah Halimi avec le recul réflexif que permettent les cinq années écoulées. Mais le repenser de façon, surtout, à ouvrir une réflexion sur l'avenir en interrogeant ce que cette affaire française donne à *voir* et à *penser* des maux qui gangrènent notre société et dont elle présente, pour ainsi dire, un fascinant concentré.

De quoi cette affaire, qui a opéré comme une alerte, est-elle le nom?

Autrement dit, se demander, avec les armes de l'esprit – et les mots sont aussi des armes, disait le poète et chef partisan Abba Kovner, en 1942 –, de quoi cette affaire est le nom, et encore : «Que faire?» Comment agir face aux antisémites et, peut-être plus nocifs encore, leurs «idiots utiles», alliés objectifs et autres compagnons de route? Deux questions que relèvent sans œillères les quelque cent cinquante plumes présentes dans ce livre, ce pour quoi je leur adresse ma plus sincère reconnaissance, de même qu'à l'ensemble des autres contributeurs qui, comme le précise Guy Bensoussan, seront présents sur le site Internet.

Nous avons besoin de ces intelligences depuis longtemps réveillées, la lucidité étant une qualité intellectuelle, mais aussi une qualité morale, car encore faut-il avoir le courage de «voir ce que l'on voit» (Charles Péguy).

Cette affaire a en effet opéré comme l'alerte d'une crise multiple : celle de nos institutions, à commencer par l'institution judiciaire; celle de l'intégration d'une partie de l'immigration avec une menace islamiste que l'on ne saurait voir; celle de l'exil des Juifs de France; celle de l'indifférence ou du déni, comme un mal de notre époque qui s'infiltre partout et n'épargne ni nos élites, ni les magistrats, ni les experts, ni les médias, ni même la police. Reste à savoir si l'alerte a été entendue.

A-t-on bien pris conscience de la gravité de cette crise à plusieurs niveaux? Est-on enfin disposé à comprendre que «les prétendus problèmes liés à la minorité juive renvoient toujours à ceux dont souffre la majorité», comme le relevait déjà le psychosociologue Kurt Lewin, en 1946? Ce n'est pas certain. Ce livre aurait rempli une part essentielle de son objectif s'il pouvait y contribuer.

En femme exigeante qu'elle fut, Sarah Halimi n'aurait sans doute pas voulu d'une plate oraison funèbre. Elle aurait souhaité que l'on lui rende hommage en rassemblant des esprits aiguisés et courageux, capables de porter un diagnostic en profondeur sur les pathologies françaises dont son affaire demeure l'emblématique illustration. Des maux qui engagent notre avenir commun.

Retracer le parcours d'une femme exceptionnelle.

Dans le second versant de ce projet : retracer ou rappeler le parcours de cette femme exceptionnelle et l'histoire de sa modeste famille, originaire de Constantine, en Algérie, qui s'est installée en banlieue parisienne à un moment où les tensions ne cessaient d'y monter. Sarah y a vu le jour le 30 novembre 1951[5]. Une fois achevées ses études de médecine, la jeune femme s'est mariée et a ensuite élevé ses trois enfants. Après son divorce, elle a pris la direction d'une crèche dans le Marais, vite surnommée par les familles du quartier : «la crèche de Madame Halimi».

Nous mésestimons à quel point ce moment de l'existence est déterminant, lorsque les enfants en bas âge se retrouvent pour la première fois en collectivité. Une étape qui conditionne par la suite leur relation aux autres, leur confiance dans le monde et, plus encore, en eux-mêmes. C'est là que le docteur Sarah Halimi apportait toute son humanité, sa capacité à comprendre et à aimer les petits êtres qu'on lui confiait. Oui, aimer, car elle savait que les rails sur lesquels elle les plaçait seraient ceux qui les guideraient leur vie durant.

Or cette mission, elle ne pouvait la mener à bien sans un sens du don, de la transmission, de la responsabilité, et un amour unanimement attestés par ceux qui l'ont connue, familles, proches et amis.

« Au nom du peuple français », vraiment ?

De cet amour, elle a justement été privée dans l'affaire qui porte son nom. Un crime qui a peut-être – et encore... – été jugé en droit, mais pas avec le cœur. Pas en justice au sens du *juste*. Depuis Adolphe Crémieux, la justice, en France, est censée se rendre «au nom du peuple français».

Crémieux qui, par ses célèbres décrets d'octobre 1870, conféra la citoyenneté française aux ancêtres de Lucie Attal, les «indigènes israélites d'Algérie», les reliant ainsi à toute notre histoire. Crémieux qui, en tant que garde des Sceaux du gouvernement de «l'illusion lyrique» (1848),

5- Voir PARTIE II : «Sarah Halimi, la femme avant l'affaire. Portraits», p. 43.

entend donc rendre la justice en notre nom *à tous,* afin qu'elle soit audible, compréhensible et acceptée par le peuple. Pour nous tous.

Ne pas juger le coupable rompt la confiance en la justice.

Or, dans le drame qui nous occupe, nous voyons bien que le peuple français, l'ensemble du peuple français, ne s'est pas reconnu dans l'arrêt inique rendu par la Cour de cassation le 14 avril 2021. Cette décision, qui confirmait l'«irresponsabilité pénale» du meurtrier, donc l'absence de procès public aux assises, fut même désapprouvée par 73% d'entre eux[6]. Du reste, les manifestations du printemps 2021 (plus de quinze mille personnes sur le parvis du Trocadéro) débordèrent alors de loin les rangs de la communauté juive. En quel sens, en effet, un crime reconnu comme motivé par la haine judéophobe a-t-il pu être commis par un meurtrier n'étant pas au fait qu'il tue? Quelque chose heurtait là le sens commun...

La paix retrouvée de la chose bien jugée? Rien de tel ici.

Ce verdict confirmait aussi que, en fumant du cannabis, l'assassin de Sarah Halimi ignorait qu'il pourrait être victime d'une «bouffée délirante» susceptible de le conduire à massacrer sa voisine en lui infligeant un atroce supplice.

Si nous escomptons légitimement de la justice qu'elle apaise une situation douloureuse, rien de tel ici. Cet arrêt nous inquiète car nous n'y reconnaissons pas l'impératif, pour les juges, d'entendre la voix de la société. Pas la rue qui hurle parfois sa haine ou son désir de vengeance. Non. La société qui espère la sérénité de la chose établie par un tribunal, la paix retrouvée de la chose bien jugée.

Je m'astreins d'habitude à ne pas commenter les décisions de justice, estimant que, étant rendues au nom du peuple et avec son assentiment, elles ne peuvent souffrir la contradiction, si ce n'est celle des parties.

6– Selon une étude réalisée à ce moment-là. Voir la contribution de Simone Rodan-Benzaquen, la présidente de l'AJC-Europe, qui a initié ce sondage, p. 293. Voir aussi la tribune libre du grand rabbin Haïm Korsia dans le dossier du Figarovox du 7 avril 2019, consacré à l'affaire (NdE).

Mais la tragique et ubuesque décision de ne pas juger l'assassin du docteur Lucie Attal-Halimi pour un crime antisémite particulièrement barbare, sous prétexte de «bouffée délirante», a instauré une grave rupture de confiance.

Sarah Halimi ne s'est pas tuée toute seule.

La grandeur de notre justice réside, par-delà la sentence, en sa capacité à poser des mots sur des drames et à obtenir, pour les personnes lésées ou meurtries dans leur chair, la reconnaissance de leur douleur. Oui, la justice se doit de cautériser les plaies, à défaut de pouvoir les réparer. Or, dans le meurtre de Sarah Halimi, la chambre de l'instruction a donc décrété l'abolition du discernement du meurtrier, autrement dit son irresponsabilité au moment des faits, alors même que celui-ci avait reconnu l'avoir tuée et que la cour avait finalement retenu la motivation antisémite. Il n'y aura donc ni comparution devant des jurés d'assises, ni condamnation. On est resté entre «experts». Au point que parler de *l'assassin* du docteur Sarah Halimi serait désormais impropre. Si ce n'est qu'elle ne s'est pas tuée toute seule...

Alors comment ne pas s'indigner? Non pas de la décision, qui relève de la responsabilité des magistrats, mais de ce procès empêché? Et comment ne pas en tirer la conclusion que résumait bien le cinéaste François Margolin dans un article du 15 avril 2021 : «Donc, on peut désormais assassiner une femme, en France, pour la seule raison qu'elle est juive, et ne pas même passer devant un tribunal. C'est la leçon que tout un chacun peut (et va) tirer de l'arrêt du 14 avril! [...] Quel plus beau signal donner à tous les antisémites que notre pays recèle?» De fait, depuis Sarah, deux autres Juifs ont été tués en France en 2022 par leurs voisins musulmans radicalisés, René Hadjadj en mai et Eliahou Haddad en août.

Tous les Juifs assassinés au cours des vingt dernières années en France sont tombés sous les coups des islamistes.

Comme si ce «scandale d'État» ne suffisait pas, un volet supplémentaire est discrètement venu s'y ajouter en 2022, puisque le meurtrier de Sarah Halimi, hospitalisé dans un établissement classique, se voit déjà délivrer des permissions de sortie... Et pourquoi pas? Après tout, il n'a jamais développé de maladie chronique, contrairement à la prévision des experts retenus par la juge Anne Ihuellou.

Un procès confisqué, mais une avancée législative majeure

Nous avons cependant obtenu une avancée majeure : faire évoluer la législation de sorte que puissent être désormais incriminés les individus qui se mettent de leur propre chef en état d'irresponsabilité en se droguant. Une évolution qui s'est traduite par le vote de la loi dite «Sarah Halimi» en janvier 2022, en réponse à l'affaire[7].

Mais celle-ci ne sera évidemment pas appliquée à son assassin, la loi n'étant pas rétroactive. C'est malheureux, car non seulement ses proches seront à jamais privés de sa présence, mais on leur ôte jusqu'à la possibilité d'être entendus et de voir les faits révélés au grand jour.

> Donc, on peut désormais assassiner des Juifs en France sans passer devant un tribunal?

C'est ainsi déposséder les citoyens d'un des droits les plus précieux qui soit en démocratie : celui de faire appel à la justice pour faire la lumière sur un tel déferlement de violence et de haine, ainsi que sur l'imaginaire culturel et l'idéologie qui les nourrissent. Car ce crime n'est pas isolé et il n'a pas surgi de rien. Comme l'écrit plus loin la philosophe Bérénice Levet : «Allons-nous indéfiniment dénoncer avec emphase et solennité "les heures sombres du passé", mettre en garde contre la Bête immonde toujours renaissante et, dans le même temps, détourner le regard dès lors qu'Elle ne présente pas le visage attendu?» Si les morts nous obligent, Sarah Halimi nous oblige à ouvrir enfin un œil sur le réel.

Cela vaut *a fortiori* dans un contexte de forte recrudescence de l'antisémitisme, dans une France où l'ensemble des Juifs assassinés au cours des vingt dernières années sont tous, sans exception, tombés sous les coups d'islamistes. Que l'on songe aux enfants de l'école Ozar Hatorah de Toulouse en mars 2012 et à leur père, aux quatre personnes tuées à l'Hypercacher de Vincennes en janvier 2015, à Mireille Knoll, lardée de coups de couteau en mars 2018, un an après Sarah. Et depuis, voilà encore que,

---

7– Voir ÉCLAIRAGE 1 : «La commission d'enquête parlementaire et la loi dite "Sarah Halimi" 2021-2022», p. 196.

en 2022, deux Juifs français, René Hadjadj, défenestré, et Eliahou Haddad, massacré à la hache, ont été assassinés (comme Sarah et comme Mireille Knoll) par leurs voisins musulmans passablement radicalisés.

Ne nous a-t-on pas assuré, en 2017, que déresponsabiliser un meurtrier antisémite et islamiste n'équivaudrait en rien à délivrer un permis de tuer à d'autres cerveaux tout aussi inspirés?

Le choix de la vie

Et ainsi, «quelque chose nous incombe», écrivait Vladimir Jankélévitch dans *L'Imprescriptible*, car «les massacrés n'ont plus que nous pour penser à eux. Si nous cessions d'y penser, nous achèverions de les exterminer, et ils seraient anéantis définitivement. Les morts dépendent entièrement de notre fidélité [...]. Le passé a besoin qu'on l'aide, qu'on le rappelle aux oublieux, aux frivoles et aux indifférents». Cet ouvrage s'adresse avant tout à ces derniers, car les accommodements, la complaisance ou le déni, face à cette espérance trahie qui s'appelait Sarah Halimi, ne nous sont plus permis, à nous Juifs et non-Juifs. Puisse-t-il inviter à un triple devoir, bien résumé ici par l'historien Henry Rousso : un devoir de *mémoire* (fidélité), un devoir d'*histoire* (éducation) et un devoir de *résistance* (survie), tant il en va de l'avenir même de nos démocraties.

C'est la raison pour laquelle la démarche de Guy Bensoussan relève de la «réparation du monde» *(tikkoun olam)*, une notion centrale dans le judaïsme, s'agissant de rendre à Sarah Halimi un visage et une vie, comme de restituer à son affaire sa dimension d'alarme à laquelle nous serions bien inspirés de prêter l'oreille. Nous lui devons au moins cela.

La Bible nous dit : «Voici, Je place devant toi la vie et la mort, et tu choisiras la vie», pour nous enjoindre de faire aujourd'hui, en hommage au docteur Sarah Halimi, le choix de la vie. Ce qui signifie qu'elle restera présente à nous, à condition que nous restions présents à elle, à sa mémoire. Mais aussi à l'enseignement que sa mort tragique nous lègue, si toutefois nous trouvons le courage politique et intellectuel de le recevoir.

À nous, aujourd'hui, de faire le choix de la vie.

HAÏM KORSIA est grand rabbin de France, membre de l'Institut. Il est notamment l'auteur de *Être français et juif. Jacob Kaplan, le rabbin de la République* aux éditions Privé en 2006 et de *Réinventer les aurores*, prix de littérature politique Edgar Faure publié chez Fayard en 2020.

L'ENGAGEMENT DE L'ÉGLISE CONTRE TOUTE FORME D'ANTISÉMITISME[8]

PAPE FRANÇOIS

Dans notre époque turbulente, il est essentiel que Juifs et chrétiens se rencontrent plus souvent et travaillent ensemble dans le but de contrer certaines tendances négatives que l'on retrouve dans nos sociétés occidentales : l'idolâtrie de soi et de l'argent, l'individualisme extrême et la culture de l'indifférence et du gaspillage. Nous sommes appelés à témoigner ensemble du Dieu de la miséricorde et de la justice, qui aime et prend soin de toutes les personnes. Nous pouvons le faire en puisant dans le patrimoine spirituel que nous partageons en partie, un patrimoine que nous avons la responsabilité de préserver et de comprendre toujours plus profondément.

Nos traditions religieuses nous invitent à aborder les désaccords, les différences et les conflits non pas de manière conflictuelle, mais sans préjugés, avec des intentions pacifiques et dans le but de trouver des terrains d'entente acceptables pour tous. La haine et la violence sont incompatibles avec notre foi dans le Dieu qui est «miséricordieux et compatissant, lent à la colère et abondant en miséricorde et en fidélité» (Exode 34:6).

> La haine et la violence sont incompatibles avec notre foi.

En tant que Juifs et chrétiens, nous sommes appelés à agir de manière à ressembler le mieux possible à notre Créateur et Père. Comme nous le savons, cela devient très difficile lorsque nous sommes l'objet d'injustice et de persécution, comme cela s'est souvent produit dans l'histoire et, tragiquement, continue de se produire aujourd'hui. À cet égard, je saisis cette occasion pour réitérer l'engagement de l'Église catholique à s'opposer à toute forme d'antisémitisme, en premier lieu par des actions préventives, notamment éducatives, au sein des familles, des communautés paroissiales, des écoles ou des associations laïques.

8- Vœux du Saint-Père remis au cardinal Koch pour la délégation du Comité juif international pour les consultations interreligieuses, le 30 juin 2022.

Le dialogue interreligieux est un signe de notre temps et, je dirais, un signe providentiel, dans le sens où Dieu lui-même, dans son sage dessein, a suscité, chez les responsables religieux et chez beaucoup d'autres, le désir de se rencontrer et de se connaître dans le respect de leurs différences. C'est une voie privilégiée pour faire grandir la fraternité et la paix dans notre monde.

Le dialogue interreligieux est un signe providentiel.

En renforçant le dialogue, nous pouvons résister à l'extrémisme qui, malheureusement, est une pathologie également susceptible d'apparaître dans les religions. Prions pour que le Seigneur continue à nous guider sur ce chemin du dialogue et de la fraternité.

L'INTERROGATION PRIMORDIALE SOULEVÉE PAR L'ASSASSINAT DE SARAH HALIMI

FRANÇOIS HOLLANDE

Le meurtre, il y a bientôt six ans, de Sarah Halimi, avait provoqué une immense émotion en France.

Cette émotion, elle était suscitée certes par les circonstances effroyables de la mort d'une personne bonne et aidante dans un quartier où elle était bien connue et appréciée, mais aussi par les déclarations et la personnalité de l'assassin, lequel entendait dans son délire viser une Juive. Elle fut amplifiée par le processus judiciaire qui aboutit à confirmer l'irresponsabilité pénale du meurtrier, tout en constatant le caractère antisémite du crime, suscitant, *in fine*, une incompréhension totale et même une indignation.

Le gouvernement avait tenté, et je peux admettre sa logique, de résoudre cette contradiction en mettant en chantier une réforme du Code pénal pour tenir compte, selon le garde des Sceaux, «de la prise volontaire de substances toxiques par un individu, conduisant à l'abolition de son discernement». Force est de constater que la loi du 24 janvier 2022 n'a pas apaisé les esprits.

> Comment répondre au sentiment profond, durable et, il faut le reconnaître, hélas justifié, des Juifs de France d'être les victimes de formes nouvelles d'antisémitisme, récurrentes, puisque revenant par vagues, et excusées par certains au nom d'un antisionisme militant?

Dénoncée par les magistrats et les praticiens du droit, mais aussi par les psychiatres, elle pose au final davantage de questions qu'elle n'en résout. Car aurait-elle pu être appliquée dans le cas d'espèce? Quand commence l'acte volontaire et quand intervient l'abolition du discernement? Quand un individu s'en prend à un Juif parce que juif, peut-il s'exonérer d'être antisémite au prétexte qu'il aura pris certaines substances ?

Surtout, elle souffre de ne pas être la réponse adaptée, selon moi, à l'interrogation primordiale soulevée par l'assassinat de Sarah Halimi.

Comment répondre au sentiment profond, durable et, il faut le reconnaître, hélas justifié, des Juifs de France d'être les victimes de formes nouvelles d'antisémitisme, récurrentes, puisque revenant par vagues, et excusées par certains au nom d'un antisionisme militant ? Ces agressions s'ajoutent au vieux fonds antisémite qu'aucun pays ne peut se targuer d'avoir définitivement éradiqué et qui se camoufle parfois dans un discours violemment anticapitaliste qui commet des rapprochements honteux.

La France ne serait pas ce qu'elle est
sans la contribution des Juifs
à notre vie en commun,
et, pour être chez eux,
les Juifs ont le droit d'exiger
de la République
protection et affection.

C'est cette dérive qu'il faut combattre, en s'attaquant en priorité à la haine qui se déverse sur les réseaux sociaux et qui vise notamment les Juifs.

J'ai écrit que la France ne serait pas ce qu'elle est sans la contribution des Juifs à notre vie en commun, et j'ai ajouté que, pour être chez eux, les Juifs ont le droit d'exiger de la République protection et affection.

FRANÇOIS HOLLANDE a été président de la République
du 15 mai 2012 au 14 mai 2017.

HONORER LA MÉMOIRE DE SARAH HALIMI POUR LUI RENDRE DIGNEMENT JUSTICE

ÉLIE KORCHIA

À l'occasion de ma plaidoirie au procès des attentats de janvier 2015 devant la cour d'assises spécialement composée, j'avais porté la voix de plusieurs parties civiles en rappelant notamment une phrase d'un des célèbres *Propos* du philosophe Alain, qui nous apprend que «dans l'esprit des survivants, les morts ne cessent jamais de mourir».

Près de six ans après cette funeste nuit du 4 avril 2017, rue Vaucouleurs dans le XIe arrondissement de Paris, au cours de laquelle le docteur Sarah Halimi a été rouée de coups durant de trop longues minutes avant d'être défenestrée de son appartement HLM par un meurtrier forcené et sans pitié, nous ne pouvons ainsi que repenser avec émotion au calvaire et aux souffrances dont elle a été victime.

Par-delà sa mort et au même titre que les victimes de l'attentat de l'école Ozar Hatorah de Toulouse en 2012 ou celles de l'attentat de l'Hyper-cacher en 2015, le nom de Sarah Halimi est devenu l'un des symboles de l'antisémitisme qui a mortellement frappé notre pays et de cet islamisme radical qui s'en est pris sauvagement à des enfants et des adultes, pour le simple fait qu'ils étaient juifs.

> *Dans l'esprit des survivants, les morts ne cessent jamais de mourir.* – Alain

Une douloureuse issue judiciaire

Mais plus encore ici, le meurtre atroce de Sarah Halimi revêt une dimension supplémentaire en ce que l'on a désormais pris l'habitude de parler de «l'affaire Sarah Halimi» en raison du fait que son meurtrier a été jugé pénalement irresponsable de ses actes et que sa famille s'est donc trouvée privée d'un procès devant la cour d'assises, à la suite d'un processus judiciaire marqué par un certain nombre d'errements et de lacunes.

En ma qualité d'avocat, et donc d'auxiliaire de justice, il ne m'appartient guère de me livrer ici à une critique des décisions judiciaires qui ont mené à l'arrêt de la Cour de cassation du 14 avril 2021, confirmant l'irresponsabilité pénale du meurtrier de Sarah Halimi, mais je me dois de rappeler la légitime indignation d'une partie importante de l'opinion publique, qui n'a pu se résoudre à cette douloureuse issue judiciaire.

Habitué tout autant aux arcanes du monde judiciaire qu'aux arguties juridiques, j'en tire le constat que les juges ont appliqué les règles de notre droit positif sans rendre finalement justice dans ce dossier criminel hors normes, qui aura vu un meurtrier fanatisé tuer en pleine nuit et dans des conditions de souffrance insoutenables une femme médecin retraitée dans son appartement, l'ayant longuement torturée au cri de *Allah akbar!* avant de la défenestrer en hurlant : *J'ai tué le sheitan!* (le diable, en arabe).

Estimant que la consommation de cannabis chronique du meurtrier avait engendré une «bouffée délirante aiguë», les magistrats ont ainsi considéré qu'il ne devait pas être renvoyé devant la juridiction criminelle, eu égard au fait que l'article 122-1 du Code pénal ne distingue pas selon l'origine du trouble mental qui a fait perdre à l'auteur la conscience de ses actes.

Mais force était de constater qu'il y avait un vide juridique en la matière, puisque l'irresponsabilité pénale ne devrait pas pouvoir profiter à un criminel ayant commis volontairement une faute à l'origine directe de son acte, ce qui a pourtant été confirmé par la cour.

Il convient donc de mentionner ici le travail mené depuis par la Chancellerie, ayant abouti à une évolution législative avec la loi du 24 janvier 2022, qui limite désormais les cas d'irresponsabilité pénale au diagnostic de trouble mental résultant de la consommation de substances psychoactives.

Cette affaire nous aura aussi démontré que notre système judiciaire a du mal à traiter comme il se doit certaines affaires criminelles liées à l'antisémitisme, comme cela était déjà le cas en 2006, lorsque la justice avait tardé à reconnaître le caractère antisémite de l'assassinat de Ilan Halimi, et comme ce fut encore le cas en 2017 pour le meurtre de Sarah Halimi, dont le caractère antisémite ne fut reconnu qu'au bout de nombreux mois d'attente et de procédure.

Par ce travail mémoriel, rendre justice

Même si l'on ne pourra sans doute jamais réparer le sentiment d'injustice qui a découlé du décès de Sarah Halimi, il convient de lui rendre hommage et c'est par cet important travail mémoriel – qui la restitue dans son être et son parcours de vie, à la fois comme médecin, directrice de crèche et mère de famille dévouée – que nous pouvons lui rendre dignement justice.

Il est en effet toujours essentiel de rappeler la primauté de la vie face aux ténèbres et de porter une espérance, comme l'ont fait les nombreuses personnalités qui ont témoigné dans cet ouvrage, lequel retrace bien évidemment des moments douloureux liés à la mort de Sarah Halimi, mais célèbre aussi et avant tout la belle personne qu'elle était.

Je tiens en outre à saluer l'engagement précieux des initiateurs de ce projet, initialement pensé par mes amis Guy Bensoussan, président du Consistoire de Lille, et Haïm Korsia, grand rabbin de France, sans oublier le rôle essentiel joué par l'éditeur David Reinharc.

> Le Consistoire de France continuera à porter les valeurs de la République, fidèle à sa devise *Religion et Patrie.*

Le Consistoire de France, qui unit et fédère l'ensemble des communautés juives consistoriales dans notre pays depuis plus de deux siècles, continuera à porter les valeurs de la République, fidèle à sa devise *Religion et Patrie*, tout en rappelant que la lutte contre l'antisémitisme n'est pas que le combat des Juifs français, qu'il doit être celui de tous les citoyens épris de liberté, d'égalité et de fraternité.

C'est comme cela que nous parviendrons à continuer d'espérer pour le devenir de nos enfants, et que nos messages de vie parviendront à l'emporter sur les porteurs de haine et d'obscurantisme.

Que le souvenir du docteur Lucie-Sarah Attal-Halimi puisse nous accompagner et être source de bénédictions pour les membres de sa famille, ainsi que pour nous tous.

ÉLIE KORCHIA est avocat et président du Consistoire central de France.

L'AFFAIRE HALIMI OU L'ÉRADICATION DU SUJET JUIF

MICHEL GAD WOLKOWICZ

Si nous ne pouvons voir clair, au moins voyons-nous clairement les obscurités. – Sigmund Freud

Rose Parkiet et Joseph Wolf Wolkowicz, mes parents, ont fui leur Pologne natale dans les années 1930. Avec l'espoir comme bagage principal, ils se sont installés en France où, pensaient-ils, ni la misère ni les discriminations ne les atteindraient plus. Douce France! C'est vers cette terre aussi qu'a émigré depuis l'Algérie la famille de Sarah Halimi, chargée sans doute d'une confiance semblable et d'aspirations forcément identiques : s'assimiler sans renoncer à sa foi, pas plus qu'à sa pratique, travailler dur, assumer ses responsabilités, peser enfin sur son destin et, avec gratitude, participer à celui du pays d'accueil. Impossible de le nier, les rêves s'y réalisaient comme par enchantement, aussi bien pour ma famille que pour la sienne. En dépit de sa condition modeste, la jeune Lucie Attal n'a-t-elle pas réussi à terminer en France des études prestigieuses, devenir médecin, faire le métier qu'elle avait choisi et, à son tour, donner la meilleure éducation à ses propres enfants? À peine arrivé, mon père ne s'est-il pas précipité à la Sorbonne, tout en trimant dans un petit atelier de confection de chemisiers sur mesure? Quant à ma mère, comment décrire sa fierté d'avoir obtenu un C.A.P. de couture? Après la grande joie, vint la guerre.

«Et si *ça* revient?»

Engagé dans les Corps-francs, mon père s'est battu avant d'être fait prisonnier et déporté à Majdanek. Six années de séparation forcée d'avec ma mère qui, à leurs retrouvailles miraculeuses, n'avait plus que ces mots à la bouche : «Et si *ça* revient?» Encore et encore. Un *leitmotiv* occasionnellement alterné par le conjuratoire : «Plus jamais *ça*!» Mais le *ça* refoulé est revenu par délégation aux «nouveaux Palestiniens» dans les années 1970. D'abord attendrie par ces rescapés de Juifs qui, à bout de forces, se sont inventés pionniers pour labourer une terre revêche, désertique sinon infectée de malaria, l'Europe s'est vite débarrassée de sa voilette de culpabilité. Après l'anéantissement quasi total de ses Juifs, elle a toléré Israël comme «parenthèse de l'histoire», refuge temporaire. Toutefois, il ne fut pas question d'un État juif autonome et pérenne. Auschwitz devint une abstraction, un symbole universel, dépouillé de sa singularité. La Shoah fut pensée en termes d'Holocauste, sacrifice du coupable essentiel et universel, marqué du péché originel. Rapidement, on trouva le sionisme plus proche d'une idéologie «colonialiste» et «raciste» que d'un élan émancipateur, fier et légitime. De nouveau, donc, il était possible de tuer les Juifs. Sans que cela émeuve grand monde, sans que les gens descendent massivement dans la rue, sans que les médias en fassent une cause, sans que des intellectuels s'en indignent, comme ils savent si bien le faire. Dans le cortège qui, à l'appel du CRIF, traversait le quartier de Belleville en hommage à Sarah Halimi assassinée, n'a-t-on pas entendu d'affreux *Mort aux Juifs*? Quelqu'un a-t-il été sommé de s'en expliquer? Pas à notre connaissance. Il se pourrait que les responsables n'aient jamais été recherchés. Après tout, si les Juifs disparaissaient, avec eux disparaîtraient tous les problèmes de l'humanité.

> Après l'anéantissement quasi total de ses Juifs, l'Europe a toléré Israël comme «parenthèse de l'histoire».

Le terme d'islamo-fascisme reflète une réalité sensible

Le paradoxe de l'antisémite? Il lui faut concevoir l'hypothèse de la supériorité de celui qu'il désire éliminer, en se condamnant dès lors à une jouissance amère, pitoyable, et qui finit par renforcer son propre sentiment d'humiliation, d'envie et de haine. L'Europe ne cesse de jouir d'une culpabilité perverse, à la fois narcissique et suicidaire. Mais l'idiot ne voit que le doigt qui montre la Lune, jamais la Lune. L'antijudaïsme constituerait-il alors le point de rencontre des aspirants à l'illimité narcissique (*Moins-Un*) en ce point aveugle d'envie et de diabolisation, la convergence parricide de filiations (haine et forclusion du Nom-du-Père) à l'égard de l'intolérable héritage «paternel», objet d'une fondamentale ambivalence?

Il m'arrive d'avoir peur que mes parents ne reposent pas en paix, alors qu'ils l'auraient tellement mérité. Ils sont partis inquiets pour leurs enfants et leurs petits-enfants. À raison. Qu'il soit défendable ou pas d'un point de vue universitaire, le terme d'islamo-fascisme reflète une réalité sensible, une réalité qui nous est imposée par la force la plus brutale et aveugle, avec la complicité cynique de certains de nos députés, leaders politiques ou éditorialistes. Tout comme on se démène pour mettre en pratique le projet de détruire Israël, ce que les mollahs iraniens proclament y compris depuis la tribune de l'ONU. Mes parents n'avaient pas les moyens de se défendre, de résister, pas même de repartir «ailleurs», pour faire l'ellipse sur leur souhait de voir émerger un État juif indépendant. Nous, nous les avons!

Pourquoi Sarah? Pourquoi Israël?

Sur les valises des Juifs déportés dans des camps d'extermination, les nazis écrivaient «Sarah» pour les femmes et «Israël» pour les hommes, avec une volonté abjecte de désubjectivation. En dix années, étendues entre l'assassinat de Ilan et celui de Sarah, nos islamistes domestiques ont fait d'Halimi *le nom de personne,* guidés par la compulsion de répétition du crime antisémite et soutenus par le déni de l'antisémitisme islamiste. On est saisi d'une sensation effrayante de déjà-vu. Transformer systématiquement ces meurtres ritualisés en actes d'«états limites» donc a-sensés, les coupant ainsi d'une généalogie de pensée, revient à en faire des non-événements. Alors qu'il s'agit là, et très clairement, de mises en acte d'un discours introjecté dont le sujet est lui-même l'objet, comme le remarque Jean-Pierre Winter. Déclarer ces assassins fanatisés irresponsables revient à prendre part à leur entreprise de faire du nom Halimi un simulacre de nom et une parodie d'appartenance, une caricature islamo-nazie de l'homonymie juive, un mot exterminateur du langage et de sa mémoire, de la distinction singularisante, historicisante et subjectivante du nom juif.

Dans son film *Shoah*, Claude Lanzmann montre comment l'opération nazie sur les noms propres – les Sarah et Israël tournés en un nom générique indifférencié – s'avère une interversion de l'œuvre juive, puisque le processus sacrificiel, dont nous sommes les témoins, passe par l'effacement de la subjectivité. La négation de l'acte antisémite inclut la négation du Juif dans sa factualité, sa légitimité existentielle, singulière et collective, en parallèle de son omniprésence fantasmatique, obsessionnelle : le para-sémitisme.

La transmission de la haine comme haine de la transmission

Le négationnisme et le révisionnisme sont ainsi consubstantiels au projet génocidaire, à l'extermination, à la fois en tant que fondement et conséquence du crime – négation d'une histoire, d'une antériorité, d'une transmission, investie comme transmission clonique et clanique, *la transmission de la haine comme haine de la transmission* (*a contrario* d'une transmission comme processus, *transmission de la transmission*[9]) – et d'une identité toujours en devenir. On arrive alors au délire de filiation et d'auto-engendrement, une mise en œuvre des fantasmes de pureté et d'intégrité totalisantes, de reproduction du même, de projection d'une haine identitaire, d'une identité mortifiée. Tandis que l'altérité et la pluralité d'être sont, au contraire, une condition nécessaire pour qu'un individu et un peuple continuent à s'inventer, à créer, à transformer, à vivre, selon les *transferts de transferts* qui ouvrent aux champs de l'inconnu, de la métaphore et de l'indéfini de la pensée, à l'assomption de la dette civilisationnelle, à la gratitude, à la nomination de la réalité et à la reconnaissance de la dimension du fantasme, à un infini plutôt qu'à un absolu.

Pour les nazis et les islamistes, il n'y avait pas et il n'y a pas de *pourquoi* à la Solution finale ou aux massacres de masse, *le déshumain étant constitutif de la disparition du semblable différent* : des restes, des rebuts, des *shmates*...

Une affaire française

L'omerta sur le meurtre barbare de Sarah Halimi, puis sa commode réduction en un simple fait divers, le déni des politiciens, rétifs à évoquer un crime antisémite en pleine période électorale, la passivité incompréhensible de la police, pourtant sur place au moment du crime, l'entêtement indécent de la justice à empêcher un procès public en déresponsabilisant non seulement l'assassin, mais aussi son milieu familial et idéologico-religieux pour, *in fine,* reconnaître ses motivations antisémites, font de l'impropre dénomination «affaire Sarah Halimi» une *affaire française.*

Sarah Halimi fut une Juive, un médecin, une mère et une grand-mère, donc naturellement impliquée dans la filiation et la transmission, l'ensemble ayant peut-être libéré une imago clivée chez l'assassin, à la fois d'un idéal maternel et d'une créature diabolique, le *sheitan* dont la toute-puissance qu'il projetait sur elle était objet d'ambivalence archaïque, responsable de ses manques, échecs et humiliations. Elle l'aurait empêché d'aiguillonner son propre destin, voire d'exister! Hannah Arendt a bien vu que la démonisation sert à s'assurer un alibi : en succombant à un démon, on est libéré de toute culpabilité. En somme, il s'agit d'une pathologie grave de narcissisme, assortie d'une stupidité crasse.

À quoi aurait servi un procès public de l'assassin? S'il y en a encore qui posent cette question, nous leur répondons avec calme et patience :

9- Michel Gad Wolkowicz (dir), *La transmission en question(s)*, éd. In Press, coll. «Schibboleth - *Actualité de Freud*», 2020.

dégager le contexte et la généalogie du crime aurait rendu à Sarah Halimi un visage, un nom, une histoire, donc la dignité humaine qui lui a été refusée par le silence médiatique, progressivement mué en langue de bois. On a fait de Sarah Halimi «une défenestrée de la rue Vaucouleurs».

Penser l'acte antisémite implique des enjeux anthropologique, civilisationnel, psychopathologique, idéologique et politique. Il s'agit d'examiner la chronique annoncée de la faillite de la pensée, comme celle des institutions, faisant partie, sinon étant le fondement, d'une crise profonde des représentations, de l'identité et de la transmission. N'oublions pas que ces mêmes institutions sont censées protéger des marqueurs du Symbolique, constitutifs d'une vie en société, enfin ce qu'il en est de l'état de culture d'une société et de la psyché collective, pour nous permettre d'*interroger l'extermination de Sarah Halimi,* mais aussi *la négation concomitante du crime antisémite et de l'existant juif.* Avec justesse, Frédéric Encel a pointé le renversement pernicieux et trompeur des valeurs qui met l'antiracisme au service de l'obscurantisme et de la discrimination des femmes, transformant en outre l'ONU en un instrument de régression internationale. En Europe, on compte les minutes de silence, on se dépense en paroles «de paix et d'amour», on allume des bougies et, surtout, on se garde de lier le terrorisme meurtrier qui sévit en Israël avec celui qui opère sous nos yeux.

Qu'en est-il aujourd'hui de l'éthique de vérité et de l'exigence d'intellectualité supérieure, de responsabilité individuelle et collective, de pensée et d'action, d'une liberté réfléchie et de la construction du Sujet, de ce qui fait peuple et de son fonds commun?

> En Europe, on allume des bougies et, surtout, on se garde de lier le terrorisme meurtrier qui sévit en Israël avec celui qui opère sous nos yeux.

Halimi, le nom de personne

L'assassinat de Sarah Halimi a engendré un traumatisme profond dans la communauté juive par son horreur, mais aussi par le fait que le meurtrier a été nourri d'une haine à la fois antijuive, antirépublicaine, anti-française et anti-occidentale. Le déni sociétal de le reconnaître, comme jadis on refusait de reconnaître l'ampleur et la singularité de la Shoah, est l'équivalent d'une extermination sur le plan symbolique. Toutefois, le silence d'État sur l'antisémitisme des «quartiers» n'aurait pas été possible sans le concours des idiots utiles qui manient avec une extrême habileté les éléments du langage de la bien-pensance. Pourtant, le cas de Traoré relève d'un délire qui n'a rien à envier aux folies meurtrières des exterminateurs bien connus. À ceci près que, à la différence d'Eichmann qui évoquait Kant pour sa défense, il cite le Coran.

Pour la communauté juive, traumatisée et anxieuse quant à son avenir, nous avons organisé, il y a quatre ans, un colloque au centre Rachi, intitulé : «Anatomie d'un meurtre, psychopathologie d'un silence : Halimi, le nom de personne». Depuis lors, d'autres vies juives ont été brutalement achevées en France, au cri de *Allah akbar!* Dans le contexte de la multiplication des actes antisémites, concomitants avec un discours décomplexé de haine antijuive d'une part, et, de l'autre, avec une diabolisation de l'État juif, il nous a paru nécessaire de poursuivre la réflexion sur ce que nous avons nommé «une affaire française». Ainsi ont vu le jour deux publications collectives dont le courage, la lucidité et la pertinence ont été applaudis bien au-delà de la communauté juive : *Le Nouvel Antisémitisme en France*[10] et *L'Affaire Sarah Halimi ou l'éradication du Sujet*[11]. Ces ouvrages sont à titre égal une forme d'hommage au docteur Sarah Halimi, témoignant de la résonance personnelle de son meurtre en chacun d'entre nous. Enfin, une initiative unique en son genre a pris forme dans le domaine de recherches et d'échanges transdisciplinaires, *via* des colloques, des publications et diverses activités scientifiques, pour participer à ce que Freud appelait *Kulturarbeit,* c'est-à-dire une instance de lucidité psychique, certes consciente de ses propres limites et illusions, mais déterminée à construire *une clinique du contemporain* : Schibboleth – *Actualité de Freud.* Un forum mis en place par Schibboleth au moment de l'enterrement de l'affaire, en juin 2022, a repris la chronique annoncée il y a cinq ans d'un scandale d'État, peut-être symptomatique d'une rupture anthropologique et civilisationnelle, avec l'auto-discrédit de la justice et des fonctions républicaines, l'anéantissement des marqueurs symboliques garants en droit et en éthique d'une vie en société, et la défection du politique.

À quel moment de l'évolution de notre culture, de notre psyché collective, en sommes-nous, en France, pour être ici Charlie, mais plus

10- Wolkowicz M. G. (dir.), Bruckner P., Val Ph., Ferry L., Sansal B., Bensoussan G., Winter J.-P., Sibony D., Marty É., Lefebvre B., de Fontenay É., Tarnero J. *et al., Le Nouvel Antisémitisme en France*, éd. Albin Michel, 2018.

11- Wolkowicz M. G. (dir.), Sansal B., Bensoussan G., Dayan D., Suissa S., Chouraqui É., Winter J.-P., Sibony D., Goldnadel G.-W., Tarnero J., Prasquier R., Cattan S., Moreau Th., Amar J., Halioua N., Mamou Y., Vacquin M., Birman C., *L'Affaire Sarah Halimi ou l'éradication du Sujet,* David Reinharc Éditions, coll. «Makom», 2022.

du tout Charlie quand des femmes, des enfants et des enseignants juifs sont massacrés, précisément parce que juifs?

> À quel moment de l'évolution de notre psyché collective en sommes-nous, en France, pour être ici Charlie, mais plus du tout Charlie quand des Juifs sont massacrés parce que juifs?

Cancel culture et idéologie *woke*, un «pacte avec la barbarie»

Les instances juridiques ont choisi de mettre la responsabilité de l'assassinat de Sarah Halimi sur le compte du cannabis et des méandres de la loi, tombée entre les mains des experts. Ceci dans le contexte de *cancel culture* déconstructiviste qui participe, de concert avec l'idéologie *woke*, à ce que Freud désignait comme un «pacte avec la barbarie».

Les nazis, qui ont placé au centre de leur projet politico-existentiel l'entreprise de la destruction industrielle du peuple juif, auraient-ils été tous des malades psychiatriques sous le coup de bouffées délirantes aiguës qui les auraient rendus irresponsables, à l'exemple de Göring, grand consommateur de cocaïne et de Schnaps? En quoi la pathologisation du crime ou *la banalité du mal*, conçue et théorisée par Hannah Arendt, participent-elles d'un questionnement sur la responsabilité individuelle et collective, de pensée aussi bien que d'action? En quoi les actes d'un peuple, d'un groupe, seraient-ils, au sceau du relativisme et de l'idéologie du multiculturalisme, amendables de par leurs traditions, leur culture? Convertir de force, esclavagiser, décapiter, lapider, égorger...

Enfin, qu'est-ce qui, dans l'histoire de l'Occident, a nourri de manière répétitive le déni de réalité et la déconstructivité, la complaisance, voire la complicité et la soumission?

Avec certitude, des pathologies idéologiques n'auraient pas pu prospérer sans un support médiatique. L'intoxication de masse, par le biais des médias, consiste en un dévoiement sémantique, en la construction de nouvelles mythologies, en inversion en miroir et échange des rôles. Le discours idéologique, totalitaire (V. Klemperer, G. A. Goldschmidt) tend à déposséder le langage lui-même de sa propre mémoire (les religions séculières, selon Raymond Aron), l'idéologisation narcissique annihilant le site du langage.

Pour la doxa, un seul fléau menacerait la France : l'islamophobie. Voilà un de ces termes toxiques qui brouillent et dénaturent l'ensemble du vocabulaire pour devenir le nouvel instrument de propagation du fondamentalisme qui s'avance masqué, drapé dans les atours de la victime, avec une double ambition : l'emprise des islamistes sur l'ensemble des musulmans, et la terreur physique, intellectuelle, judiciaire.

> «Islamophobie», ce terme toxique, nouvel instrument de propagation du fondamentalisme.

Si les passages à l'acte islamistes existent et se multiplient même ces dernières années, c'est aussi à cause d'un discours précis qui s'infiltre dans certains cerveaux fragiles pour les affirmer dans la haine, dans l'envie de tuer qui ne serait pas totalement illégitime, voire qui pourrait parer un exterminateur d'une aura héroïque, en faire un homme bien, un serviteur de Dieu, un sublime martyr.

Ce livre-hommage dédié à Sarah Halimi l'est paradigmatiquement à toutes les victimes de l'islamisme car «l'affaire Halimi» est paradigmatique d'un contexte idéologique, culturel, institutionnel, psychopathologique, politique... L'effacement d'un «événement», l'éradication du Sujet, l'anéantissement du Symbolique constituent un symptôme majeur, *une abyssale désymbolisation*! Il matérialise ce que Pascal Bruckner nomme «la rencontre entre les prêcheurs de haine et les prêcheurs de honte», *a contrario* d'un «travail de culture» (le *Kulturarbeit* freudien) assumant une éthique de vérité et de responsabilité dans le nouage à la Loi et le rapport à un surmoi collectif.

L'événement de l'extermination n'est pas clos

L'événement de l'extermination n'est pas clos. Il dure encore et toujours, ici et maintenant. L'antisémitisme européen se poursuit sous le signe de la compulsion de répétition : une manipulation symbolique construit l'innocence en miroir de la déshumanité prétendue d'Israël. Aux yeux de Jankélévitch, l'antisionisme est cette «trouvaille miraculeuse, l'aubaine providentielle» qui autorise des groupes hétérogènes à haïr les Juifs avec bonne conscience. Partout, aussitôt que le Juif s'arrache à son statut de victime expiatoire assignée aux *frontières d'Auschwitz*, il est diabolisé.

En France aussi, jusqu'ici, les Juifs étaient célébrés comme symboles sacrés de la République, uniquement dans le rôle victimaire. Mais ce n'est même plus le cas! Que faire, alors, de ce formidable «Toucher à un Juif, c'est toucher à la République»?

> Aussitôt que le Juif s'arrache à son statut de victime expiatoire assignée aux *frontières d'Auschwitz*, il est diabolisé.

Si le sionisme et Israël suscitent une telle détestation, c'est parce qu'ils renvoient à un refus du sacrificialisme, au rejet de la condition victimaire, et qu'ils incarnent, au contraire, un mouvement d'émancipation, d'autodétermination, de souveraineté qui a relevé le gant de l'historico-politique à un moment où le peuple juif était voué à la disparition. Voilà l'intolérable! Un peuple capable de s'inventer et de se réinventer. Un peuple qui se construit en transférant sur la transmission, la *transmission de la transmission*. Sarah Halimi fut de ce peuple, et citoyenne exemplaire de la République française.

Le peuple élu? Léon Pinsker écrivait en 1882 : «Les Juifs sont le peuple élu par la haine universelle.»

L'Europe, la France plaignent et honorent les Juifs exterminés, mais abandonnent les citoyens juifs ordinaires. «La repentance, note Pascal Bruckner, donne des gens qui s'excusent des crimes passés pour se défausser des crimes présents.»

Un dernier mot sur la psychiatrie : la folie la plus conne et la plus désespérante que nous connaissons, aussi la folie la plus ancienne et la plus irréfutable, c'est la haine des Juifs.

MICHEL GAD WOLKOWICZ est psychanalyste – Association Psychanalytique de France –, Professeur associé de psychopathologie – Paris Sud Orsay (FR); *Visiting Professor* – Tel Aviv (IL), Glasgow (UK), et président de l'Association inter-Universitaire Internationale *Schibboleth - Actualité de Freud* and *The Interdisciplinary Institute Schibboleth - Presence of Freud* -מכון אינטר‑דיסציפלינרי שיבולת , נוכחותו של פרויד Il est directeur des collections «Makom» chez David Reinharc Éditions et «Schibboleth - Actualité de Freud» aux éditions In Press.
Il a notamment dirigé en 2018 *Le Nouvel Antisémitisme en France*, paru chez Albin Michel; en 2021 *La transmission en question(s)*, publié par les éditions In Press; et chez le même éditeur en 2022, *L'identité en question(s) – Qu'est-ce qui fait peuple? / Le Sujet juif*; la même année *L'Affaire Sarah Halimi ou l'éradication du Sujet* chez David Reinharc Éditions.

II

SARAH HALIMI, LA FEMME AVANT L'AFFAIRE

PORTRAITS

UNE FEMME EXCEPTIONNELLE

NOÉMIE HALIOUA

Celle qui deviendra Sarah Halimi est née le 30 novembre 1951, à Nogent-sur-Marne. Elle s'appelle Lucie. Lucie Attal. Ses parents ont quitté Constantine, en Algérie, dans les années 1950, après que des commerces tenus par des Juifs ont été *caillassés*. Lucie a les cheveux bruns et la peau blanche; des yeux noisette illuminent son visage mince. Elle a la corpulence d'une brindille, mais une volonté de fer et une exigence morale hors du commun. Petite, elle était déjà «droite comme la justice», selon les mots de son père.

Une exigence intellectuelle et morale hors du commun

Un dimanche, alors que ses parents l'amènent assister à un spectacle, elle entend sa mère la rajeunir de deux ans auprès du guichetier pour bénéficier d'un tarif réduit. La petite Lucie pique une crise de colère et éclate en sanglots. Elle ne veut pas que l'on mente sur son âge. Elle ne veut pas que l'on mente tout court. Elle est déjà celle que décriront ses proches lors de la cérémonie en sa mémoire : dotée d'une rectitude morale rare, refusant de consentir au moindre mensonge, même s'il est minuscule et même lorsqu'il est arrangeant.

Une enfant déjà «droite comme la justice».

Une fois son bac en poche, Lucie Attal se lance dans de dures études de médecine. Un choix ambitieux pour cette jeune femme qui a grandi dans une banlieue populaire, et dont les parents vendent des légumes sur les marchés. Elle travaille avec acharnement, constance et pugnacité, tout comme elle fera preuve d'obstination et de rigueur lorsqu'elle rejoindra le courant religieux orthodoxe. Alors que ses parents pratiquent un judaïsme intime et culturel, Lucie Attal choisit, à l'âge de vingt ans, de rejoindre une communauté très pratiquante et d'adopter un prénom hébraïque : Lucie devient Sarah.

Dès lors, elle respecte la pudeur vestimentaire de rigueur, porte des jupes longues et des chemises qui recouvrent les coudes, des attributs visibles et identifiables que ne manquera pas de reconnaître son voisin du dessous, comme il en témoignera lors de son premier interrogatoire.

Quelques années plus tard, à vingt-sept ans, Sarah décroche le diplôme pour lequel elle s'est tant battue, mais renonce à sa carrière pour fonder une famille. Sarah Attal rencontre Y. Halimi, psychologue de métier, pratiquant comme elle, et, quelques mois plus tard, ils se disent oui dans la salle des fêtes de Nogent-sur-Marne. Sarah Attal devient Sarah Halimi, et le restera même après son divorce cinq ans plus tard, lorsqu'elle se verra accorder son fameux logement HLM de la rue Vaucouleurs, à Belleville.

Une tenue vestimentaire pudique qui en faisait une Juive «visible».

Le dévouement aux autres ou l'œuvre d'une vie

Quelques mois avant son divorce, une crèche privée ouvre au cœur du quartier juif du Marais. Elle postule le poste de directrice de l'établissement, l'obtient, et consacre dès lors toutes ses forces à accompagner les jeunes enfants et leurs parents : cela deviendra «l'œuvre de sa vie», selon les mots de son fils.

Sarah Halimi sacrifie tout son temps à ses trois enfants et à ceux des autres.

Elle fait preuve d'un engagement personnel qui dépasse de loin le cadre de ses responsabilités, s'investit nuit et jour jusque dans les moindres détails.

Si, pour ceux qui la connaissent peu, il peut lui arriver d'afficher un visage ferme, elle fend l'armure dès qu'il est question d'un petit être. «Un enfant qui pleure est un enfant qui a quelque chose à dire», expliqua-t-elle à ses filles lorsqu'elles devinrent mères à leur tour. Lors de la cérémonie en sa mémoire organisée un mois après sa mort, l'ancien directeur de la crèche pouvait ainsi témoigner : «Ce n'était ni une gestionnaire, ni une directrice de crèche, c'était une maman. Une maman qui recevait des enfants d'autres mamans et qui leur transmettait ce qu'une mère idéale pouvait leur transmettre. Elle savait insuffler l'amour chez les enfants, leur donner de l'amour.»

«Un enfant qui pleure est un enfant qui a quelque chose à dire.»

Elle «transmettait une flamme, une sensibilité, une pureté à ces enfants», témoignera-t-il encore. Sa vie devait, selon l'ordre des choses, se terminer à l'image de son existence, dans le calme, la douceur et l'amour.

Symbole ultime de la fragilité

Elle qui avait toujours fui la lumière et évité le conflit rend son dernier souffle dans les cris et la brutalité lorsqu'un monstre apparaît dans son salon au beau milieu de la nuit pour la battre, avant de jeter son corps par la fenêtre.

Dans la nuit du lundi 3 au mardi 4 avril 2017, Kobili Traoré la massacre à coups de poings et accompagne sa frénésie meurtrière d'injures telles que *salope*, *pute*, le tout ponctué par des sourates du Coran. Cette nuit-là, elle porte une chemise de nuit blanche, d'un tissu léger, avec des motifs imprimés bleus, boutonnée à la poitrine. Le linge sommaire devenu, à force d'être porté par les petites filles et les grands-mères, le symbole ultime de la fragilité.

À quelques jours de la Pâque juive, qui célèbre la libération d'Égypte.

Nous sommes quelques jours avant Pessah, la Pâque juive, qui célèbre la libération d'Égypte et l'espérance après trois siècles d'esclavage. L'occasion, d'ordinaire, de se retrouver en famille et d'entretenir la mémoire d'un épisode heureux de l'histoire biblique. Quelques heures avant la tombée de la nuit, Sarah Halimi a déjà rédigé la liste des courses, afin de préparer un festin pour ses enfants et ses petits-enfants.

Son gendre retrouvera cette liste sur la table de la salle à manger, au lendemain de cette nuit funeste.

NOÉMIE HALIOUA est essayiste et journaliste, correspondante et rédactrice en chef pour la chaîne i24NEWS à Paris, après avoir été pendant trois ans reporter au Moyen-Orient. En 2018, elle a publié *L'Affaire Sarah Halimi* et, en 2022, *Les uns contre les autres. Sarcelles, du vivre-ensemble au vivre-séparé*, tous deux aux éditions du Cerf.

L'HISTOIRE DE SES PARENTS
SAMUEL BLUMENFELD

Sarah Halimi s'est appelée Lucie Attal, née à Nogent-sur-Marne, le 30 novembre 1951. La modification de son prénom nous rappelle que cette femme a emprunté un chemin la rapprochant encore davantage du judaïsme. Son changement de nom raconte un mariage. Il reste son nom de jeune fille, renvoyant à son origine et à celle de ses parents. Ceux-ci, Juifs d'Algérie, ont quitté Constantine au début des années 1950, avant une guerre qui mènera à l'indépendance de l'Algérie et au départ des Français d'Algérie, parmi eux la communauté juive, française elle aussi depuis le décret Crémieux en 1870. La présence des Juifs en Algérie remonte, pour certains, à l'Antiquité. Ils furent mis dans le même sac que les colons, devenus étrangers dans leur pays et expulsés de leur terre. Constantine, pour les parents de Sarah Halimi, ce sont les émeutes du 5 août 1934 après plusieurs jours d'affrontements entre les communautés juive et musulmane : vingt-quatre morts juifs, des magasins dévalisés, des femmes et des enfants égorgés. Ce que l'on appelait en Europe de l'Est un pogrom. Il y aura d'autres émeutes, à Hamma et à Jemmapes, suivies d'un boycott des commerces juifs à Constantine et dans d'autres grandes villes algériennes.

Une histoire écrite avec du sang

Les parents de Sarah Halimi ont fui cette précarité existentielle, avec d'autant plus de prescience qu'à partir du soulèvement paysan du Constantinois en 1955, les actes de terreur prenant pour cible rabbins, synagogues et familles juives se multiplièrent pour culminer avec la profanation de la synagogue d'Alger en 1960. Une vie normale pour les Juifs en Algérie n'était plus possible. C'est cette normalité que les parents de Lucie Attal sont venus chercher en France, et c'est en sécurité, protégée par la République, que Sarah Halimi a pu vivre son judaïsme. Sarah Halimi n'a pas eu le temps de raconter l'histoire de ses parents. Une histoire écrite avec du sang, puisque le judaïsme du Maghreb est parvenu à échapper à l'extermination au prix de la spoliation. La France constituait une promesse de bonheur et d'émancipation pour Sarah Halimi. Une promesse rompue après son assassinat le 4 avril 2017.

SAMUEL BLUMENFELD est critique de cinéma au journal *Le Monde*.
Il a notamment publié *Les derniers jours de Marlon Brando* chez Stock en 2019.

CELLE QUI A CHOISI LE JUDAÏSME ORTHODOXE

JEAN-YVES CAMUS

Aucun hommage à Sarah Halimi ne peut ignorer qu'elle avait choisi de mettre ses pas dans la voie de la Torah et que sa vie fut vouée à l'éducation juive selon la Torah et les *mitsvot*. Au passage, ceux qui ont connu, ou qui comme moi se sont fait raconter par des contemporains, les difficultés que le monde de la stricte observance eut à affronter dans le Paris des années d'après la Shoah (ou plutôt le חורבן אייראָפּע, destruction des Juifs d'Europe), doivent mesurer le degré de courage et d'abnégation qu'il y avait à préférer œuvrer à ce que le judaïsme orthodoxe vive dans la capitale française, plutôt que de suivre la carrière classique que lui ouvrait son diplôme de médecin.

J'évoque cet aspect de sa personnalité parce que, si l'histoire juive nous montre que l'antisémitisme touche indistinctement tous les Juifs indépendamment de leur degré d'observance, les dernières années ont montré, tant en Europe qu'aux États-Unis, une recrudescence des actes antijuifs visant les milieux orthodoxes, au point que le peu amical *New York Times* s'en émeut[12]. Existe-t-il une raison particulière à cet état des choses?

> Les dernières années ont montré une recrudescence des actes antijuifs visant les milieux orthodoxes.

L'antisémitisme atteint même ceux qui ont fait profession de dénigrer leur propre appartenance au peuple juif et que rattrape toujours la haine que leur vouent les judéophobes. Ce qui pourrait accréditer l'idée que l'antisémitisme est une haine sans cause particulière, irrationnelle, dont la seule explication plausible est la théorie du bouc émissaire. Il revient ensuite aux chercheurs de tenter d'en démonter les mécanismes et d'en écrire l'histoire. Ces travaux aident celles et ceux qui, par leurs responsabilités politiques ou communautaires, ont vocation à faire en sorte que,

---

12- Liam Stack : «Antisemitic attacks are at highest-level in decades», *New York Times*, 2 avril 2022.

selon la formule habituelle, ne se produise «plus jamais ça». Objectif louable – et tous les efforts pour l'atteindre sont un devoir –, mais qui bute sur le constat que ni l'éducation, ni la législation, ni la répression ne viennent à bout du phénomène, jamais, nulle part.

À ce stade, le chercheur, qui par ailleurs est un Juif observant qui étudie nos textes, peut avoir l'impression de se trouver devant ce qui semble être une impasse, car la Torah nous apprend que «Esaü hait Yaakov pour l'éternité», et Rachi ajoute même dans son commentaire, הֲלָכָה הִיא בְּיָדוּעַ שֶׁעֵשָׂו שׂוֹנֵא לְיַעֲקֹב, que ceci est une *halakha*. Les implications implacables de cette affirmation, à laquelle il faut ajouter le principe de *kol mah shéirar laavot siman labanim* (tout ce qui est arrivé aux pères est un signe pour les enfants), semblent rendre absolument vain tout effort d'écrire l'histoire de l'antisémitisme dans le but d'y trouver quelque piste d'explication que ce soit, ou quelque support pour une pédagogie destinée à le prévenir.

La Torah nous apprend que
«Esaü hait Yaakov pour l'éternité».
Une impasse? Non.
Une autre interprétation est possible.

Pourtant, il faut considérer une autre interprétation possible. D'abord, le terme «c'est une *halakha*» peut être compris comme «c'est un principe» ou «on sait que». Ensuite, le Midrash Tan'houma (Shemot §27) semble indiquer que cette haine entre frères (en l'occurrence, entre Esaü et Yaakov) n'est pas nécessairement une haine héréditaire, et qu'il est donc possible qu'un descendant de l'un ait une amitié sincère pour un descendant de l'autre. Si l'on admet cette interprétation de nos sources traditionnelles, l'historien, le politiste et le sociologue qui consacrent leur temps à déchiffrer l'histoire de l'antisémitisme font alors une œuvre chargée de sens. D'une part parce qu'elle aide le peuple juif à se défendre et que, comme l'écrit le rabbin Jean Schwartz sur Vayichla'h : «Les Juifs se doivent d'être forts, capables de se défendre et prêts au combat, s'il le faut[13]», et non pas simplement passifs face à un sort qui semble acquis d'avance.

Les Juifs se doivent d'être forts, capables de se défendre et prêts au combat, s'il le faut.
– Jean Schwartz

13– Voir : https://www.lamed.fr/index.php?id=1&art=62

Le commandement de nous souvenir d'Amalek

D'autre part, parce que, dans les sociétés ouvertes dans lesquelles nous vivons, et malgré le fait que la *galouth* (l'exil) signifie toujours «des décrets impitoyables, des persécutions et des conversions forcées[14]», les communautés juives ont des leviers d'action pour convaincre les pouvoirs publics d'agir contre les antisémites, que ce soit par l'intercession, le lobbying ou le vote. Enfin, et ce n'est pas la moindre des choses, parce que tout travail sur l'antisémitisme peut appartenir, selon l'intention de son auteur, à la catégorie des actions positives si elles sont mises en œuvre *léchem chamaïm*, c'est-à-dire avec l'intention du service divin[15]. Ce à quoi il faut ajouter que l'étude de l'antisémitisme qui, pour toutes les raisons évoquées précédemment, ne peut être une fin en soi ou un accomplissement académique, permet également d'accomplir le commandement de nous souvenir d'Amalek, de ne jamais l'oublier, et de rendre hommage à tous ceux qui sont morts, comme Sarah Halimi, pour le קידוש השם, la sanctification du Nom.

Pourquoi l'antisémitisme ne disparaîtra pas grâce au progrès de la Raison

L'étude de l'antisémitisme n'est toutefois utile que si elle intègre des limites. Ainsi, la haine des Juifs ne peut disparaître grâce au progrès de la Raison, comme le suggère l'optimisme foncier de la philosophie des Lumières. Car l'antisémitisme est une affaire de jalousie et de rivalité inexpiables. Le Talmud, dans Megilah 14a, donne une parabole dans laquelle Assuérus est comparé au propriétaire d'un champ dans lequel existe un monticule de poussière, tandis que Haman a, dans le sien, un fossé. Lorsque Haman demande à Assuérus de lui vendre le monticule pour qu'il puisse utiliser l'argent afin de combler le fossé, ce dernier se dit prêt à lui donner le monticule pour rien. Le monticule de poussière symbolise le peuple juif dont le roi souhaite se débarrasser parce qu'il obstrue le passage, la liberté de mouvement, car le Juif fait tache dans le paysage. En même temps, l'existence même du Juif a creusé un fossé dans le cœur des nations, une rivalité liée à leur refus d'accepter la Torah, doublée d'une envie du rôle spécifique que possède le peuple juif par son acceptation de celle-ci. Envie/rivalité encore accrue par le fait, défiant toute logique

14- Rav Yossef Dov Halevi Soloveitchik sur Vayichla'h, dans son *Beth Halevi*, cité par *Kountrass* n°16, mai-juin 1989, p. 29.

15- Sur ce point : *Tanya, Likoutei Amarim*, ch. 7 : «L'existence et la vitalité de toutes les actions, paroles et pensées qui relèvent de sujets de ce monde et qui ne présentent pas d'aspect d'interdit» appartiennent à la catégorie de Klipat Noga, la force du mal qu'il est possible de soumettre et qui peut recevoir l'élévation en étant «recourbée» (Vetah'nya) dans le sens du bien.

historique, que le peuple juif a survécu aux empires les plus puissants malgré les siècles de persécution, ce que seule la protection divine peut expliquer. Nous devons savoir, quand nous écrivons sur l'antisémitisme, devant qui nous nous tenons : devant Dieu qui est juge de toute chose. Sur ce sujet, le plus grand érudit ne percera jamais les intentions du Créateur.

Témoigner de nos valeurs qui sont «une lumière pour les nations» (Isaïe 42:6).

Ce qui motive des Juifs à vivre en galouth

S'il en est ainsi, et si l'antisémitisme est de tous les lieux et de tous les temps, qu'est-ce qui motive des Juifs à vivre sur ces terres de *galouth*, à y rester et à témoigner, par leur mode de vie, comme le fit Sarah Halimi, de leur attachement à la Torah? Peut-être est-ce la constatation que, précisément, l'assimilation a échoué à nous préserver d'une haine destructrice qui a connu son paroxysme dans le pays européen qui symbolisait le savoir et la civilisation? Tout comme l'engagement de certains dans les combats politiques tiers-mondistes des années 1970 ne leur a pas épargné d'être ensuite désignés comme «sionistes» par les descendants de Yichmaël, l'aîné dépossédé et amer d'Abraham. Il existe une autre raison, c'est qu'il faut témoigner. Témoigner que nous avons été capables de reconstruire et de faire de Paris un *Makom Torah*. Témoigner de nos valeurs qui sont «une lumière pour les nations» (Isaïe 42:6).

JEAN-YVES CAMUS est politologue, spécialiste des nationalismes et des extrémismes en France et en Europe. Il est directeur de l'Observatoire des radicalités politiques à la Fondation Jean-Jaurès, *senior fellow* au *Center for Analysis of the Radical Right* (CARR, Londres) et chercheur associé à l'Institut pour les études européennes, russes et eurasiennes (IERES) à l'Université George Washington. Il a notamment publié avec Nicolas Lebourg, en 2015 au Seuil, *Les Droites extrêmes en Europe*.

VOUS JUIVE ORTHODOXE, MOI MUSULMANE SOUFIE

BOUCHERA AZZOUZ

Chère Sarah,

Nos chemins auraient pu se croiser un jour de marché, à Belleville, à cette heure où la foule dense et cosmopolite se dresse comme une vague prête à vous engloutir. Dans la poussette, ma fille, bercée par la cacophonie polyglotte, dormirait, le visage ébloui par un soleil radieux. Nul n'aurait remarqué ce petit ange, sauf vous.

Les belles rencontres commencent toujours de façon banale, enfin c'est ce que l'on pense, mais dans le fond, être sensible à un regard inconnu, c'est déjà le signe d'une inclinaison de l'âme. Très vite, vous m'auriez demandé le prénom de ma fille, et j'aurais vu dans vos yeux clairs et pétillants une lumière, cette lumière vive qui habite le regard des mères, où, comme une évidence transcendante, l'enfant de l'autre vous apparaît comme le vôtre.

Sakina-Sarah, c'est ainsi que se prénomme ma fille, comme vous vous prénommez Lucie-Sarah. Auriez-vous vu là le signe de la Providence, je ne sais. Néanmoins, cela aurait suffi à ce que nous nous racontions un peu plus nos vies, vous d'origine algérienne et moi d'origine marocaine, vous juive orthodoxe et moi musulmane soufie.

Je réaliserais que je n'avais jamais vraiment discuté avec une juive orthodoxe, et tout ce que je m'étais figuré se dissiperait comme un brouillard d'ignorance chassé par un souffle d'intelligence.

Ce matin je suis passée non loin du marché de Belleville, rue Vaucouleurs. J'ai déposé un bouquet de tournesols au pied de votre immeuble pour vous dire combien le hasard de notre rencontre me manque, et j'ai semé dans le cœur de ma fille une graine d'Amour en votre souvenir, Sarah.

Réalisatrice et essayiste, **BOUCHERA AZZOUZ** est fondatrice du Féminisme populaire. Elle a publié avec Corinne Lepage, en 2015 aux éditions Max Milo *Les femmes au secours de la République, de l'Europe et de la planète* et, en 2016 chez Plon avec Caroline Glorion *Fille de daronne et fière de l'être*. Elle a écrit plusieurs documentaires pour France Télévisions, dont *Nos mères, nos daronnes* en 2015.

ELLE ÉTAIT NÉE LUCIE

GUY KONOPNICKI

Elle avait choisi de prendre le prénom de la première mère des enfants d'Israël, mais elle s'appelait Lucie, comme ma grand-mère, si présente alors qu'elle avait péri avant ma naissance, dans la chambre à gaz de Birkenau. Quiconque oserait attribuer à la folie et non à l'antisémitisme l'assassinat de ma grand-mère devrait en répondre devant la justice. La même justice qui décréta que l'assassin de Lucie-Sarah Halimi n'était pas responsable de son acte.

En vérité, l'antisémitisme a toujours généré la démence meurtrière, et le voyou de la rue Vaucouleurs ne se distingue en rien de tous les criminels habités par la haine du Juif, et, plus encore, de la Juive. Car les antisémites ont été, partout et toujours, des tueurs de femmes.

> Les antisémites ont toujours été des tueurs de femmes.

Elle avait bien choisi son prénom, Sarah; elle était la mère, elle veillait sur les enfants, comme directrice de crèche, ce qui est rare, sinon exceptionnel, avec un diplôme de médecin. Elle vivait modestement, dans ce quartier de la Folie-Méricourt qui formait jadis le cœur du Paris juif, entre Belleville et le Marais. Ces rues si familières, chargées de tant de souvenirs, avaient accueilli les Juifs fuyant les pogroms de l'Europe orientale et ceux qui, comme les parents de Lucie-Sarah Halimi, sentaient venir le danger en Afrique du Nord. Quand elle était la petite Lucie, Sarah Halimi avait connu, à Constantine, les émeutes antijuives. Ce n'étaient pas les premières dans cette ville d'Algérie, mais celles des années 1950 préparaient la purification ethnique et religieuse bientôt revendiquée par les chefs du FLN. Et pourtant, Sarah Halimi ne nourrissait aucun ressentiment, elle n'avait aucune haine des Arabes et des musulmans. Elle était une voisine aimée de tous, et trop humaine et trop pieuse pour réaliser qu'un établissement religieux tout proche portait la haine dans ce quartier si convivial. Lucie-Sarah a vécu pour l'amour des autres, la haine l'a tuée.

GUY KONOPNICKI est romancier, essayiste, scénariste et chroniqueur à *Marianne*. Il est notamment l'auteur de *La faute des Juifs*, paru en 2002 aux éditions Balland, et de *Il est toujours interdit d'interdire*, paru en 2020 chez Impacts Éditions.

JE DÉDIE MON COMBAT À VOTRE MÉMOIRE

NORA LAKHEAL

Chère Sarah,

Vous écrire aujourd'hui est un honneur mêlé d'une profonde douleur.

Je n'ai pas eu la chance de vous rencontrer, mais je suis sûre que nous nous sommes déjà croisées, peut-être dans votre quartier qui fut le mien pendant tant d'années.

Française, musulmane, issue de l'immigration tunisienne, je suis d'une génération où ce quartier était le haut lieu des retrouvailles entre les Juifs et les Arabes de Paris.

Cette époque où nos communautés se reconnaissaient en quelques minutes avec joie dans les cours de récréation, au collège, au lycée, dans les couloirs de l'université. Nous clamions alors, à qui voulait l'entendre, que nous étions cousins, parfois cousins éloignés, mais que nous appartenions toujours à la même famille, les enfants d'Abraham. Quelle fierté!

Prêcheurs de violence et de haine

Puis le monde a changé sous nos yeux déconcertés. Ce changement perceptible jusque dans nos communautés, où j'ai d'abord pu voir des jeunes gens céder aux discours de haineux qui, au nom d'une supposée «égalité et réconciliation», sont venus prêcher l'antisémitisme, instillant la défiance, la violence et la haine que des radicaux islamistes ont pu ensuite exploiter pour leurs buts mortifères.

Vous et moi, comme pour conjurer le sort, avions choisi de consacrer nos vies à la protection de l'autre, notre frère en humanité, vous en tant que médecin, puis directrice de crèche, et moi en qualité de policière. Il faut beaucoup de courage pour combattre la haine par amour de l'autre; et du courage, vous en avez eu jusqu'au bout.

Un matin de printemps, un froid glacial a traversé ma chair, tandis que je découvrais ce qu'il vous avait fait, ce qu'ils vous ont fait.

Les faiseurs de haine, les lâches, les barbares.

Émue aux larmes, j'ai repensé à Ilan, qui était mort quelques années auparavant de la même barbarie, de la même haine antisémite. J'ai repensé à ses parents, Ruth et Didier, à la sécurité desquels j'ai été affectée pendant le calvaire de leur fils, et que le partage des heures sombres que nous avons vécues ensemble m'a fait aimer comme ma famille et protéger comme mes propres parents.

Nourrir la lumière de l'espoir

Puis sont venus les commentaires simplificateurs d'autres haineux qui ont déclaré que les atrocités subies qui ont conduit à votre mort étaient ma faute, et avant moi celles de ma mère et de ma grand-mère qui nous auraient inculqué une haine obsessionnelle des Juifs depuis notre naissance.

Sarah, ce monde est toujours aussi fou que lorsque vous l'avez quitté tragiquement, sous nos yeux, nos bras ballants impuissants et notre gorge sèche de désespoir et de rage.

Sarah, ma peine ne s'apaisera pas tant que brûlera leur haine à tous, celle qui assigne, essentialise, généralise, fabrique le ressentiment et attise la violence.

Pour vous, je promets de continuer mon combat, le même encore qu'il y a vingt ans, jeune îlotière dans le XXe arrondissement de Paris ou agent du renseignement antiterroriste infiltrant des mosquées radicales, ou aujourd'hui intervenante dans les écoles auprès des plus jeunes, dans l'ombre, au plus près du terrain, à l'oreille des jeunes consciences pour nourrir la lumière de l'espoir qui va éclairer les cœurs et les esprits.

Ce combat, je le mènerai grâce à la force que je puise dans les idéaux qui nous lient, chère Sarah. Je le dédie à votre mémoire et à tous les autres qui sont tombés sous la barbarie.

NORA LAKHEAL est un ancien membre des Renseignements généraux, spécialisée dans l'antiterrorisme djihadiste, qui a intégré par la suite la section antiterroriste de la brigade criminelle du 36, quai des Orfèvres. Conférencière, elle intervient dans des instituts de recherche sur la radicalisation islamiste. Elle a publié *Agente d'élite. Le récit inspirant d'une enfant de Barbès* en 2020 aux éditions Max Milo.

POUR TOUTES LES GRANDS-MÈRES DU MONDE

MARC KNOBEL

Sarah Halimi, cette retraitée douce et paisible, a été battue à mort à Paris le 4 avril 2017, et son calvaire a duré plus d'une heure. Quelque soixante minutes d'une longue agonie, quelque trois mille cinq cents secondes d'une brutalité sans nom et, dans son acharnement, l'assassin ne s'arrêta que pour réciter des sourates du Coran. Des témoins racontent avoir entendu une voix masculine crier *Allah akbar!*, *Je venge mon frère!*, *Tu vas te taire maintenant!*, *Tu vas payer!*, *sheitan!* (le mot arabe pour démon). En mars 2018, on découvre cette fois, dans son appartement parisien, le corps lardé de coups de couteau et en partie calciné de Mireille Knoll, une femme âgée de quatre-vingt-cinq ans, de confession juive.

Alors? Je n'aurais pas assez de mots pour décrire ce que je ressens. Je n'ai plus de larmes, non plus...

Je pense à Bassia Golda, ma grand-mère que j'ai tant aimée. Elle a illuminé mon enfance de sa tendresse, de sa gentillesse, de sa bonté. Je l'entendais parler en yiddish avec son fils. Pourtant, cette femme a eu peur au point que, en 1987, au crépuscule de sa vie, elle a demandé à son fils... de se cacher, parce qu'elle imaginait que les Allemands viendraient l'arrêter. Je pense à Jeannette, mon autre grand-mère, qui parlait en arabe avec sa fille. Elles se racontaient un je-ne-sais-quoi, interminable, avec quelques beautés méditerranéennes et la senteur du jasmin.

Je n'ai pas connu Sarah Halimi ni Mireille Knoll. Mais j'éprouve de l'amour pour toutes les grands-mères, celles qui ont élevé leurs enfants, celles qui ont aimé leurs petits-enfants, dont la voix rassurante et le tendre regard ont donné de la joie. Les grands-mères juives ne devraient plus jamais avoir peur.

MARC KNOBEL est historien, ancien membre du Conseil scientifique de la Délégation interministérielle à la lutte contre le racisme, l'antisémitisme et la haine anti-LGBT (Dilcrah). Il a notamment publié, chez Hermann en 2021, *Cyberhaine. Propagande et antisémitisme sur Internet.*

SARAH, LES ENFANTS ET LA SYNAGOGUE

DANIEL ALTMANN

Délicate, frêle, Sarah Halimi a toujours mené sa vie conformément à ses traits de caractère, discrète mais ferme. Jamais négligée, elle avait une rigueur vis-à-vis d'elle-même qui imposait le respect.

Dans les conditions difficiles d'une habitation modeste, elle a éduqué et accompagné ses enfants avec vigueur et clarté. Je me rappelle le souci des détails dans l'organisation de la bar-mitzvah de son fils et le suivi de ses filles.

Mais elle avait une autre famille.

Nous avons fait le compte : plus de quatre cents enfants sont passés par la crèche créée par Lucien Magnichever, qu'elle dirigeait.

C'était invraisemblable ! Imaginez un troisième étage sans ascenseur et les mamans qui montent ou descendent les bébés. Vingt-cinq berceaux aux normes les plus strictes, un personnel dévoué de grande ancienneté, c'était la crèche de la rue des Rosiers, et tous les commerçants l'accueillaient en souriant quand elle faisait ses achats.

Madame Halimi a su maintenir le caractère juif orthodoxe de la crèche. Quand la CAF se plaignit des fermetures précoces le vendredi en hiver avant Chabbat, elle laissa une employée non juive jusqu'à l'heure exigée. Je l'ai vue rétorquer sèchement à un inspecteur qui lui reprochait de fermer le jour de Yom Kippour. La mairie demandait d'accepter le jeune enfant d'une concierge voisine. Elle l'accepta. La famille le retira rapidement, car le vendredi soir il demandait à sa mère d'allumer les lumières.

Les bébés étaient bien soignés, les parents aussi. Directrice, docteur en médecine, proche chaque jour des jeunes mamans, elle était une guide, une confidente. Certaines fêtes, les parents étaient conviés. À chaque Hanoucca, le maire venait avec son staff et les responsables de la petite enfance pour donner des cadeaux aux enfants dans une ambiance de musique juive. Je me souviens de sa joie quand elle est venue m'annoncer avoir obtenu un HLM de la Ville.

Elle allait quitter un réduit de deux pièces où elle avait même accueilli sa fille et son gendre, et qui avait abrité une grande partie de sa vie. Elle vécut dans le bonheur, et il y eut la suite.

Chaque Yom Kippour, je rappelle où est sa place à la synagogue. Sa place dans nos cœurs est permanente.

DANIEL ALTMANN est le président de la Communauté israélite orthodoxe de Paris.

UNE FAMILLE JUIVE EN EXIL

JOËLLE ALLOUCHE-BENAYOUN

Un rapide coup d'œil sur Internet me fait découvrir que Sarah Halimi était née Lucie Attal, en 1931, à Nogent-sur-Marne, «de parents qui avaient quitté leur ville natale, Constantine, dans les années 1950, après que des commerces tenus par des Juifs avaient été *caillassés*».

Le pogrom du 5 août 1934

Ses parents étaient vraisemblablement venus chercher une vie plus tranquille en France, loin des manifestations périodiques d'antisémitisme qui émaillaient cette ville d'Algérie, alors française. Ainsi, le 5 août 1934, en même temps que leur quartier était livré à des pillages de grande ampleur, les Juifs de la ville, seuls, sans intervention de l'armée ni de la police, furent victimes d'un pogrom fomenté par des musulmans. Vingt-cinq d'entre eux, citoyens français (cinq enfants, six femmes, quatorze hommes) périrent, assassinés à l'arme blanche.

Des années plus tard, c'est en France, terre choisie, loin de ces émeutes, que leur fille, devenue par mariage Sarah Halimi, est horriblement massacrée, parce que juive. Elle meurt dans d'affreuses conditions des mains d'un antisémite musulman, sans intervention de la police, pourtant présente sur les lieux du crime.

Permanences et réinventions de l'antisémitisme

Force est de constater que l'antisémitisme, des insultes jusqu'aux meurtres, est redevenu un fait social d'actualité. Par-delà l'imaginaire du complot mondial, il persiste à prendre forme dans le rôle exorbitant prêté aux Juifs dans l'économie, la finance, les médias, la politique, l'État. Et débordant la sphère des mythes et de l'imaginaire, il s'incarne dans des actes de mort. Son apparente continuité, d'un siècle à l'autre, d'un territoire à un autre, fait pourtant apparaître dans le temps métamorphoses et recompositions, ruptures et reprises, permanences mais aussi réinventions. En effet, la nouveauté de la situation actuelle réside dans le fait que, dans un contexte gagné aux principes démocratiques, cette haine, longtemps déniée socialement et politiquement, est portée par des acteurs nouveaux, recrutés dans l'ultra-gauche sous couvert d'antisionisme, dans les milieux d'extrême droite, et parmi des islamistes européens qui, eux, vont jusqu'au meurtre : il en fut ainsi pour Sarah Halimi et pour les quatorze personnes assassinées en ce début de XXIe siècle parce qu'elles étaient juives.

JOËLLE ALLOUCHE-BENAYOUN est maître de conférences honoraire à l'Université Paris-Est Créteil, chercheur au GSRL (Groupe Sociétés, Religions, Laïcités), professeur à l'Institut universitaire d'études juives Élie Wiesel à Paris. Elle vient de codiriger chez Hermann *L'antisémitisme contemporain. Rémanences ou émergences?*

ALPHONSE HALIMI, UN HÉROS OUBLIÉ
ISY MORGENSZTERN

J'ai été évidemment touché par le scandale absolu que représente le meurtre d'une femme juive âgée et sans défense, et le comportement de la justice sur cette affaire. Mais sa mort a ravivé en moi autre chose, le souvenir d'un enfant ashkénaze : ma découverte du nom Halimi, un boxeur, Alphonse de son prénom, né à Constantine dans une famille de dix enfants, très pauvre. Champion de France puis du monde de boxe, adulé par les Français, au short floqué d'une étoile de David, décoré de la Légion d'honneur par de Gaulle en personne, il faisait l'objet d'une figurine en plastique que l'on découvrait dans un paquet de café Mokarex, comme le duc de Choiseul, le maréchal Masséna et tant d'autres personnalités.

Alphonse Halimi m'avait alors permis de comprendre – d'imaginer – qu'un autre type de Juif existait, qui aurait su défendre Sarah et son nom. Et qu'une certaine France était possible.

C'était dans les années 1950. Le souvenir d'Alphonse Halimi est venu me rappeler que ce pays a cessé d'exister.

ISY MORGENSZTERN est philosophe et auteur-réalisateur.

LETTRE À UNE INCONNUE

SMAÏN LAACHER

Chère Sarah,

Je vous écris parce que l'un de nous deux ne peut plus parler. Avant qu'un acte barbare ne fonde sur vous pour vous ôter votre dernier souffle, vous n'aviez pas encore, pour moi, de visage. Je ne vous connaissais pas. Depuis avril 2017, ce n'est plus le cas, et aujourd'hui je peux aller vers vous par la parole écrite. Nous savons tous les deux que les vivants ne cessent de parler aux morts; que les morts ne cessent de hanter la vie des vivants. C'est Emmanuel Levinas qui, dans *Totalité et Infini,* disait que l'autre est d'abord un visage. Mais un visage qui excède, de loin, ce qui le constitue en propre : la forme de son nez, de sa bouche, de ses yeux, la couleur de sa peau, etc. Le visage est d'abord l'espace même de la vulnérabilité. Il est aussi le reflet de l'âme, et c'est au travers des yeux que l'on peut s'en faire (même approximativement) l'interprète. Je ne connaîtrai jamais le son de votre voix, votre manière de regarder les gens ordinaires. Avec quels mots, quels gestes, avez-vous signifié l'injuste? Comment et pourquoi faisiez-vous don de votre personne aux autres, aux souffrants et aux malades? Je ne le saurai jamais.

> Les vivants ne cessent
> de parler aux morts,
> les morts ne cessent
> de hanter la vie des vivants.

Depuis que l'on vous a obligée, si soudainement et si sauvagement, à nous quitter pour toujours, je me suis souvent demandé, comme se le demandent souvent les enfants après la mort d'un proche : «Où est-elle allée, après?»

Là où le malheur vous a transportée, Sarah, dans le monde des morts, vous n'êtes pour nous que provisoirement absente. La présence de l'absent est une donnée constitutive de notre condition ontologique.

Un jour, qui sait, nous nous rencontrerons dans une «autre vie», comme disent certains; là, nous disserterons, sans haine, sur la méchanceté du monde, et nous nous amuserons, aussi, de toutes nos tentatives pour le rendre meilleur.

Un dernier mot que l'on attribue souvent aux «pauvres gens». Là où vous êtes, Sarah, surtout ne prenez pas froid.

Je vous embrasse bien fort.

SMAÏN LAACHER est sociologue, professeur émérite de sociologie à l'Université de Strasbourg. Ancien président du Conseil scientifique de la Délégation interministérielle à la lutte contre le racisme, l'antisémitisme et la haine anti-LGBT (Dilcrah), il est actuellement directeur de l'Observatoire du fait migratoire et de l'asile à la Fondation Jean-Jaurès. Il a notamment publié en 2022, aux éditions de l'Aube, *Le fait migratoire et les sept péchés capitaux* ainsi que *L'affaire Mila. Victime, agresseurs, haine en ligne.*

LA LUMIÈRE
ÉLIETTE ABÉCASSIS

Elle s'appelle Lucie, et l'œuvre de sa vie
Sont les enfants, ceux des autres et les siens,
L'école qu'elle dirige et qu'elle conduit
Vers les hauteurs de l'humain.

Elle s'appelle Sarah et elle est princesse
En son royaume et sur la terre.
Elle est fidèle, croyante, prophétesse
Aimée, aimante, juive et fière.

«Un enfant qui pleure a quelque chose à dire.»
Elle aide son prochain et elle aime chacun.
Et même son voisin, elle lui adresse un sourire
Frêle et pâle, adorable et sincère.

Elle est notre martyre et notre maître,
Notre mère à tous et notre regret.
Nous aurions aimé la connaître,
Nous aurions voulu la protéger.

Nous sommes ses enfants
Nous sommes ses orphelins
Nous sommes ses parents
Nous sommes son destin.

ÉLIETTE ABÉCASSIS est écrivain, réalisatrice et scénariste. Elle a publié *La Transmission* chez Robert Laffont, en 2022.

POUR QUE «L'AFFAIRE» N'ÉCRASE PAS LA FEMME

SOPHIE ÉLIZÉON

Je suis homme, rien d'humain ne m'est étranger. – Montaigne (d'après Térence)

Dimanche 25 avril 2021.

– Ah, Mam's tu as vu? Ils parlent encore de l'affaire Halimi aux infos!

– Oui Chouchou, j'ai vu. Mais «l'affaire Halimi» a un prénom : elle s'appelle Sarah.

– Comment ça? Que veux-tu dire par là?

– Je veux dire que cette «affaire» n'est pas une chose abstraite. Elle n'est pas «juste» trois minutes au JT. Elle a un corps, elle a une âme, elle a une histoire. Celle de Sarah Halimi. Et parler de «l'affaire Halimi» peut nous faire oublier la personne dans l'affaire.

– Pourquoi? C'était une personne connue?

– Connue et aimée. Aimée de ses enfants, auxquels elle a consacré une grande partie de sa vie de femme et de docteure en médecine. Chérie par ses parents, modestes vendeurs de légumes sur les marchés, qui ont fui les agressions antisémites de Constantine en 1950 et se sont installés à Nogent-sur-Marne. Connue des parents des bébés qui ont fréquenté la crèche du quartier du Marais, qu'elle dirigeait avec rigueur et humanité. Connue de ses voisins de la rue Vaucouleurs, dans le XIe arrondissement… Donc oui, c'était une personne connue. Et il nous appartient, à toi, à moi, à toutes et tous, de nous souvenir d'elle, de son visage, de sa voix, de ses engagements, de son caractère intègre et déterminé, de son histoire singulière. Pour que l'affaire n'écrase pas la personne qu'elle a été. Précisément parce que son meurtre résulte de la volonté de nier son humanité, d'effacer son histoire.

– Pourquoi vouloir faire ça : effacer l'histoire d'une personne?

– Parce qu'elle était juive; elle est l'une des trop nombreuses victimes françaises de l'antisémitisme. L'antisémitisme, qui tue encore en France au XXIe siècle, est l'ennemi de la République : il nie et méprise nos valeurs de liberté, d'égalité et de fraternité.

– Ok. Donc, dire le prénom de Sarah Halimi, c'est un moyen de faire vivre son histoire, de préserver son humanité, de combattre l'antisémitisme?

– Voilà, ma chérie, c'est exactement ça.

SOPHIE ÉLIZÉON est préfète, déléguée interministérielle à la lutte contre le racisme, l'antisémitisme et la haine anti-LGBT (Dilcrah).

PAR-DELÀ NOS DIFFÉRENCES, JE VOUS SALUE, MADAME

NORBERT CZARNY

Deux dates : 1951-2017, deux noms de lieux : Nogent-sur-Marne – Paris, une pierre tombale dans un cimetière, ici ou ailleurs. Votre nom c'est Halimi, née Attal. Votre prénom c'est Sarah, comme l'épouse d'Abraham et mère d'Isaac. Vous étiez médecin et directrice de crèche, retraitée. Oui, tout juste retraitée quand vous mourez, assassinée, défenestrée.

Je ne dirai rien de ce crime. Il m'en rappelle d'autres, passés, contemporains et, je le crains, à venir.

Je m'arrête sur ce que des lieux me disent. Halimi, Attal, la lumière et la chaleur de l'Algérie ou de la Tunisie. Constantine ou Tunis, je ne sais pas. Ce sont vos racines, arrachées sans doute à un moment quelconque de notre histoire, mais présentes là où vous avez grandi, enfant, à Nogent-sur-Marne, au bord du fleuve, près de ces guinguettes dans lesquelles on fêtait le dimanche, comme dans la chanson de *La Belle Équipe*.

Vous avez grandi, enfant, à Nogent-sur-Marne, au bord du fleuve, près de ces guinguettes dans lesquelles on fêtait le dimanche, comme dans la chanson de *La Belle Équipe*.

Paris onzième, quartier de la Folie-Méricourt. Je le connais, je l'ai arpenté; je l'ai aimé, ce coin de la ville. Il avait un passé, à la fois douloureux et tendre. Lieu d'un autre crime, commis par la police française à l'été 1942, c'était aussi celui des communautés dans lesquelles on parlait ladino. Les habitants avaient des origines à Salonique, Istanbul ou Smyrne. Ils priaient rue de la Roquette, ailleurs sans doute. Je ne sais dans quelle synagogue vous alliez; je ne le saurai jamais.

Un nom sur une pierre tombale

Vous êtes un nom sur une pierre tombale; vous êtes un nom dans les pages de journaux; vous appartenez à cette époque furieuse, emplie de paroles haineuses. Vous n'étiez pas faite pour cela. Même si je suis un incroyant, si je n'entre plus guère dans les synagogues pour m'adresser à un Absent, je vous vois présente, un vendredi soir, allumant des bougies pour honorer cet Éternel que vivante vous priiez, avec modestie et piété. Et pour cela seul, pour ce qui nous unit en dépit de la différence entre nos croyances, je veux vous saluer.

NORBERT CZARNY, professeur de lettres à la retraite, est critique littéraire pour le journal en ligne *En attendant Nadeau*. Il a publié *Mains, fils, ciseaux* en janvier 2023 aux éditions Arléa.

UN ANGE ÉGARÉ

JOËL MERGUI

Quand je pense à Sarah Halimi, je me déprends aussitôt de toute considération institutionnelle pour me laisser submerger par un flot d'émotions et d'images, au-delà du raisonnement sur les origines de la violence antisémite, au-delà de la casuistique sur la responsabilité pénale de l'assassin.

Je me laisse transporter jusque dans un appartement du XIe arrondissement de Paris, je vois une pénombre, j'entends des cris incompréhensibles sur un balcon, puis le fracas d'une intrusion dans une chambre à coucher, je distingue une bête féroce à forme humaine, hallucinée, éructant des borborygmes incantatoires qui en appellent à Dieu pour bénir son carnage.

Le visage de la bonté

Quand je pense à l'enfer, nul doute que sa version terrestre devait se lire dans le regard terrorisé de cet ange égaré dans un monde qui n'était pas le sien.

Quand je pense à la bonté, je me dis que si elle avait un visage, ce pourrait être celui de cette dame dont la photo, qui a envahi les médias au moment de «l'affaire», est irradiée d'un sourire iconique et pudique, et que tous les témoignages présentent comme un être pétri de l'amour d'autrui.

Quand je pense à l'innocence, j'imagine ces femmes, hommes et enfants tirés du lit à l'aube de la rafle du Vel' d'Hiv'. Aujourd'hui, on psychologise à tout-va sur la culpabilité des bourreaux. On cherche mille explications, qui ont souvent valeur d'excuses, pour les délinquants de notre société dite «ensauvagée», mais les victimes raflées les 16 et 17 juillet 1942 à Paris avaient, je le sais, le visage de pureté absolue de Sarah Halimi.

Un système judiciaire incapable de nommer le mal

Quand je pense à la justice, la plus haute marque de civilisation d'une société, je me dis en homme de foi que les atermoiements de notre système judiciaire, incapable de nommer le mal devant pareille monstruosité, sont bien la preuve, s'il en était encore besoin, de la transcendance du Juste et du Vrai absolus – «[…] la justice apparaît depuis le ciel» (Psaumes 95:11) –, qui finiront par avoir le dernier mot dans l'accomplissement des promesses messianiques, seul espoir du triomphe du Bien au milieu des pires désordres de ce monde.

JOËL MERGUI est le président du Consistoire israélite de Paris.

OÙ TROUVER UN ÉMILE ZOLA POUR L'AFFAIRE SARAH HALIMI ?

PHILIPPE MEYER

Par son histoire, son destin, sa tragédie, Sarah Halimi est l'un des visages poignants de notre histoire juive contemporaine. Les parents de Lucie Attal ont quitté Constantine dans les années 1950, après que des commerces tenus par des Juifs avaient été caillassés. Elle choisit, à l'âge de vingt ans, de rejoindre une communauté juive pratiquante et d'adopter un prénom juif : Lucie devient Sarah. Elle débute alors l'engagement de sa vie, en accompagnant les jeunes enfants d'une crèche et leurs parents. Cette vie devait se terminer à l'image de son existence, dans le calme et la douceur. Sauvagement assassinée par un barbare islamiste, parce que juive, elle rendra son dernier souffle dans les cris et la douleur, vêtue d'une chemise de nuit blanche, symbole de pureté et de fragilité.

Sarah Halimi, tuée deux fois

Persécutions, exode, transmission, barbarie. À ces symboles forts que Sarah Halimi a incarnés s'en ajoute un autre, celui de l'injustice qui a tant frappé le peuple juif, cette injustice qui a tué Sarah Halimi une deuxième fois.

> Quel avenir pour nos enfants si les tueurs de Juifs n'ont plus à comparaître?

La décision de la Cour de cassation du 14 avril 2021, confirmant qu'il n'y aura pas de jugement pour cet assassin dont l'irresponsabilité pénale a été maintenue en disant le droit sans rendre la justice, a marqué d'une pierre noire l'histoire de la justice française. Un homme, parce qu'il a fumé du cannabis, ne passera jamais aux assises après avoir défenestré une femme juive au cri de *Allah akbar*! En tant que citoyens français, comment notre confiance dans la justice ne serait-elle pas ébranlée? En tant que Juifs, comment qualifier un avenir pour nos enfants si nos assassins ne répondent plus de leurs crimes? En tant qu'hommes et femmes, comment ne pas être atteints par cette décision moralement inacceptable?

Il y a cent vingt-cinq ans, l'affaire Dreyfus

À l'heure où l'assassin de Mireille Knoll, autre victime de l'antisémitisme islamiste, a été condamné en première instance à la réclusion criminelle à perpétuité, nous pensons à la famille et aux proches de Sarah Halimi, qui attendaient un jugement digne de ce nom pour tenter de faire le deuil de cette tragédie. Ils devront vivre avec cette injustice le reste de leur vie. Il y a cent vingt-cinq ans, dans l'affaire Dreyfus, un homme s'était levé pour dire non à un abject déni de justice qui entachait la France. Qui succédera à Émile Zola?

PHILIPPE MEYER est le président du B'nai B'rith France, membre du Comité directeur du CRIF, et le vice-président du Consistoire de Paris.

SARAH HALIMI, BIEN PLUS QU'UNE BIBLIOTHÈQUE QUI BRÛLE

STÉPHANE ENCEL

Alors que le judaïsme glorifie le vivant, il doit trop souvent pleurer ses morts. Ses martyrs sont sans nombre, mais tous ont un nom depuis les Maccabées.

Certains esprits, juifs ou philosémites, évoquent une sorte de prix à payer. Mais de quoi? la liberté? la défense de valeurs morales? d'être un phare pour les nations? Rien, en réalité, ne justifie une seule perte humaine. Le vivant est à ce point sacré qu'il est, en hébreu, pluriel... Alors, que reste-t-il face à la barbarie? l'indignation, la colère, les larmes? l'analyse, les tentatives de compréhension? S'il y a probablement un temps pour tout, notre devoir est de toujours revenir à l'humain.

Une mémoire vive

Sarah Halimi est plus qu'un nom, elle est une histoire, une tradition, un patrimoine, un legs.

C'est bien plus qu'une bibliothèque qui brûle : l'humanité elle-même s'éteint dans sa mort, et dans d'abjectes circonstances. S'il est vrai, comme le disait le journaliste Bernard Frank, que «vos vertus ne désarmeront jamais votre persécuteur», il ne faut pas cesser pour autant d'égrainer ces vertus : médecin, directrice de crèche, mère, grand-mère, investie dans sa communauté et au service d'une foi indéfectible, Sarah Halimi fut une humaniste. Cela accentue encore le caractère ignominieux d'un crime que l'on peut néanmoins tenter d'élucider.

> *Honorer la victime est le meilleur moyen de flétrir le bourreau.*
> – Alice Gérard

Rester juif

Les Juifs, victimes de massacres et expulsions au Moyen Âge et à l'époque moderne, se réfugièrent dans les chroniques, ce genre littéraire qui renvoyait à un futur eschatologique la délivrance du peuple de ses bourreaux successifs. Dans quels temps et en quels lieux, aujourd'hui, se réfugier? Contre qui combattre?

Peut-être faut-il tout simplement rester juif autant que possible en nous rappelant plus que jamais qu'être juif a toujours signifié être pleinement humain.

L'historienne Alice Gérard affirmait qu'«honorer la victime est le meilleur moyen de flétrir le bourreau» : voici une constante à laquelle il faut s'attacher, en honorant la mémoire de Sarah Halimi.

STÉPHANE ENCEL est historien des religions. Il est le président de la commission Mémoire, Histoire et Droits de l'homme de la Licra. Il a notamment publié *Les Hébreux* en 2009 chez Armand Colin, *L'antisémitisme en questions* en 2020 chez Le Passeur Éditeur, et *Ce n'est pas que d'la télé! Ce que le système Hanouna dit de la France* en 2021 chez David Reinharc Éditions.

UN THÉ POUR L'ASSASSIN

YVES AZÉROUAL

Vous êtes partie, Madame, à l'âge qu'avait ma propre mère. Vous habitiez le même quartier et je vous imagine, comme elle, arpentant les allées du marché de Belleville où, jadis, Juifs et musulmans partageaient le même coin de bitume et parlaient la même langue.

Et lui, l'assassin? Peut-être lui aviez-vous déjà offert, à lui et à sa fratrie, ces quelques pâtisseries au miel que vous aviez coutume de confectionner les jours de fête. C'est ainsi que ma mère agissait avec nos voisins juifs, chrétiens ou musulmans.

Peut-être aussi venait-il prendre le thé chez vous, adoucissant votre pesant veuvage par sa présence. Peut-être vous a-t-il tenu la porte de l'ascenseur, adressé un bonjour en vous croisant dans le hall de l'immeuble. Car, témoigne son entourage, «il était serviable et gentil».

> Vous étiez médecin et il aurait pu être votre patient. Hélas pour vous, il était votre voisin et il fut votre bourreau.

Mais ça, c'était avant. Avant que les liens ne se brisent, avant qu'il ne commence à vous insulter. Sans un mot, sans une plainte, vous avez fermé votre porte à double tour et réservé votre générosité aux autres.

Ah, le voisinage! Il était bien absent, cette nuit du 4 avril 2017, rue Vaucouleurs, où il ne fut plus question de gâteaux, de courtoisie, de discussions.

Celui que ses proches surnommaient Bébé dévoilait ce soir-là son vrai visage, plus proche du délinquant toxicomane que de l'enfant de chœur, de l'antisémite viscéral que du «jeune à l'enfance chaotique».

Vous étiez tous deux croyants. Il invoquait son Dieu en commettant son crime. Vous, j'imagine, psalmodiiez les premiers versets du Shema Israël au moment où...

Vous étiez médecin et il aurait pu être votre patient. Hélas pour vous, il était votre voisin et fut votre bourreau.

YVES AZÉROUAL est scénariste, romancier, essayiste et réalisateur de documentaires, dont le récent *Islamo-gauchisme, la trahison du rêve européen. Faubourg Montmartre*, paru en 2021 chez Le Passeur Éditeur, est son dernier roman.

CAR LA DOUCEUR NE MEURT JAMAIS

ISMAËL SAIDI

Douce Sarah,

Je me permets de vous appeler ainsi, car c'est le qualificatif que s'est choisi votre famille. Halimi, *halim*, Halima, la douceur. Vous ne me connaissez pas, mais moi, je sais votre vie. Je sais vos joies, je sais vos peines, je sais ces matins où votre sourire illuminait le visage des enfants que vous gardiez.

Je sais tout cela, mais je ne sais me passer de vous. Votre absence mord ma vie depuis tellement d'années déjà. Vous devez vous dire que je suis fou, que je divague, que l'on ne peut souffrir de l'absence d'une inconnue, de la perte d'une âme qui jamais ne vous a croisé.

Et pourtant, vous me manquez.

Tendre Sarah, j'aimerais vous dire que le monde a changé depuis votre absence, que vous avons pris conscience que le mal rôde encore, que nous nous protégeons les uns les autres, que nous avons tout fait pour que plus jamais une âme aussi pure que la vôtre ne nous soit arrachée.

J'aimerais vous le dire, j'aimerais tellement...

Mais je me dois d'être sincère : être juif aujourd'hui est encore un danger, une kippa peut encore devenir une cible et la haine à l'égard de celui que l'on pense différent alors qu'il n'est que le reflet de nous-mêmes est encore bien présente aujourd'hui.

Clémente Sarah, j'ai peur, j'ai peur de ce que le monde devient, j'ai peur de ce que font certains au nom d'un dieu qui ne répond plus, par honte de sa propre création.

> Ici, dans le creux de France,
> pour chaque Dreyfus,
> il y aura toujours un Zola.

Alors, quand l'angoisse me prend, quand la terreur me corrode, que la nuit m'enveloppe, je pense à vous, vous qui avez aimé l'étranger comme vous-même, vous qui avez ouvert votre porte, partagé votre pain, accueilli celui dont plus jamais nous ne citerons le nom.

Vous qui n'êtes que douceur... Halimi Sarah.

Je ferme les yeux et je vous vois, souriante, bienveillante, et je me dis que vous serez à tout jamais mon pilier. Chaque fois que le monde chavirera, que la pénombre accourra, je vous invoquerai, Sarah, et je me souviendrai de votre douceur.

Je me souviendrai que nous vivons dans un pays où il fut heureux d'être juif et que l'on pourra l'être encore.

Qu'ici, dans le creux de France, pour chaque Dreyfus, il y aura toujours un Zola.

Grâce à vous, douce Sarah, je n'oublierai pas que la douceur ne meurt jamais.

ISMAËL SAIDI est écrivain, comédien, réalisateur et dramaturge. Sa pièce *Djihad*, produite en 2017, a connu un très grand succès. Il a publié *Comme un musulman en France* en 2021 aux éditions Autrement.

III

MÉTAPHYSIQUE DE L'AFFAIRE HALIMI

RÉFLEXIONS DES PHILOSOPHES ET INTELLECTUELS

MÉTAPHYSIQUE DE L'AFFAIRE SARAH HALIMI

BERNARD-HENRI LÉVY

L'affaire Sarah Halimi, sous ses dehors de fait divers tragique, est un événement considérable. Car enfin, récapitulons.

Voilà un meurtre d'une sauvagerie insoutenable.

Voilà une femme seule, frappée au visage, torturée pendant de longues minutes, défenestrée, tuée.

Voilà un acte dont personne, à commencer par les juges, ne conteste le caractère antisémite.

Voilà un assassin, j'insiste, dont on sait qu'il était islamiste, qu'il fréquentait une mosquée salafiste et que c'est la seule vue de cette petite dame douce et simple, à la perruque courte, s'efforçant de servir Dieu en pratiquant ses commandements, qui a provoqué sa fureur meurtrière.

Et voilà que la machine judiciaire, au terme d'une instruction, puis d'une procédure d'appel, puis d'un procès en cassation, et donc, au total, d'un long parcours qui a laissé toute sa chance à l'acte de justice, a conclu que le criminel était coupable, mais irresponsable, et ne pouvait être jugé pour son crime.

> Sous ses dehors de fait divers tragique, cette affaire est un événement considérable.

Une sentence inintelligible et scandaleuse

Je passe sur la violence, la cruauté, l'inhumanité de cette décision. Je passe sur le chagrin des proches que les juges, par cet arrêt mal ficelé et inique, ont choisi de laisser seuls avec leur petit fantôme errant dans les limbes d'une justice muette, comme suspendue, dans le vide.

Et je passe sur l'indécente tartufferie de ceux des commentateurs qui nous disent : «Mais non! Lisez bien! Une peine de sûreté de vingt ans a tout de même été prononcée!» — alors qu'ils savent bien que le coupable, de l'avis même des juges, n'est pas «fou», mais sujet à des «bouffées délirantes», et que l'institution psychiatrique où il est aujourd'hui placé ne tardera pas à faire valoir qu'un hôpital n'est pas une prison et qu'elle n'a d'autre choix que de le remettre en liberté.

Un droit noyé dans ses arguties

La vérité est qu'on peut tourner cette séquence de la manière que l'on voudra. Elle est incompréhensible. Elle est absurde. Elle est, pour les juristes eux-mêmes, inintelligible et scandaleuse. Elle donne le sentiment atroce d'un droit noyé dans ses arguties, perdu dans les arcanes d'un réel qu'il n'est plus capable de mesurer, un droit devenu fou.

Ce bel et bon droit, oui, cette extraordinaire machine, forgée au fil des siècles et calculée pour, au gramme et au millimètre près, peser la réalité des faits et celle des intentions, mettre en regard la parole de la victime et celle du prévenu et, au terme d'une sage délibération qui a laissé à chacun sa chance, trancher dans le vif et arbitrer, cette belle machine, donc, semble avoir trouvé ici sa limite, déclaré forfait face à l'horreur et fait savoir qu'elle était grippée.

Ce sont les Kobili Traoré de demain qui, du coup, risquent de se le tenir pour dit : une bouffée délirante, constatée par un quarteron de psychiatres approximatifs, peut valoir impunité...

La débâcle du droit et de la langue

Ce sont les autres Sarah Halimi, ses semblables, ses sœurs, ce sont toutes les dames vivant dans un voisinage hostile qui, juives ou pas, à Paris, à Rambouillet, ailleurs, peuvent également l'entendre ainsi : le droit français, tel qu'il est aujourd'hui rédigé, ne les protège plus tout à fait et, si elles viennent à être assassinées, ne saura pas non plus protéger leur mémoire et leur dignité.

Et, au-delà même du droit, ce sont les mots mêmes, ceux qui disent le crime et ceux qui disent la douleur, ceux qui sont censés distinguer la raison et la déraison, ou l'humanité et son contraire, ou la responsabilité et l'innocence, ceux qui sont supposés désigner, ou s'employer au moins à désigner, le vrai, le juste, le bon, et, ce faisant, à nous rassurer (un peu) sur notre place en ce monde, qui paraissent avoir perdu leur sens.

Or, quand les mots ne veulent plus rien dire, c'est comme un sol qui se dérobe. Quand un sol se dérobe, et ce sol-ci en particulier, c'est comme si le monde, autour de soi, était désorbité et s'écroulait.

Et dans une époque inquiétante entre toutes, où tant de repères donnent des signes d'effacement, il y a là un effondrement supplémentaire dont la France se serait bien passée.

Alors, face à cette débâcle du droit et de la langue, que fait-on? Et comment répare-t-on pareil déchirement au cœur de ce qui fait lien entre les êtres?

J'ai proposé que la nouvelle loi annoncée par le président de la République porte le nom de Sarah Halimi – et je maintiens que ce serait, déjà, une forme de réparation.

> Quand les mots ne veulent plus rien dire, c'est un sol qui se dérobe.

Un déchirement au cœur de ce qui fait lien entre les êtres

Ses proches, qui manifestaient au Trocadéro [en avril 2021], ont laissé entendre que des éléments nouveaux pourraient apparaître et laisser entrevoir une possibilité de révision du procès – on a connu, au XXe siècle, pareils retournements qui, quoique rares, ont toujours, en effet, une force consolatrice.

Pour l'heure, une chose est sûre. Les magistrats ont tort de s'offusquer de ce bruit qui se fait autour de la chose jugée et, en la circonstance, non jugée.

Car cette affaire aura opéré comme un terrible et funeste révélateur. Il y a un vrai trouble, aujourd'hui, à cet autre ordre public qui résulte, dans une nation, de l'esprit de ses lois et de sa langue. Et ce trouble, ce trou dans l'être, ce malaise dans la civilisation républicaine et démocratique, c'est à la nation tout entière qu'il appartient d'en débattre et, tous ensemble, d'y porter remède.

BERNARD-HENRI LÉVY est écrivain, philosophe et cinéaste. Il a publié, en 2021, *Sur la route des hommes sans nom* chez Grasset et réalisé en 2022, avec Marc Roussel, le documentaire *Pourquoi l'Ukraine*.
Une première version de ce texte est parue dans *Le Point* du 29 avril 2021.

DES VOIX DANS LE DÉSERT

BOUALEM SANSAL

Il y a quelque chose de pourri dans le royaume de France. Le pays est gangrené par l'islamisme, qui l'a élu terre de djihad. Le pays est martyrisé par le terrorisme, abîmé dans ses valeurs et son mode de vie, mais rien n'y fait. La France laïque et bêtement généreuse maintient la ligne; elle protège et promeut l'islam, cheval de Troie de l'islamisme, et honore grassement des groupuscules qui se sont autoproclamés gouverneurs de l'islam *de* et *en* France. Quel formidable succès pour eux, en si peu de temps! Encore une marche ou deux et ils seront les maîtres du pays, de très méchants maîtres, on peut s'en douter.

> La France laïque promeut l'islam, cheval de Troie de l'islamisme.

Librement ou contraint et forcé, par opportunisme, par bêtise ou tout simplement à son insu, on ne sait trop, l'État français s'est inscrit dans cette division du travail. Il participe, à sa manière et selon ses moyens, au plan de conquête de la planète par la soumission islamique de ses habitants. Le point de non-retour n'est plus loin d'être atteint... Mais peut-être a-t-il été franchi, puisque tout va à son rythme, fervent et violent?

L'antisémitisme français traditionnel, qui avait reflué dans les marges obscures de la société, reprend du poil de la bête à la faveur de la montée vertigineuse de l'antisémitisme islamique. Quand l'orage est là, les vents soufflent tous dans la même direction.

L'antisémitisme islamique, c'est de la haine pure, une obligation dogmatique conforme et récompensée par de suprêmes jouissances. Mais c'est aussi de la politique et des affaires. À ce train, il deviendra rapidement la valeur centrale en France, sa colonne vertébrale. Du reste, il l'est déjà devenu dans certaines enclaves, où l'on tend à ne plus vivre que dans et par la haine bienheureuse du Juif.

La France, élue terre de djihad

L'assassinat de Sarah Halimi s'inscrit dans le cadre de cette évolution. Sa mort était en quelque sorte programmée. La France étant élue terre de djihad, il y a comme une fatwa naturelle sur la tête de tous les Juifs du pays. Il y a eu Ilan Halimi à Bagneux, les enfants de l'école Ozar Hatorah de Toulouse, les clients de l'Hypercacher de la porte de Vincennes, puis ce fut le tour de Sarah Halimi à Belleville et, demain, d'autres seront la cible de l'antisémitisme islamique. Un jour, on aura des massacres de masse, préfigurant ce à quoi beaucoup rêvent : la grande extermination finale.

Le rêve est déjà implanté, il travaille les esprits. La France ne le voit pas, elle refuse de comprendre que, en la matière, le rêve fait partie de la réalité. Il la conçoit, l'annonce, la magnifie, l'organise, la fructifie.

Mais voilà, la France n'a jamais été très forte pour voir arriver les tempêtes. Quand elle se décille, elle est en général déjà sinistrée ou jetée sur les routes de la défaite.

> Une fatwa naturelle sur la tête de tous les Juifs du pays.

La France n'a jamais été très forte pour voir arriver les tempêtes

Revenons à notre pauvre Sarah Halimi pour voir que, dans cette affaire, il n'y a pas que l'antisémitisme islamique. Il y a la bêtise, l'aveuglement, l'entêtement, la lâcheté, la méchanceté au quotidien.

Un jeune musulman tenté par le djihad des quartiers entre nuitamment chez elle par le balcon des voisins, la bat, puis, prenant plaisir à la chose, la torture et, soudainement lassé, la défenestre au cri de *Allah akbar*! Soit dit en passant, *Allah akbar* ne signifie pas «Allah est grand», comme on le traduit en France, mais «Allah est le plus grand», car *akbar* est un superlatif. Les Anglais, qui sont de meilleurs traducteurs, disent *Allah the Greatest*. Cela veut dire qu'une sentence émise par Allah dans le Coran ne peut être révoquée que par lui, aucune puissance au monde ne lui étant égale ou supérieure.

En ce printemps 2017, les représentants autoproclamés des musulmans et du culte musulman n'ont rien dit. La France officielle n'a rien dit. Deux silences indifférents, coupables, complices…

La juge chargée d'instruire l'affaire ne voit apparemment que d'un œil; elle a refusé de qualifier le crime dans toutes ses dimensions. Elle y voyait simplement un homicide volontaire. Bon sang, on le lui a pourtant répété : c'est un abominable crime antisémite, il y a eu assassinat, séquestration, torture, barbarie, le tout au nom d'Allah. Mieux, elle s'est persuadée que le meurtrier était un peu dérangé sur les bords, qu'il était malade, aurait agi sous l'effet de la drogue, et l'a envoyé se reposer à l'hôpital. De son côté, la police n'a pas cherché très loin, elle a tellement à faire par ailleurs.

Les semaines et les mois passent. La famille est au désespoir. Des voix hurlent dans le désert, des gens se mobilisent, des intellectuels, des écrivains, des amis. Qui les entend? Qui les écoute? Personne. L'affaire est crapuleuse et doit le rester. On ne va pas stigmatiser la religion de paix et de tolérance et faire des amalgames pour si… pour un banal homicide commis par un débile mental, drogué et oisif.

L'antisémitisme sur le chemin de la banalité

Le parquet finit quand même par s'en émouvoir et prie la juge d'instruction de revoir sa copie. Et là, un miracle se produit, ou tout simplement la raison l'emporte : la juge reconnaît le caractère antisémite du crime, un facteur indiscutablement aggravant.

En France, on gère ces «affaires» et autres dossiers afférents comme on gère des contentieux administratifs, et c'est ainsi que l'antisémitisme est en passe de retrouver le chemin de la banalité et de la petite bureaucratie qui lui a si bien réussi en d'autres temps.

Les femmes juives sont doublement en danger

Cette affaire recèle une autre dimension qui, elle, me terrifie. J'y vois l'expression d'un antisémitisme que je qualifierais de fondamental : tuer un Juif, c'est bel et bon. Mais tuer une Juive… L'assassin coupe à la racine, car c'est par la mère, par la femme, que la judéité se transmet. En la torturant et en la défenestrant, il ne fait pas que prendre son pied, il la châtie pour avoir transmis le sang juif à des enfants. Les femmes juives sont doublement en danger.

Dénoncer les maîtres à penser, agir fermement

Reculer sur cette affaire, se taire, c'est très directement se comporter en complice des Merah, des Coulibaly, des Fofana, et pis : de ceux qui les arment aux plans religieux et idéologique et leur désignent les cibles. La justice en la matière est de punir sévèrement le coupable matériel, de dénoncer les maîtres à penser, mais aussi et surtout d'agir fermement pour faire reculer l'idéologie qui fabrique aujourd'hui de l'antisémitisme au grand jour, en masse et en toute légitimité.

Écrivain et essayiste, **BOUALEM SANSAL** vit en Algérie. Il a notamment reçu le prix de l'Académie française pour *2084. La fin du monde* paru aux éditions Gallimard en 2015. Il a publié en 2020 chez le même éditeur *Lettre d'amitié, de respect et de mise en garde aux peuples et aux nations de la terre*. En 2022, il a écrit la préface de *Une* grande *voyage* de Michel Granek, paru chez David Reinharc Éditions.

J'AI TUÉ LE SHEITAN (DÉMON) DU QUARTIER! OU LA CAUSALITÉ DIABOLIQUE

YVES CHARLES ZARKA

Le sauvage assassinat de Sarah Halimi relève de l'horreur et du scandale les plus extrêmes. Il en serait de même si celle-ci n'avait pas été juive. Mais elle l'était et elle a été massacrée et défenestrée uniquement parce qu'elle l'était. La cause de cet homicide terrifiant, dont le récit ne peut manquer de faire tressaillir toute personne qui garde ne fût-ce qu'un reste de conscience humaine, n'était donc pas l'argent, ni un conflit d'intérêts, ni une vengeance personnelle, ni quoi que ce soit d'autre que la haine des Juifs. L'antisémitisme.

Si c'est précisément Sarah Halimi qui a été torturée et assassinée, c'est parce qu'elle habitait dans le voisinage du tueur. Ce qui l'a condamnée à ses yeux, c'est qu'elle était juive, donc une incarnation ponctuelle du diable, source de tous les maux, de toutes les tromperies, ennemi de Dieu et de l'humanité, en particulier des musulmans. C'est aux cris de *Allah akbar!* et *J'ai tué le sheitan!* que l'irréparable a été commis.

L'aveuglement de l'appareil judiciaire

Cette horreur et ce scandale ont été redoublés par l'aveuglement de l'appareil judiciaire qui, jusqu'à sa dernière instance, la Cour de cassation, a jugé que l'assassin était irresponsable au moment de son acte, en raison d'une «bouffée délirante aiguë» due à sa consommation de cannabis. S'il n'est pas possible de revenir sur la chose jugée, il m'est en tout cas possible de la critiquer radicalement sur les plans anthropologique, moral et historique. Car les juridictions qui ont rendu cette décision d'irresponsabilité et dispensé l'accusé d'un procès l'ont par là même soustrait à la possibilité d'établir juridiquement son acte antisémite.

> L'invocation du diable au moment du crime, un ressort qui a accompagné la mise à mort des Juifs au fil des millénaires.

Pourtant, invoquer le diable au moment d'un crime que l'on commet au nom de Dieu est un ressort que l'on retrouve tout au long de l'histoire, et qui a accompagné la mise à mort individuelle ou collective des Juifs au fil des millénaires. L'objet n'est pas ici de réécrire cette épopée, par ailleurs largement documentée. Je reprendrai simplement un des concepts fondamentaux élaborés par Léon Poliakov, grand anthropologue et historien de l'antisémitisme, celui de «causalité diabolique».

> La «causalité diabolique» ou le mode par lequel un groupe est considéré comme la source du mal.

Le verdict en irresponsabilité a reposé sur l'inculture des juges

Ce concept désigne le mode par lequel un individu ou un groupe est considéré comme la source du mal, selon une causalité unique susceptible d'expliquer tout ce qu'il se passe de mauvais dans le monde. La fiction d'une source unique du mal (le diable, dont les Juifs sont les représentants ou les instruments) focalise la haine sur un individu ou un groupe particulier qu'il suffirait donc d'éliminer pour vaincre au moins partiellement et localement le danger qu'il représente.

C'est ce qu'a fait Kobili Traoré. Il l'a même déclaré. Loin d'avoir été victime d'une bouffée délirante qui le rendrait irresponsable, et quoi qu'en disent certains psychiatres, il y a une cohérence entre ce qu'il a fait et ce qu'il a dit.

Il est certain que la décision d'irresponsabilité tient à l'ignorance de ce qu'est l'antisémitisme, des formes qu'il a prises dans le temps et qu'il continue à revêtir de nos jours. Il est tragique que, près de quatre-vingts ans après la Shoah et les nombreux crimes et actes antisémites commis en France depuis ce début de siècle, les tribunaux de notre pays en soient toujours là.

YVES CHARLES ZARKA est philosophe, professeur émérite à l'Université de Paris.
Il est également *Global Professor* à l'Université de Pékin et enseigne à l'Université de Rome La Sapienza. Il est fondateur et directeur de la revue *Cités* (PUF).
Il vient de publier *Réflexions philosophiques sur notre temps* aux Presses Universitaires de France.

SARAH ET LES DÉMONS
MONIQUE ATLAN

Cinq ans déjà. Pourtant, ma colère demeure intacte. Et toujours, à ce que les médias pris d'une fausse pudeur qualifient d'«affaire», je préfère le terme de meurtre. Plus sonore, plus cru, plus vrai. On peut, inlassablement, revenir sur la scène insoutenable qui eut lieu sur ce balcon, sous le regard sans doute pétrifié des voisins. On peut reprendre, un à un, les arguments des psychiatres convoqués pour expertiser l'assassin. On peut parcourir une fois de plus toutes les manifestations émues ou la litanie des déclarations politiques, avec ou sans effets de manches, pour soutenir ou récuser la responsabilité juridique d'un bouffon meurtrier sorti de la case prison. On peut deviser inlassablement sur les effets délétères du haschich dans la responsabilité de son passage à l'acte. On peut, enfin, multiplier les arguties judiciaires ou parlementaires pour modifier la loi.

Le mystère reste entier. Pourquoi? Pourquoi elle? Et au bout du bout, encore et toujours : pourquoi le mal?

Mon scepticisme demeure sans faille devant ces devoirs de mémoire hautement proclamés et autres afféteries faits pour masquer notre impuissance. Ne reste que le sentiment de solitude de Sarah en ses derniers instants. *Eschet hayil*, femme vertueuse, femme vaillante abandonnée du monde sous la poigne de haine barbare de son bourreau.

Entre eux, rien de commun. Sans doute un voisinage inquiétant, mais surtout un abîme culturel vertigineux. Une femme médecin, juive observante ayant dédié sa vie au service des autres, soudain aux mains d'un homme dont la famille pense qu'il a été «maraubouté», un homme qui hurle après le meurtre : *J'ai tué le sheitan du quartier!* Comme un démon coranique de proximité, archaïquement retourné et personnifié par ce visage de femme juive.

Ce qui me frappe, c'est cet implacable déni culturellement organisé et cette puissante projection de forces démoniaques sur la victime elle-même pour se délester, se dérober à sa propre responsabilité humaine. À l'opposé exact de ce que le judaïsme tente essentiellement de dire au monde. Qui s'y refuse.

MONIQUE ATLAN est journaliste et essayiste. Elle est co-auteur avec Roger-Pol Droit de *Le sens des limites* paru en 2021, et *Alerte sur la parole* paru en 2023, tous deux aux éditions de l'Observatoire.

LA VICTOIRE POSTHUME DE HITLER : «IL N'Y EN A QUE POUR LES JUIFS!»

PASCAL BRUCKNER

«Il n'y en a que pour eux!» Voilà ce qu'on entend depuis une vingtaine d'années. Il n'y en a que pour les Juifs qui veulent accaparer sur leurs personnes toute la souffrance du monde, alors même qu'ils bénéficient d'une situation enviable en Occident et persécutent au Proche-Orient le peuple palestinien.

Les Juifs déparent dans le casting de la victime idéale

Les exemples sont innombrables : le maoïste Alain Badiou et Éric Hazan n'écrivaient-ils pas, en 2011, un petit brûlot pour ironiser sur la prétendue montée de l'antisémitisme[16]? À cette époque, une femme mythomane avait défrayé la chronique en laissant croire qu'on l'avait violée dans le RER parce que juive, et qu'on avait gravé au couteau une croix gammée sur son ventre. Mais, en 2006, Ilan Halimi avait déjà été torturé et tué par Youssouf Fofana et le gang des Barbares parce que juif et donc riche, sans que nos deux éminents intellectuels ne jugent utile de le mentionner ou d'atténuer leur point de vue.

> Les Juifs sont devenus «blancs», donc oppresseurs.

Un historien, Enzo Traverso, évoquant l'ancienne alliance entre Juifs et Noirs aux États-Unis, n'explique-t-il pas de son côté que les Juifs, surtout depuis 1948, ont franchi «la ligne de couleur» et sont devenus «blancs», c'est-à-dire oppresseurs? Avec la fin de l'antisémitisme, nous dit-il, le Juif est entré dans la race supérieure (la blanche); avec la création de l'État d'Israël, il est entré dans la maladie européenne du nationalisme et c'est ce qui l'a perdu. Sorti du ghetto, il n'incarne plus «cette altérité négative» qui le rendait unique autrefois. «L'outsider interne n'est plus le Juif : il est maintenant l'Arabe et le Noir, c'est-à-dire l'ex-colonisé, résidant en métropole et devenu citoyen français[17].»

Désormais, les Juifs déparent dans le casting de la victime idéale. Le sociologue Laurent Mucchielli déclare ainsi en 2009 que les Juifs n'ont qu'à

16- Alain Badiou et Éric Hazan, *L'Antisémitisme partout* (éd. La Fabrique, 2011).

17- Enzo Traverso, dans (sous la dir. de S. Laurent et T. Leclère) *De quelle couleur sont les Blancs?* (éd. La Découverte, 2013), p.253-261.

se désolidariser d'Israël s'ils veulent échapper à l'hostilité des musulmans, et déplore «une incapacité des institutions juives de France à prendre leurs distances vis-à-vis de l'État israélien, ce qui est le pendant et l'amplification de l'incapacité de nombreux musulmans à distinguer la politique israélienne de la communauté juive en général». De toute façon, à ses yeux, la montée de «l'islamophobie» dans l'opinion publique française serait beaucoup plus inquiétante que l'antisémitisme, déjà bien recensé et résiduel[18]. La France, plutôt philosémite selon lui, condamne le racisme antijuif beaucoup plus fermement que le racisme antimaghrébin, plus important.

Touche pas à mon «nazi» s'il appartient à une minorité opprimée!

Les Juifs, ça suffit : maintenant il faut passer à autre chose, il est temps de changer de victime, voilà donc ce que nous disent ces experts avisés. Il s'agit de transférer la dette morale de l'Europe du Juif au musulman, et de renvoyer le premier du côté du colonisateur blanc et du persécuteur impérialiste. Le Juif, ancien bouc émissaire de l'Occident, est devenu, dans sa version sioniste, le parangon du colonialisme. Il est donc un Blanc à la racine carrée, un Blanc quintessentiel. Le choix pour lui est aussi abrupt que simple : ou passer du côté de ces autres Sémites que sont les Arabes, ou bien soutenir Israël et basculer dans l'abominable.

> Transférer la dette morale
> de l'Europe du Juif au musulman.

Par malheur, les faits, les simples faits démentent ces assertions : depuis quinze ans, pas moins de dix Français ont été tués parce que juifs par des islamistes ou assimilés, de Ilan Halimi en 2006 à Sarah Halimi en 2017, torturée et jetée par la fenêtre de son appartement par son voisin au cri de *Allah akbar!*, ce cri de guerre semblable au *Sieg Heil!* des nazis.

Sans oublier la tuerie de l'école Ozar Hatorah de Toulouse par Mohamed Merah en 2012 et l'attaque de l'Hypercacher de la porte de Vincennes par Amedy Coulibaly en janvier 2015, lui aussi se réclamant de l'islam. Évoquons aussi les agressions multiples depuis des années, dont celle d'un jeune couple juif en décembre 2014 à Créteil, soupçonné de garder un magot chez lui, et du viol de la jeune femme qui s'en est suivi. Ou encore l'agression d'un autre couple de septuagénaires à Livry-Gargan le 11 septembre 2017, battus et ligotés dans leur pavillon pour leur extor-

---

18- Laurent Mucchielli, «Le retour de l'antisémitisme», discours prononcé au dîner annuel du CRIF, le 5 mars 2009.

quer de l'argent, sans parler des tentatives de meurtre à répétition sur des personnes de confession ou d'apparence juive.

> Sarah Halimi jetée par la fenêtre au cri de *Allah akbar!*, ce cri de guerre semblable au *Sieg Heil!* des nazis.

L'antisémitisme islamiste fait couler le sang

Ce n'est hélas pas tout. En février 2017, la presse révèle que Mehdi Meklat, le kid de banlieue et coqueluche de la presse de gauche, de *Libération* aux *Inrockuptibles*, en passant par France Inter, membre éminent du Bondy Blog avec son pote Badrou, avait émis plus de quarante mille tweets antisémites, misogynes et homophobes : «Faites entrer Hitler pour tuer les Juifs» (24 février 2012); «Je crache des glaires sur la sale gueule de Charb et tous ceux de *Charlie Hebdo*» (31 décembre 2012); «Vive les PD, vive le Sida avec Hollande» (3 décembre 2013). Une fois le scandale dévoilé, Edwy Plenel, grand progressiste autoproclamé et ami de Tarik Ramadan, écrit sur son site Mediapart : «Une coalition numérique allant de la fachosphère au Printemps républicain est à la manœuvre pour, en attaquant le fils prodige du Bondy Blog, détruire tout ce qu'il est censé incarner.» Touche pas à mon nazi s'il appartient à une minorité opprimée.

Rappelons une chose simple : l'antisémitisme islamiste a ceci de particulier qu'il n'est pas seulement une opinion, l'expression d'une rancœur ou d'une hostilité. Il ne se contente pas de vociférer et d'insulter. Il tue, il fait couler le sang, il égorge, il exécute.

> Durant les dix dernières années, combien de musulmans ont été tués parce que musulmans, en France? Aucun, et c'est tant mieux.

Une question : durant les dix dernières années, combien de musulmans ont été tués parce que musulmans, en France, dans un contexte d'attentats abominables qui ont fait plus de *deux cent soixante* morts? Aucun, et c'est tant mieux. Par une ironie tragique, quand des musulmans sont tués, ils le sont par des coreligionnaires extrémistes, comme ce fut le cas d'Imad Ibn Ziaten, d'Abel Chennouf et de Mohamed Legouad, les trois militaires abattus par Mohamed Merah en mars 2012 à Toulouse et Montauban, ou comme les trente personnes d'ascendance musulmane (sur un total de *quatre-vingt-six* victimes) fauchées à Nice le 14 juillet 2016 par le camion de Mohamed Lahouaiej-Bouhlel, un Tunisien de trente et un ans affilié à Daech.

La haine des Juifs, via l'antisionisme, recyclée dans nos banlieues

Les Français, dans toutes leurs composantes et malgré des réactions virulentes, se sont, après *Charlie Hebdo* et le Bataclan, conduits de façon plutôt civilisée, ne cédant ni aux amalgames ni à la haine. En revanche, ce que ne veulent pas voir nos intellectuels progressistes, c'est que l'antisémitisme, très présent au Maghreb et au Proche-Orient, se trouve recyclé dans nos banlieues *via* la dénonciation d'Israël. Dans la France de 2017, la haine des Juifs n'est plus le seul fait de l'extrême droite : elle vient en majorité de l'ultra-gauche (qui la rebaptise «antisionisme») et d'une partie des Français d'origine maghrébine ou subsaharienne.

C'est au nom de l'antiracisme et du respect de l'Autre qu'on va expliquer ou excuser cette attitude. On touche ici à un trait spécifique de notre époque : le racisme s'exprime de nos jours dans les mots de l'antiracisme, de même que le fascisme contemporain est antifasciste dans sa rhétorique (c'est même ce qui caractérise la mouvance ultra minoritaire des «antifas» : ils empruntent leurs méthodes, voire leur idéologie, à ceux qu'ils prétendent combattre).

Bref, l'antiracisme commence par dénoncer toutes les ségrégations pour mieux en reconduire certaines, leur donner la caution et le lustre de la subversion.

Le tabou est devenu le meilleur propagateur de l'épidémie qu'il est censé combattre. L'antiracisme new look revêt toujours les habits de la résistance à la peste brune pour mieux perpétuer et justifier la peste verte de l'islam radical.

> Le racisme s'exprime de nos jours dans les mots de l'antiracisme.

Ce courant culmine dans l'antisionisme au sujet duquel Vladimir Jankélévitch disait déjà, dans un livre paru à titre posthume en 1996, qu'il était «une aubaine introuvable, car il vous donne la permission et même le droit et le devoir d'être antisémite au nom de la démocratie! L'antisionisme est l'antisémitisme justifié, mis enfin à la portée de tous. Il est la permission d'être démocratiquement antisémite. Et si les Juifs étaient eux-mêmes des nazis? Ce serait merveilleux. Il ne serait plus nécessaire de les plaindre : ils auraient mérité leur sort[19]».

S'estimant contraints de départager deux minorités, beaucoup d'intellectuels «de gauche», sympathisants de la cause palestinienne, ont préféré abandonner les Juifs, qu'ils jugent sans doute trop favorisés, au profit des Arabes et des Africains, trop démunis. Les premiers seraient des privilégiés, même si un fort sentiment d'insécurité les a poussés ces derniers temps à émigrer au Canada, aux États-Unis et, pour les plus pauvres, en Israël.

Le fait que, dans la France de 2017, de nombreux Juifs ne puissent plus arpenter les rues des banlieues en arborant une étoile de David ou une kippa, sous peine d'être insultés ou agressés, que les enfants juifs ne puissent plus être scolarisés dans certaines écoles publiques majoritairement musulmanes, notamment dans les banlieues, que la Shoah ne puisse plus être enseignée dans de nombreux établissements (comme l'a révélé le rapport Obin dès 2006[20]), toutes ces inquiétantes évolutions continuent donc de nous être expliquées par la situation géopolitique ou socio-économique et par le malaise des jeunes des cités.

L'antisémitisme par abstention de la gauche travailliste

L'Europe, la France en particulier, a érigé toutes les barrières morales et juridiques pour prévenir le retour de la «Bête immonde». Mais elles peuvent, comme la gauche travailliste en Angleterre, pratiquer à l'occasion un antisémitisme par abstention, au nom d'un prétendu souci d'équité (Jeremy Corbyn et Ken Loach se sont spécialisés dans ce genre d'attitude). L'antiracisme finit par verser dans ce qu'il dénonçait, la détestation d'un groupe précis, laquelle fait plus pour ressouder une communauté que les appels à l'harmonie et au «vivre-ensemble».

Freud nous avait à cet égard prévenus dans *Malaise dans la civilisation* : «Il est toujours possible d'unir les uns aux autres par les liens de l'amour une plus grande masse d'hommes, à la seule condition qu'il en reste d'autres dehors pour recevoir les coups.»

19– Vladimir Jankélévitch, *L'Imprescriptible*, éd. du Seuil, 1996, p. 19 et 20.

20– Rapport commandé par Luc Ferry et Xavier Darcos en 2004, «Radiographie de l'Éducation nationale française» (2006) faisait état, entre autres choses, de la difficulté d'enseigner la Shoah face à des populations hyper sensibilisées au conflit israélo-palestinien. Il en allait de même pour l'architecture des cathédrales, la mythologie grecque, Madame Bovary, immorale parce que adultère, ou encore Tartuffe, qui moque l'hypocrisie religieuse.

Migration de l'antisémitisme européen vers le monde musulman

Parce qu'il jouit du privilège de l'antériorité, le Juif reste l'objet privilégié de la haine raciale. Il a pour lui la force de la tradition. Une fois la ronde des boucs émissaires épuisée, il est toujours là en dernier recours pour concentrer sur lui la rage sociale. Et sa résilience, son entêtement à ne pas disparaître avivent l'hostilité qu'on lui voue.

> *La haine d'Israël est l'aphrodisiaque le plus puissant du monde arabe.*
> – Hassan II, feu roi du Maroc

Le phénomène majeur de l'après-guerre, c'est bien la migration de l'antisémitisme européen vers le monde musulman, via les Frères musulmans, le radicalisme chiite, le wahhabisme qui se surajoutent à l'antijudaïsme propre au Coran. Hassan II, feu roi du Maroc, ne disait-il pas dans une formule terrible : «La haine d'Israël est l'aphrodisiaque le plus puissant du monde arabe»? Nous assistons à la victoire posthume de Hitler sur l'autre rive de la Méditerranée, dans l'univers oriental, une greffe qui a merveilleusement pris. Mais il faut taire cette réalité, l'antijudaïsme ne pouvant être que le fait des fascistes et assimilés. L'affaire Sarah Halimi est donc le révélateur d'un immense déni : on tue des Juifs, mais si le meurtrier est musulman, on n'aura pas le droit de dire que c'est de l'antisémitisme. Cela ne pourra être que le geste d'un déséquilibré.

La détestation du peuple mosaïque connaît là une nouvelle métamorphose, qui n'est pas près d'être éradiquée.

> L'affaire Sarah Halimi, révélatrice d'un immense déni. On tue des Juifs, mais si le meurtrier est musulman, on n'aura pas le droit de dire que c'est de l'antisémitisme.

PASCAL BRUCKNER est philosophe, romancier et essayiste. Il a publié, notamment, *Un racisme imaginaire. Islamophobie et culpabilité* en 2017, *Un coupable presque parfait. La construction du bouc émissaire blanc* en 2021 et, en 2022, *Le sacre des pantoufles. Du renoncement au monde*, tous chez Grasset.
Une première version de ce texte a été publiée dans *Le Nouvel Antisémitisme en France*, paru en 2017 chez Albin Michel, sous la direction de Michel Gad Wolkowicz.

L'INCONNUE DE LA RUE VAUCOULEURS, UN OBSERVATOIRE DE NOTRE SOCIÉTÉ[21]

GEORGES BENSOUSSAN

Fin 2019, après que le caractère antisémite du meurtre de Sarah Halimi a enfin été reconnu, la cour d'appel de Paris jugeait que la surconsommation de cannabis du meurtrier, Kobili Traoré, avait *aboli* son discernement. L'homme ne sera donc pas jugé. Pour beaucoup, il semblait pourtant que s'en prendre spécifiquement à cette femme plutôt qu'à ses voisins immédiats invalidait la thèse d'une *abolition totale* du discernement. Par ailleurs, l'évocation comme circonstance atténuante d'une bouffée délirante sous l'emprise du cannabis semblait paradoxale quand, dans d'autres circonstances, en effet, la prise de drogue ou d'alcool constitue un facteur aggravant.

Le 14 avril 2021, la Cour de cassation validait l'arrêt de la cour d'appel de Paris.

Silence médiatique et cécité volontaire

Cette affaire, qui ne sera donc jamais jugée, offrait pourtant un bel observatoire de la réalité française. À commencer par le silence qui avait entouré un meurtre survenu en pleine campagne présidentielle, silence qui évoquait par ailleurs la surdité plus ancienne du début des années 2000, quand les agressions antijuives, commises par les mêmes populations, étaient déguisées par la novlangue en «heurts intercommunautaires», alors que plus de la moitié des actes racistes frappaient la seule communauté juive (0,7% de la population). Un silence, enfin, qui contrasterait avec l'emballement médiatique qui, en 2018, condamna avec force «l'antisémitisme des Gilets jaunes», un antisémitisme soudainement bien visible et rappelant inévitablement «les heures les plus sombres de notre histoire». Mines émues, émotion à peine contenue, tout cela se terminerait par une visite au Mémorial de la Shoah où l'*establishment* local, plein de componction, accueillerait les visiteurs de haut rang.

Cinq ans plus tôt, les attentats perpétrés par Mohamed Merah avaient mis en lumière l'incapacité à voir ce qui s'étale sous nos yeux, une paralysie du langage et une difficulté à nommer dans un déni sans fin. Une forte capacité d'oubli, aussi : journalistes et politiques, nombreux, présentaient

21- C'est cette formule qui nous a inspiré le titre de ce livre, et nous tenons ici à remercier très amicalement Georges Bensoussan pour nous l'avoir collégialement cédée (NdE).

ces attentats contre l'école Ozar Hatorah de Toulouse comme «les premiers attentats antijuifs». En réalité, il s'agissait du dix-septième attentat antisémite perpétré en France depuis 1978.

La fabrique du ressentiment

Était particulièrement nié l'antisémitisme d'origine arabo-musulmane et, au-delà, le rôle des *cultures* et des phénomènes d'acculturation générés par l'émigration. Déni en particulier du sentiment d'humiliation de l'immigré, exaspéré au contact d'une modernité où la femme tient une place importante. Exaspéré par ce défi qui déstabilise le monde d'origine et ébranle ses valeurs. Ainsi, l'émancipation et plus encore la réussite du «Juif» et de «la femme», ces traditionnels méprisés du monde arabo-musulman, rencontrent le sentiment si couramment répandu d'être rejeté par la société française. Dans cette fabrique du ressentiment, la réussite des uns est vécue comme la cause ultime de l'échec des autres. Dès 1986, une étude pionnière de Dominique Schnapper et Rémy Leveau montrait combien était enracinée, chez de nombreux Maghrébins de France, la conviction que les Juifs étaient un obstacle de taille à leur réussite en France. C'est pourquoi, à ne considérer que la *discrimination* sociale en faisant fi de la question culturelle, on se condamne à une vision rétrécie du monde.

Dans le même temps où les pourfendeurs de l'«homme universel» et de la laïcité réclament la prise en compte culturelle des minorités, sans craindre la contradiction, ils se refusent à envisager en quoi les spécificités culturelles de ces minorités installées sur le sol national influencent pour partie leurs comportements. Ils ne veulent voir d'un côté que des individus ostracisés par le racisme, des «racisés», comme ils disent, et, de l'autre, ils n'envisagent que des êtres humains universels et abstraits, sans imaginer une seconde le poids des matrices culturelles d'origine.

> À ne considérer que la *discrimination* sociale en faisant fi de la question culturelle, on se condamne à une vision rétrécie du monde.

Un échec de l'immigration

L'affaire Sarah Halimi met en lumière la partie la plus mal intégrée de l'immigration, voire en voie de désassimilation sous l'effet d'un processus de réislamisation. Elle met en lumière aussi l'islamisation récente de la haine antijuive, laquelle, par le canal d'Internet et des chaînes satellitaires, tisse un réseau mondialisé de la haine.

En dépit de la publication d'une masse de rapports et de livres, celui-ci demeure sous-estimé et même invisible encore à beaucoup. À cet égard, le site israélien Memri est capital pour comprendre ce que Pierre-André Taguieff nomme «la nouvelle judéophobie planétaire», tout comme les travaux de ce dernier qui nous apprennent par exemple qu'en France, dans la mosquée du centre Zahra, un prêcheur chiite revêtu d'un treillis militaire haranguait en ces termes l'auditoire, le 29 avril 2018 : «Par la permission de Dieu, nous marchons ensemble jusqu'à l'éradication du sionisme. [...] Aux sionistes maudits, criminels, arrogants, nous leur disons : nous ne fermerons pas les yeux jusqu'à ce que nous voyions votre extermination sur toute la terre[22].» Sur le paillasson d'entrée du centre Zahra, on s'essuie les pieds sur un drapeau israélien[23].

> L'islamisation de la haine antijuive reste invisible aux yeux de beaucoup.

L'affaire Sarah Halimi met en lumière l'échec de l'intégration d'une partie d'une immigration qui demeure à la charge d'une communauté nationale qui n'a jamais été consultée sur le sujet. Et paie aujourd'hui le prix de décisions prises par un personnel de hauts fonctionnaires qui n'en vivront jamais les conséquences, protégés qu'ils sont, eux, par des stratégies éprouvées d'évitements résidentiel, social et scolaire. La lecture de l'arrêt de la cour d'appel de Paris est l'illustration tragique d'un échec qui a bouleversé le visage du pays ces quarante dernières années. Mais que les élites *qui ne le vivent pas* feignent encore d'ignorer.

Kobili Traoré est né à Paris en février 1990, de parents d'origine malienne. De toute sa vie on ne lui a connu ni profession, ni famille, ni paternité, mais au contraire un long parcours judiciaire : à vingt-sept ans, au moment des faits, son casier judiciaire compte vingt condamnations prononcées en onze ans, entre janvier 2004 (il est alors âgé d'à peine quatorze ans) et juin 2015. Pour entrer dans le détail, avant les faits, Traoré avait été condamné dès l'âge de dix-huit ans, en 2008,

22- Cité par Pierre-André Taguieff dans *Criminaliser les Juifs*, éd. Hermann, 2020, p. 335.
23- Cf. *Le Point*, 15 juin 2021.

à six peines d'emprisonnement : deux ans d'emprisonnement en 2008 ; un an d'emprisonnement en 2009 ; trois mois d'emprisonnement en janvier 2010 ; trois mois d'emprisonnement en octobre 2013 ; trois mois d'emprisonnement en février 2015 ; deux mois d'emprisonnement en juin 2015, etc.

Depuis les faits (avril 2017), Kobili Traoré est interné en hôpital psychiatrique, dans une unité pour malades difficiles (UMD). Son affaire a largement mobilisé la justice, la psychiatrie et les services sociaux. Il est probable que, dans les années à venir, il continuera à être suivi parallèlement par la psychiatrie et par la justice. Tel est le premier échec révélé par cette affaire : il interroge cette immigration qui a bouleversé la société d'accueil. Une réalité. Qu'on s'en réjouisse ou qu'on la déplore.

La forme « antijuive » du délire

La maladie mentale épouse les codes sociaux et culturels de son temps. La grande scène d'hystérie des mardis de Charcot à la Salpêtrière a massivement disparu. Le désordre mental a pris d'autres visages. Avec Traoré, la bouffée délirante prend la forme (tout aussi délirante) d'une propagande islamiste dont le jeune homme semble s'être imprégné continûment, en dépit des allégations de son entourage destinées à contourner l'accusation aggravante d'antisémitisme. Le crime de Kobili Traoré est un marqueur social, commis sous l'emprise d'une bouffée délirante qui *altère* sa raison et lui fait commettre un meurtre paradoxalement structuré par la raison. Il bat à mort et défenestre une femme que ses codes religieux présentent comme le diable (*sheitan*, en arabe) sur la terre. La question d'importance interroge ce pourquoi, à tel moment et en tel lieu, la maladie mentale prend la forme de la passion antisémite. Si un certain enseignement littéraliste de l'islam (qui s'appuie toutefois sur les contenus explicites des textes fondateurs) conduit à considérer parfois le Juif comme le diable, on peut comprendre que des esprits fragiles peu formés à la raison, et moins encore aux Lumières occidentales, seront marqués par un endoctrinement sur lequel leurs « efflorescences délirantes » cristalliseront pour voir « le Juif » comme une incarnation de Satan.

> Un crime qui dit *l'antisémitisme d'atmosphère* dans lequel baignait Traoré, entre sa famille, la mosquée et le voisinage.

L'affaire Halimi dit quelque chose de plus grave encore qu'un assassinat antisémite. À lire le texte du jugement, la preuve n'est pas formellement établie que Traoré s'introduit volontairement chez Lucie Attal Halimi parce qu'elle est juive. Pourtant, et c'est là *l'essentiel*, selon ses dires reproduits dans le jugement, Traoré, dans sa bouffée délirante, massacre Sarah Halimi après qu'il a découvert dans l'appartement une Torah, une menorah, d'autres symboles juifs, peut-être. Alors son délire, moulé sur une lecture littéraliste du Coran, se cristallise sur *la figure juive du diable*. C'est en cela que son crime est plus inquiétant, parce qu'il dit *l'antisémitisme d'atmosphère* dans lequel baigne Traoré depuis des années entre sa famille, la mosquée toute proche et le voisinage, dans un environnement où, comme l'on dit prudemment, «on n'aime pas beaucoup les Juifs». Alors, pour peu que les circonstances se présentent, comme ici une bouffée délirante qui *altère* le jugement, comme le dit l'expert psychiatre Daniel Zagury, le passage à l'acte est presque inévitable contre un sujet juif fantasmé en figure du diable et de l'impur.

Le signe juif devenu gênant par l'antisémitisme qu'il révèle

On peut ajouter un codicille à cet arrêt de la cour d'appel. Il a trait à la timidité avec laquelle ses rédacteurs envisagent l'antisémitisme. On les sent gênés, pressés de n'en plus parler, d'évacuer cette dimension pourtant centrale dans ce crime. C'est précisément ce qu'ils s'efforcent de faire en prenant pour argent comptant les témoignages du voisinage de la rue Vaucouleurs, dans le XIe arrondissement de Paris. Il est pourtant notoire que, dans ce quartier de plus en plus tenu par les différents courants de l'islamisme, l'antisémitisme prospère. Il suffit de fréquenter certaines librairies locales pour comprendre quelle littérature est discrètement mise à disposition des lecteurs. Les Juifs quittent peu à peu le quartier. Sarah Halimi elle-même souhaitait le faire l'année précédente, espérant déménager à Créteil. Elle avait déclaré à plusieurs reprises, à sa famille comme aux services sociaux, qu'elle ne se sentait plus en sécurité dans son immeuble. Le changement de domicile HLM lui a toujours été refusé.

> L'affaire illustre aussi l'abandon du judaïsme populaire d'Afrique du Nord, souvent modeste.

C'est là la quatrième dimension de cette affaire : en France, aujourd'hui, le signe juif devient gênant par l'antisémitisme qu'il révèle. On le qualifie étrangement de «nouveau» parce qu'il vient d'*une partie* de l'immigration.

Il encourage le vieux fonds d'antisémitisme français qui n'avait jamais vraiment disparu (et pourquoi, d'ailleurs, aurait-il disparu?); il permet à une certaine France de lâcher prise avec un antisémitisme refoulé et de se réjouir que d'autres, qui ne semblent nullement inhibés par le poids de la Shoah («un crime de Blancs entre eux»), puissent s'exprimer au grand jour.

Cette affaire illustre aussi une dimension rarement relevée : l'abandon de ce judaïsme populaire venu d'Afrique du Nord, traditionaliste, pratiquant, souvent socialement modeste. Et très attaché à l'État d'Israël où demeure une partie des familles. En un mot, à mille lieues de l'israélitisme français à l'ancienne, bourgeois et parisien, généralement déconnecté des réalités sociales du pays. À cet égard, la distance et le silence qui, en haut lieu, ont entouré cette «affaire de Belleville» durant les premières semaines (ce n'était toutefois ni l'attitude du Consistoire, ni celle du grand rabbin de France) ont mis en lumière la déconnexion entre le judaïsme français et une partie de ses porte-parole autoproclamés, issus de la grande bourgeoisie israélite d'autrefois. Une coupure qui ne manque pas d'évoquer l'analyse de Christophe Guilluy sur l'abandon des classes populaires et des petites classes moyennes à l'échelle de la France.

Des experts, point d'assises : une démocratie sans le peuple ?

Telle qu'elle est clôturée en avril 2021 par la Cour de cassation, cette affaire est symptomatique de la crise française. Crise de l'immigration, crise des institutions, crise de la société juive. Une triple crise qui explique en filigrane la désaffection massive des citoyens pour tous les scrutins (hors le scrutin présidentiel, le moins démocratique de tous). Une désaffection face à une démocratie minée par une oligarchie bien vivante et réelle.

> La mise en lumière d'une triple crise : crise de l'immigration, crise des institutions, crise de la société juive.

L'affaire a mis en lumière, en effet, la crise d'institutions qui semblent bloquées. Elle a souligné combien notre démocratie formelle ne recueille plus l'assentiment des citoyens. Dans ce cas précis, la crise démocratique a pris le visage du juridisme dans lequel s'empêtre une justice qui perd de vue son rôle : apaiser la société, tout en respectant le droit. Et qui fait une leçon de droit en ignorant la société.

Sans se prononcer sur la culpabilité de Traoré, il fallait laisser à un jury de cour d'assises la possibilité de délibérer et de décider au vu d'*expertises qui se contredisent.* La liberté des débats, la parole échangée lors des audiences, l'audition des experts, des témoins et des voisins auraient sans doute permis d'y voir plus clair et de sortir de la leçon de droit mécanique. Ici, on s'en est remis aux experts sans donner la parole au jury, c'est-à-dire au peuple, de la même manière que, dans notre système oligarchique, ce sont moins les élus qui font la loi que des *commissions d'experts non élus qui régentent la vie quotidienne* de près de cinq cents millions de citoyens d'Europe. En cela, l'affaire Halimi est symptomatique d'un transfert de la démocratie vers les «experts». À la clé, cela signifie une démocratie sans le peuple, le meilleur chemin vers une *démocratie illibérale.*

Professeur agrégé d'histoire, HDR, ancien directeur éditorial du Mémorial de la Shoah, **GEORGES BENSOUSSAN** est l'auteur de plusieurs ouvrages portant sur l'histoire de la Shoah, sur la genèse culturelle du génocide, sur les enjeux de sa mémoire et sur la place de cette mémoire dans l'État d'Israël aujourd'hui. Dans d'autres domaines, il a travaillé sur l'histoire du sionisme, comme sur l'histoire contemporaine des Juifs du monde arabe. Il a dirigé *Les Territoires perdus de la République*, paru en 2002 aux éditions Mille et Une Nuits, et a notamment publié *Une France soumise : les voix du refus* en 2017 chez Albin Michel, ainsi que *Un exil français. Un historien face à la justice* en 2021 aux éditions de l'Artilleur.

UNE TRAGÉDIE QUI RENVOIE À LA DÉLIQUESCENCE FRANÇAISE

BÉRÉNICE LEVET

À l'évocation du nom de Sarah Halimi, plusieurs réflexions se bousculent dans mon esprit, plusieurs sentiments aussi. Entre exaspération, colère, lassitude et détermination à ne pas signer la reddition.

Entre colère et lassitude : vingt ans que l'alerte est lancée

Lassitude, car voici deux décennies que l'alerte est lancée quant à *l'antisémitisme qui vient*, l'antisémitisme musulman qui menace les Juifs. Deux décennies que l'état des lieux est dressé et que nous regardons les Juifs tomber, sauvagement agressés et/ou assassinés.

Égrenons quelques dates : en 2002, paraissait l'ouvrage collectif dirigé par l'historien Georges Bensoussan sous le pseudonyme d'Emmanuel Brenner, *Les Territoires perdus de la République*, avec pour sous-titre *Antisémitisme, racisme, sexisme en milieu scolaire*, dans lequel de nombreux enseignants témoignaient sous le sceau de l'anonymat. En 2003, Alain Finkielkraut publiait *Au nom de l'Autre. Réflexions sur l'antisémitisme qui vient* : «Les Juifs ont le cœur lourd et, pour la première fois depuis la guerre, ils ont peur», alertait le philosophe. En 2004, le rapport Obin[24] portant sur «les signes et manifestations d'appartenance religieuse dans les établissements scolaires» remis à François Fillon, alors ministre de l'Éducation nationale, confirmait l'autorité exorbitante acquise par l'islamisme à l'école. La même année, le ministre de l'Intérieur de l'époque, Dominique de Villepin, commandait à Jean-Christophe Rufin une autre étude : «Chantier sur l'antisémitisme et le racisme». L'ancien médecin humanitaire établissait à son tour «la montée d'un "nouvel antisémitisme"» – éloquence des guillemets, indice d'un certain malaise? – «qui serait le propre de jeunes issus de l'immigration, en particulier maghrébine». Il en appelait à une «action en force» dans ce domaine.

> Les morts nous obligent.
> Sauf que nous préférons
> jeter l'opprobre
> sur les lanceurs d'alerte!

24- Voir dans «L'école face à l'antisémitisme», Jean-Pierre Obin : «L'Éducation nationale, entre déni et indifférence», p. 297.

Pour l'essentiel rangés dans des tiroirs, classés sans suite, ces travaux se heurtèrent à l'indifférence. Quand ils furent remarqués, ce fut pour en diffamer les auteurs : ainsi des signatures réunies par Georges Bensoussan dans *Les Territoires perdus*, toutes issues de la gauche, que *Le Monde diplomatique* s'empressa de clouer au pilori et de déclarer atteintes d'«hystérie islamophobe». Et l'auteur de l'article, Dominique Vidal, de jeter en pâture le nom de Georges Bensoussan en dévoilant le pseudonyme d'Emmanuel Brenner sous lequel il avait publié cet ouvrage collectif.

Premiers grains d'un chapelet que viendront compléter au fil du temps publications, tribunes, pétitions. Vainement. Et Sarah Halimi est assassinée en avril 2017.

Génie du judaïsme : « *Zakhor*! Souviens-toi ! »

Qu'on me permette de déposer quelques *fermenta cognitionis*, quelques ferments de pensée qui demanderaient chacun, et je sollicite par avance l'indulgence du lecteur, d'être développé, approfondi.

On peut et on doit parler de l'«affaire Sarah Halimi», car son assassinat continue de réclamer justice. «Affaire» aussi parce que, comme l'affaire Dreyfus, elle n'est pas et ne devrait pas être l'affaire d'un seul, en l'occurrence d'une seule, non plus que d'une «communauté», mais bien l'affaire de tous, selon le principe énoncé par Clemenceau s'engageant pour que lumière soit faite sur les accusations calomnieuses portées contre le capitaine juif – principe auquel nous sommes si peu fidèles. La France et les Français sont concernés dans leur ensemble. Et si un procès s'imposait, c'était précisément afin que la vérité factuelle fût établie.

L'expression «affaire Halimi» a toutefois quelque chose de par trop général, de par trop abstrait, de par trop impersonnel. Tuée comme juive, tuée pour le simple fait d'être née juive, il est essentiel de rendre à Sarah Halimi son unicité, son visage, son histoire. «Chaque être humain est unique et, par rapport à ce quelqu'un qui est unique, on peut vraiment dire qu'il n'y avait personne auparavant», écrivait magnifiquement Hannah Arendt.

Entretenir la mémoire d'un être, c'est entretenir la mémoire d'un nom propre, d'une vie irréductible à toute autre. Génie du judaïsme pour notre philosophe, qui choisit de faire prononcer un kaddish sur la tombe de son mari, Heinrich Blücher, qui cependant n'était pas juif, parce que, dans cette prière, elle entendait résonner la glorification du nom, du nom de Dieu assurément, mais du nom de chacun, dans sa singularité[25].

25– «Le Kaddish hébreu, écrit Hannah Arendt dans *Men in dark times*, la prière des morts, dite par les plus proches parents, ne dit rien d'autre que "Béni soit le nom"» dans *Vies politiques*, éd. Gallimard, coll. «Tel», p. 134.

Génie du judaïsme, également, que celui du souvenir. «*Zakhor*! Souviens-toi!» Cette injonction est comme le ciment du peuple juif. Qu'on me permette de citer une fois encore Hannah Arendt : lorsqu'elle évoque la mémoire, qu'elle définit comme la crainte originelle d'oublier (*the innate-lest-we-forget*), c'est aux Juifs qu'elle se réfère, célébrant ce petit peuple qui doit à la mémoire, à son obstination dans le souvenir, de s'être maintenu comme peuple, en dépit de l'exil, des expulsions et des persécutions.

Une «affaire»
car, comme l'affaire Dreyfus,
elle concerne
tous les Français.

Obstination dans le souvenir qui fonde, aux yeux d'Arendt, rappelons-le, la légitimité de l'installation des Juifs en terre de Palestine : «La Palestine n'est pas au centre de nos préoccupations parce qu'il y a deux mille ans y vivaient des gens dont nous serions dans un certain sens issus», écrit notre philosophe, «mais parce que le plus insensé des peuples s'est amusé pendant deux mille ans à conserver le passé dans le présent, parce que "les ruines de Jérusalem ont, d'une certaine manière, leur fondation dans le cœur du temps" (Herder)[26]».

C'est pourquoi cet ouvrage collectif est essentiel : le meurtrier de Sarah Halimi a voulu effacer sa victime du monde des vivants. Sarah Halimi demeure, et ce par la grâce du souvenir.

Mais quittons ce rivage méditatif pour aborder un continent autrement enténébré.

La vérité ? Les Juifs quittent la France en masse

La France sans les Juifs ne serait pas la France, répète-t-on volontiers[27]. Assurément. Mais les faits sont là : les Juifs quittent la France, et massivement[28]. Ils quittent leur pays natal pour Israël, mais aussi, pour un tiers

---

26- On précisera toutefois que la pérennité du peuple juif, sa continuité historique en dépit de l'adversité, procède d'abord de la transmission et de l'étude du Livre et du Talmud. La Bible lui fut longtemps une «patrie portative», selon la belle expression de Georges Bensoussan.
27- Je ne peux développer ici ce point, mais il serait capital de s'employer à donner de la chair et de l'épaisseur historique à cette vérité.
28- Les chiffres sont criants et cruels : on estime à 100 000 le nombre de Juifs qui ont quitté

d'entre eux, pour le Canada, l'Australie ou les États-Unis, afin de vivre une vie digne de ce nom, une vie où l'État remplit la première des missions qui fondent sa légitimité : garantir la sécurité de ses citoyens.

Une chose m'a particulièrement frappée dans le traitement suprêmement et volontairement discret que les médias réservèrent au meurtre de Sarah Halimi. L'ex-directrice de crèche désormais retraitée songeait, disait-on, à quitter la rue Vaucouleurs à Belleville, où elle avait passé sa vie, pour rejoindre son fils établi en Israël depuis de nombreuses années. Mais toujours elle en reportait l'exécution : la France était son pays, elle y avait son foyer et ses habitudes. Or, n'en déplaise aux apôtres du nomadisme, on ne largue pas ainsi les amarres… *A fortiori* à soixante, soixante-dix ou soixante-quinze ans.

Vivre dans une France où les Juifs se sentent acculés à l'exil?

La musique qui enveloppait implicitement ce récit nous suggérait que si Sarah Halimi avait finalement exaucé son vœu, cette fin cauchemardesque lui eût été épargnée. Comme si, somme toute, face à l'antisémitisme musulman qui sévit en France, là était la solution. Comme si nous pouvions assister le cœur léger à cette hémorragie juive. Et l'on nous apprenait, presque sereinement, que la mort de Sarah avait précipité le départ de son frère William Attal et de ses enfants pour le petit État juif fondé en 1948.

M'est alors revenu à l'esprit le roman de Michel Houellebecq, *Soumission* (2015). L'auteur imagine une France qui, avec la complicité de l'ensemble des forces politiques, des journalistes et des universitaires, zélotes stipendiés du multiculturalisme, finirait par élire à la présidence de la République un candidat islamiste, en l'occurrence Mohammed ben Abbes de la Fraternité musulmane. Quel serait son programme pour les Juifs? Non pas de les chasser sur-le-champ et *manu militari*. L'homme est habile : «Ce qu'il espère au fond je crois, explique un des personnages de Houellebecq, Alain Tanneur, ancien de la DGSI admiratif de l'ingéniosité du futur élu, c'est qu'ils se décideront d'eux-mêmes à quitter la France.» Pari gagné : Myriam, l'amie du narrateur, s'établit à Tel Aviv.

---

notre pays entre 2000 et 2021 inclus, dont probablement entre 60 000 et 70 000 pour Israël.

Interrogé sur le départ de Myriam, lucide, comme à son habitude, voyant ce qu'il voit et ne le taisant pas, le romancier répondit : «Je n'ai eu qu'à observer. Avant les attentats [de 2015], les affaires Merah et [Ilan] Halimi ont eu un certain retentissement.» Voulons-nous vraiment vivre dans une France où les Juifs se sentent acculés à une telle extrémité?

L'égarante analogie avec les années 1930

Jusqu'à quand? Jusqu'à quand allons-nous dénoncer avec emphase et solennité «les heures sombres du passé», mettre en garde contre la Bête immonde toujours renaissante et, dans le même temps, détourner le regard dès lors que la Bête immonde ne présente pas le visage attendu?

L'analogie avec les années 1930 nous égare. Comme souvent avec les analogies historiques. Tocqueville nous en avait avertis : «Un temps ne s'ajuste pas bien dans un autre et ces anciens tableaux que l'on veut faire entrer de force dans de nouveaux cadres font toujours un mauvais effet» et nous condamnent à manquer l'inédit du temps présent. Mais ici, il est quelque chose de plus grave, de plus préoccupant : il semble bien que l'on se plaise à cultiver les réminiscences mémorielles afin de mieux occulter la réalité nouvelle. Dans le dessein même de l'occulter.

Car l'antisémitisme qui menace et tue désormais est d'origine musulmane. Les Juifs sont abandonnés parce que le criminel n'a pas le profil idéal. «Le vrai tabou aujourd'hui n'est pas l'antisémitisme, mais qui sont les antisémites», ainsi que l'a si bien analysé et résumé Georges Bensoussan.

> Il semble bien que l'on se plaise à cultiver les analogies afin de mieux occulter la réalité nouvelle.

En sorte que, si notre temps présente quelque ressemblance avec l'entre-deux-guerres, c'est par l'atmosphère de «sombres temps», selon l'expression du poète Bertolt Brecht, dans laquelle nous baignons, ces temps où la parole publique dissimule plus qu'elle ne révèle le réel. On parle, on parle, on parle beaucoup, on s'enivre même de paroles grandiloquentes, pour surtout ne rien dire. Ne rien dire qui risquerait de déchirer le rideau soigneusement tiré sur la réalité.

Il n'est à cela rien de fortuit : voir ce que l'on voit et le dire impliquerait de renoncer à cette chimère du vivre-ensemble, admettre que fabriquer un peuple relève d'une subtile alchimie.

Fabriquer un peuple : une subtile alchimie

Il nous faudrait reconnaître ce que nous savions de toute éternité – et singulièrement nous autres Français, éprouvés et instruits par les guerres de religion, par la Révolution, ces moments de grandes déchirures dans le manteau français. Nous savions que pour faire de l'un avec du multiple, il faut un liant, un ciment ; et ce liant, ce ciment, était pour nous la langue, l'histoire, la littérature.

> Un monde où l'exhortation morale a remplacé la culture politique.

Irréductible à quelque communauté que ce soit, la France prenait âme et corps, elle s'incarnait – Michelet parle très justement de la France comme d'une personne. Et la République française disait à chacun : «Qui que vous soyez, d'où que vous veniez, pourvu que vous le vouliez, cette histoire peut devenir la vôtre. Apprenez à la connaître et à l'aimer.» Telle était la mission première de l'école. Et telle était encore l'exhortation de Simone Weil dans *L'Enracinement* : si l'on veut, au lendemain de la Libération, restaurer l'unité, professait la philosophe, «il faut donner quelque chose à aimer aux Français, et leur donner à aimer la France».

Sagesse séculaire et sagesse perdue depuis cinquante ans. Nous avons renoncé à fabriquer du commun, abandonnant ainsi les individus à «leur» communauté. Il nous faut consentir à cette vérité : il ne suffit pas de faire tintinnabuler la clochette des valeurs pour former un peuple ou dompter les antagonismes et l'adversité qui font aussi l'humaine nature et condition. Les identités particulières et privatives (sexe, sexualité, ethnie, religion, etc.) prospèrent sur le retrait de l'identité nationale.

Merleau-Ponty distinguait ainsi entre deux formes d'humanisme. Le premier et le seul authentique «affronte comme un problème le rapport de l'homme avec l'homme et la constitution entre eux d'une situation et d'une histoire qui leur soient communes». Le second, le faux humanisme, l'humanisme frelaté, «ne trouve aucune difficulté de principe dans les rapports de l'homme avec les autres hommes». Autrement dit, l'humaniste digne de ce nom sait que l'altérité est une épreuve et que faire vivre ensemble des individus est une gageure. Cimenter un peuple n'a rien qui aille de soi. Dans un monde où l'exhortation morale a remplacé la culture politique, de telles vérités, humaines, trop humaines, peuvent-elles encore être soutenues et entendues?

Sarah Halimi semble loin? Nullement. Les morts nous obligent. Et l'assassinat de cette femme nous rappelle à la réalité de la France, à ses dénis, à sa déliquescence. Aussi longtemps que nous ne prendrons pas à bras-le-corps la question de la décomposition française, aussi longtemps que nous nous complairons dans le masochisme moralisateur, nous pleurerons d'autres Sarah Halimi.

BÉRÉNICE LEVET est docteur en philosophie, essayiste et spécialiste de Hannah Arendt. Elle est l'auteur, entre autres, du *Musée imaginaire d'Hannah Arendt*, et du *Crépuscule des idoles progressistes*. Elle a publié, en 2022, *L'écologie ou l'ivresse de la table rase* et *Le Courage de la dissidence. L'esprit français contre le wokisme*, tous deux aux éditions de l'Observatoire.

L'ANTISIONISME OU LA DESTRUCTION DU COMPLEXE DE BERNANOS

ROBERT REDEKER

Pour Sarah Halimi
À la mémoire
de Claude Lanzmann

Vers la fin de la Seconde Guerre mondiale, l'écrivain Georges Bernanos affirma, dans *Le Chemin de la Croix-des-Âmes*, que «Hitler avait déshonoré l'antisémitisme[29]». Le propos nous paraît bien étrange – comme si l'antisémitisme aurait pu être, en l'absence de Hitler et du nazisme, honorable! Mais ne sombrons pas dans la caricature : dans la même page, Bernanos se défend, de façon convaincante, d'être antisémite et antijuif, laissant entendre qu'il est anti-antisémite et anti-antijuif. Comme Nietzsche. Néanmoins, cette décision en forme de constat fait signe vers une vérité : parce que «déshonoré», l'antisémitisme ne peut plus vivre au grand air dans les sphères politiques et culturelles.

Solidarité entre les mots et le crime

Après 1945, il est devenu impossible, du fait même de la monstruosité inédite de la Shoah, de se réclamer d'un antisémitisme dont la Shoah, précisément, venait de révéler la nature. Il perdit sa qualité d'option idéologique parmi d'autres.

Il devint empêché d'avoir pignon sur rue, contrairement à l'avant-guerre. Souvenons-nous : communard, figure historique du mouvement ouvrier, Benoît Malon estimait que le livre de Drumont *La France juive* méritait d'être discuté, quand Jean Jaurès, en mai 1895, dans *La Dépêche de Toulouse*, l'ancêtre de *La Dépêche du Midi*, jugeait que «sous la forme un peu étroite de l'antisémitisme, se propage en Algérie un véritable esprit révolutionnaire». Le futur dreyfusard, dont les yeux ne s'étaient pas encore ouverts, l'agrégé de philosophie qui n'avait pas encore assez pensé, s'en prend cette année-là, dans le même journal, à «la puissance juive». Pour la gauche, de fait, l'antisémitisme achèvera d'être une option idéologique légitime – «honorable», dirait Bernanos en son idiolecte – avec l'affaire Dreyfus. Pour la droite, longtemps imbibée de l'antisémitisme suintant

29- Georges Bernanos, *Le Chemin de la Croix-des-Âmes*, dans *Scandale de la vérité*, éd. Robert Laffont, coll. «Bouquins», 1947, p. 938.

des écrits de Maurice Barrès et de Charles Maurras, il fallut attendre la Libération, l'effondrement de l'Allemagne hitlérienne et le droit d'inventaire de l'Occupation pour que cette option s'efface résolument. À l'issue de cette délégitimation de l'antisémitisme en deux temps séparés d'un demi-siècle, l'évidence apparut : l'antisémitisme n'est plus une opinion dont on débat, mais un délit. L'on se rendit compte de la solidarité entre les mots et le crime.

> Hier, les mots de Brasillach, aujourd'hui les *Mort aux Juifs* des manifestations pro-palestiniennes.

Les mots de Drumont, les mots de Barrès – je le dis accablé de tristesse sans issue, tant je tiens, à la semblance de Mauriac et d'Aragon, cet écrivain pour le plus grand prosateur de la langue française –, les mots de Maurras, les mots de Céline, le plus abject d'entre tous, ou ceux de Brasillach, font indissociablement partie du crime. Ils ne lui sont pas extérieurs : leur forge en est le premier maillon. Ils l'accompagnent jusqu'au bout, comme le sous-titrage de toute la séquence criminelle, son doublage en voix *off* pour la justifier. Ils étaient là quand il s'agissait de pousser les victimes dans la chambre à gaz, quand il s'agissait de tuer. Ils étaient là, dans une autre langue, lors des attentats palestiniens des Jeux olympiques de Munich en 1972.

Ils sont là, de retour, sortis de leur enfer, à peine déguisés, travestis et transparents, lorsqu'un intellectuel juif est agressé dans la rue et lorsque Sarah Halimi est assassinée chez elle. Ils sont là, ils croissent dans la logorrhée qui scande le soutien aux Palestiniens, au voile islamique.

Est-il encore déshonorant d'être antisémite ?

Que dit, au juste, Bernanos? Quel est le sens de son trait? Ceci : l'antisémitisme n'a jamais été vaincu. Voilà le fin mot de cet autre mot «déshonoré». Soit : les conditions politiques favorables à l'épanouissement de l'antisémitisme ont été détruites par l'opprobre jeté sur le nazisme, mais aucunement l'antisémitisme lui-même. Qu'il ait été déshonoré, seulement déshonoré, simplement déshonoré, est à entendre comme suit : l'antisémitisme pourra renaître avec la fiction d'un honneur retrouvé, dans d'autres conditions politiques, enrobé dans une autre configuration idéologique que celle de l'extrême droite européenne des années 1920-1940. La formule de Bernanos suggère une suite qui glace le sang : cela n'apparaîtra peut-être pas toujours déshonorant de tenir des propos antisémites si surgit dans l'espace public, pour l'abriter, un autre discours que le discours nazi. Certaines forces de notre époque ont confectionné cet autre discours.

Un antisémitisme «déshonoré» par Hitler, mais pas vaincu.

Déshonoré, mais pas vaincu, ce syntagme nous dit : refoulé. L'antisémitisme fut renvoyé dans l'enfer de l'inacceptable. Dans les culs-de-basse-fosse de la psyché humaine, où pataugent les monstres. Bref, dans l'inconscient – ce lieu vers lequel sont refoulées les représentations et les pulsions incompatibles avec la civilisation. J'appelle «complexe de Bernanos» ce simple refoulement de l'antisémitisme après 1945, à la faveur de l'écrasement de l'Allemagne hitlérienne, sans sa destruction. Le complexe de Bernanos est l'important résultat collectif et psychopolitique de la défaite du nazisme. Le salutaire résultat! Et bien fragile aussi. Dans son texte de 1915, *Considérations actuelles sur la guerre et sur la mort*, Freud, sombre et mélancolique, avait déjà parfaitement mis en lumière la précarité des digues qui protègent la civilisation des bêtes féroces logeant dans l'inconscient. Ce complexe eut l'heur d'immuniser la France contre le retour de l'antisémitisme refoulé plusieurs décennies durant. Le refus de l'antisémitisme allait quasi de soi, évident comme le bleu du ciel; il avait rejoint la décence commune. Cependant, cette bonne nouvelle masquait sa part d'ombre : si nous le refoulions, cet antisémitisme, c'est que notre culture ne l'avait pas ontologiquement détruit.

De l'art d'être à la fois vertueux et antisémite

L'antisionisme ou la fiction d'un honneur retrouvé : la haine antijuive ménage sa place au soleil.

Prisé à gauche, son biotope, mais aussi à l'extrême droite, l'antisionisme redore l'antisémitisme en le recouvrant du fard de la vertu. Grâce à lui, ou plutôt grâce au tour de passe-passe psycho-idéologique qu'il occasionne, on peut à la fois être vertueux et antisémite! Astiquer sa bonne conscience, tout en masquant sa haine des Juifs derrière une sollicitude valorisante pour les déshérités! Voici le déshonneur, dont parlait Bernanos, écarté.

> L'extrême gauche a patiemment fabriqué la machine idéologique propre à saper le complexe de Bernanos.

Avec l'antisionisme, un antisémitisme à l'écart de ce déshonneur ménage sa place au soleil. Se latéralisant à gauche, de nouvelles conditions politiques propices à sa renaissance défilent sous d'autres bannières que celles du fascisme ou du nazisme, et arrivent à maturité. Ainsi, en quelques lustres, l'extrême gauche a patiemment fabriqué la machine idéologique propre à saper le complexe de Bernanos, à libérer les représentations et passions qu'il inhibait, à les remettre en circulation et à les alimenter de justifications nouvelles. L'antisionisme offre à l'antisémitisme la bonne conscience – la conscience d'être le Vrai, le Juste et le Bien – qu'il attendait pour sortir de l'enfer éthique où la seconde moitié du XXe siècle l'avait relégué.

Philosophe et essayiste, **ROBERT REDEKER** fut au comité de rédaction de la revue *Les Temps modernes* une vingtaine d'années durant, à l'appel de Claude Lanzmann. En 2022, il a publié *Sport, je t'aime moi non plus* chez Robert Laffont. Il produit par ailleurs une émission hebdomadaire sur Radio Kol Aviv : *L'Entretien infini*.

DE MARCEL PROUST À SARAH HALIMI, UN MONSTRE TOUJOURS PRÊT À RESURGIR

ANTOINE COMPAGNON

Proust n'était pas juif au sens de Vichy, puisqu'il n'avait que deux grands-parents juifs et n'avait pas épousé une Juive. La famille de sa mère, Jeanne Proust, née Weil, avait rejoint en deux générations les rangs de la grande bourgeoisie parisienne assimilée, où le taux des survivants de la Shoah fut le plus élevé parmi les Juifs habitant la France. Pourtant, nombreux furent ses proches qui disparurent sous l'Occupation. Dans *Proust du côté juif*, j'ai tenté d'en dresser la liste pour rappeler la vulnérabilité de tous les Juifs à l'antisémitisme, sans exception.

Parmi les parents de Proust, sa cousine germaine, Adèle Weil (1892-1944), fille de son oncle Georges, le frère de sa mère, fut arrêtée le 4 juillet 1944, ainsi que son mari Jules Maxime Weil (1877-1944) et leur fille Annette (1921-2020), à Toulouse où ils s'étaient réfugiés en 1940. Tous trois furent déportés par le convoi n°81, l'un des derniers, qui quitta Toulouse le 30 juillet 1944 pour Buchenwald, où Maxime Weil mourut le 30 novembre 1944, puis Ravensbrück, où Adèle mourut le 5 décembre 1944. Seule Annette revint. Devenue Madame Claude Heumann, elle est décédée en 2020 à l'âge de quatre-vingt-dix-neuf ans.

Le destin de trois cousines de Proust à la mode de Bretagne m'avait échappé, les filles de Daniel Mayer, cousin germain de Jeanne Proust, fils d'Ernestine Berncastell, la sœur cadette de la grand-mère de Proust, Adèle Weil, née Berncastell. La plus âgée, Amélie, dite Lily (1889-1969), avait épousé en 1908 Jacques Ferdinand-Dreyfus (1884-1943), l'inventeur des Assurances sociales, directeur général au ministère du Travail révoqué en 1940, qui fut déporté de Drancy par le convoi n°58 du 31 juillet 1943 et mourut à Auschwitz. La suivante, Lucienne (1892-1974), avait épousé en 1921 Julien Cain, administrateur général de la Bibliothèque nationale de 1930 à 1940, puis de nouveau à son retour de Buchenwald en 1945. La dernière, Suzanne (1899-1944), célibataire, fut déportée dans le convoi n°77, le dernier à quitter Drancy pour Auschwitz le 31 juillet 1944, et elle ne revint pas.

La Shoah a frappé très près de Proust. L'antisémitisme, celui de ces années-là ou celui qui a provoqué la mort de Sarah Halimi, est un monstre toujours prêt à resurgir.

ANTOINE COMPAGNON, membre de l'Académie française, est professeur émérite au Collège de France. Il vient de publier *Proust du côté juif* aux éditions Gallimard.

CRIME SANS CHÂTIMENT. POURQUOI L'AFFAIRE SARAH HALIMI N'EST PAS QU'UNE AFFAIRE JUIVE

JACQUES TARNERO

L'arrêt rendu par la Cour de cassation en avril 2021, qui conclut à l'irresponsabilité de l'assassin de Sarah Halimi, rendant impossible son procès, ne met pas un point final à l'affaire. Bien au contraire, cette décision de justice projette en pleine lumière toute une réalité française autant que sa part symbolique. Et elle ne concerne pas que les Juifs de France.

Un meurtrier drogué à la haine des Juifs

Ce ne sont pas les seuls Juifs qui se sentent meurtris et réclament que justice soit rendue. C'est le peuple français qui devrait s'estimer blessé, car c'est en son nom que la justice est rendue. Le verdict de la Cour de cassation n'a pas tenu l'assassin de Sarah Halimi pour responsable de son acte, parce qu'il aurait été en proie à une «bouffée délirante» du fait de sa consommation de drogue.

> «Accro», oui, à cette culture de la mort que les prêches *ad nauseam* ont imprimée dans ses neurones.

Drogué? Il l'était sans aucun doute, mais de quelle drogue s'agissait-il? Drogué à une haine des Juifs qui explose désormais à ciel ouvert, intoxiqué par toutes les imprécations religieuses appelant au meurtre des Juifs qui inondent les réseaux sociaux et enflamment les mosquées radicales, «accro» à cette culture de la mort que les exécrations islamistes répétées *ad nauseam* ont imprimée dans ses neurones. Le cannabis n'aurait pas aidé son «discernement»? Pourtant, Kobili Traoré a eu assez de «discernement» pour choisir sa victime, celle qu'il traitait de *sale Juive*. Il avait l'esprit particulièrement vif dans sa démarche et dans ses gestes. La drogue a facilité son passage à l'acte. Elle a agi comme ces substances que l'on fait prendre aux soldats avant de monter à l'assaut. L'assassin n'a pas hésité. Il n'avait rien à voir avec un chauffard ivre qui perd le contrôle de sa voiture. Il n'a pas titubé en enjambant le balcon pour pénétrer chez Sarah Halimi.

Quelle frontière entre crime et folie ?

À partir de quoi, à partir de quand devient-on délirant? Pourrait-on considérer, dans notre culture, qu'assassiner de sang-froid trois enfants en mars 2012, dans la cour d'une école, relèverait d'un comportement délirant? Mohamed Merah était-il délirant ou pleinement responsable de ses actes? Les tueurs nazis étaient-ils délirants quand ils tuaient des centaines de milliers de femmes, d'hommes et d'enfants juifs?

S'engager dans la SS revenait-il à rejoindre un club de pervers qui jouissaient sans entrave et donnaient libre cours à leurs pulsions sadiques, ou bien s'agissait-il d'un choix réfléchi? Le nazisme a-t-il rendu acceptable ce qui était interdit sous Weimar? L'islamisme fonctionne-t-il selon une logique similaire? On parle couramment de folie criminelle. Mais où se situe la frontière entre le crime choisi et la folie subie? Si crimes contre l'humanité et actes barbares sont commis sous l'emprise de la drogue, qu'elle soit chimique ou idéologique, en deviennent-ils moins criminels et incriminables pour autant?

> On se plaît, en France, à désigner les agressions antisémites comme le fait de déséquilibrés.

Si la décision rendue par la Cour de cassation focalise toute notre attention, c'est parce que l'on ignore comment l'interpréter. Depuis une vingtaine d'années en France, on se plaît à désigner les agressions islamistes comme le fait de déséquilibrés. Reste que cette armée de déséquilibrés égorge ou décapite des «mécréants», entonnant les *Allah akbar* au nom d'une idéologie mortifère.

Samuel Paty, le colonel Arnaud Beltrame, les deux jeunes filles sur les marches de la gare Saint-Charles à Marseille, le couple de policiers à Magnanville, le père Hamel sur son autel, les enfants de Toulouse, les journalistes de *Charlie,* les tueries à la kalachnikov, au poignard, au camion fou... Se pourrait-il vraiment que ces centaines de personnes aient payé de leur vie le comportement de «déséquilibrés»?

L'islamisme, mais aussi une petite musique de fond

Si passage à l'acte il y a eu, c'est aussi, sinon surtout, parce qu'un discours radical a susurré à l'oreille de certains cerveaux fragiles que cette envie de tuer n'était pas complètement illégitime, qu'elle pouvait même donner à celui qui égorge un statut de héros, de serviteur de Dieu, d'homme de bien, de martyr. L'islamisme sert-il d'encadrement spirituel privilégié à la démence meurtrière antijuive? La caution donnée au crime trouve-t-elle sa source uniquement dans des textes appelant au djihad?

Une petite musique de fond ne serait-elle pas, elle aussi, un peu impliquée et fautive? Quand, dans de nombreuses instances culturelles, dans des médias au cœur gros comme ça ou sous des plumes éclairées, on rabâche à l'envi que la France est raciste, que l'Occident est coupable, qu'il est esclavagiste de toute éternité, qu'il colonise toujours, qu'il fait sans désemparer suer le burnous, maniant toutes les gégènes de son pouvoir, et quand on sait qu'au sein de ce pouvoir pâle il y a un groupe sournois qui tire dans l'ombre les ficelles de la finance et des médias, qu'il use et abuse de son statut de victime, tandis qu'il reproduit à l'identique contre un autre peuple ce qu'il prétend lui-même avoir subi, comment un *jeune issu de la diversité* peut-il échapper au désir de venger ses ancêtres ou ceux qui, ailleurs, en Palestine de préférence, luttent pour que justice leur soit rendue?

Nous n'en sommes plus là. C'est désormais au nom de la «race» ou au nom de la religion des déshérités que se mène la lutte contre le racisme, surtout le racisme blanc et son variant sioniste. Dans un extraordinaire renouvellement de signes, voilà que les porte-parole des nouveaux damnés de la terre, Houria Bouteldja et Assa Traoré, font de la lutte contre les Blancs l'essence de leur combat émancipateur.

On a crié *Mort aux Juifs* au nom de l'antiracisme

> Cette affaire signe un nouveau commencement : la plus longue des haines a trouvé de nouveaux acteurs.

Ce dévoiement a une histoire : c'est à Durban, en 2001, lors d'une conférence des Nations unies censée statuer sur l'état du racisme dans le monde, que pour la première fois on a crié *Mort aux Juifs* au nom de l'antiracisme.

Vingt ans plus tard, en juillet 2021, une pétition d'intellectuels «internationalement reconnus» a souhaité que cette année soit celle du «démantèlement du régime d'apartheid en Israël». Le meurtre de Sarah Halimi signe un aboutissement en même temps qu'un nouveau commencement. La plus longue des haines a trouvé de nouveaux acteurs.

JACQUES TARNERO est sociologue, essayiste et documentariste. Il est l'auteur des films *Autopsie d'un mensonge* en 1999 et *Décryptage* en 2003, et du livre *Le nom de trop, Israël illégitime?* paru aux éditions Armand Colin en 2011.

L'ASSASSINAT DE SARAH HALIMI, CE CRIME ANTISÉMITE QUI N'A PAS EU LIEU

BARBARA LEFEBVRE

Depuis plus de deux décennies, les Français juifs subissent la résurgence d'un antisémitisme en acte, parfois sur fond de délinquance, parfois porté par des organisations terroristes, toujours étayé par un fonds culturel antijuif issu de lectures islamistes ou de fantasmagories propagées par des personnages en mal de notoriété sulfureuse. Pourtant, ce que l'on nomme désormais «l'affaire Sarah Halimi» se distingue dans la funeste liste des crimes antijuifs.

> Entre les deux tours, on enverra les journalistes au Mémorial de la Shoah.

L'assassinat de Sarah Halimi exprime non seulement la tragédie des Français juifs, mais la tragédie de la France elle-même. Ce pays où une classe politico-médiatique a tant de mal à nommer ce que la majorité de ses concitoyens voit, subit, dénonce. Sarah Halimi était une femme discrète. La pratique de sa foi, ainsi que son métier de médecin et directrice de crèche, manifestaient un altruisme et une modestie que notre société égocentrique et consumériste a perdus. Ce qu'elle a vécu dans la nuit du 4 avril 2017 est insupportable. La terreur de voir ce jeune voisin qu'elle connaît, dont elle sait l'impulsivité violente et le passé délinquant, les coups, les actes de torture, puis la défenestration alors qu'elle est encore consciente. Tout cela sous les yeux de dizaines de témoins – les voisins alertés par les cris de souffrance sont aux fenêtres de cette HLM de Belleville –, sous les yeux de la police qui n'a jamais su justifier son inertie. Puis, une fois l'horreur de son crime accomplie, l'assassin retourne prier, la police ne le dérange pas davantage avant de finalement l'arrêter sans difficulté.

> Les Juifs morts ne dérangent plus. Au contraire, ils sont utiles pour taire l'antisémitisme islamique.

Face à ce crime atroce, commis au cri de *J'ai tué le sheitan du quartier!* entendu par de nombreux témoins, le silence vient tout ensevelir. La campagne présidentielle bat son plein : taisez-vous! Lorsque la «communauté juive» se mobilise, la presse y voit une émotion communautaire, cette affaire concerne «les Juifs». On préférera envoyer les journalistes, dans l'entre-deux-tours électoral, à la crypte du Mémorial de la Shoah pour une cérémonie d'hommage aux morts en déportation. Ces Juifs morts ne dérangent plus depuis longtemps; au contraire, ils sont parfois utiles pour ne pas parler de l'antisémitisme islamique qui tue et agresse aujourd'hui, ici, en France. Et puisque l'assassin a bénéficié d'un non-lieu sur le fondement d'analyses psychiatriques contradictoires, ce crime antisémite n'a pas eu lieu.

Enseignante de formation, **BARBARA LEFEBVRE** est essayiste.
Elle fut co-auteur avec Georges Bensoussan
des *Territoires perdus de la République*
paru aux éditions Mille et Une Nuits en 2002.

PIRES QUE LES ANTISÉMITES, LEURS IDIOTS UTILES?

FRÉDÉRIC ENCEL

Comme des millions d'autres avant elle, Sarah Halimi a été assassinée comme juive. Elle n'a pas été assassinée comme étant une femme française ou européenne, comme blanche ou comme sympathisante de droite ou de gauche, mais bien en tant que juive. Et son assassin, même s'il devait être considéré comme «irresponsable», a bel et bien assassiné sciemment une personne juive et pas une autre. Telle est la réalité brute, objective, de cette affaire qui renvoie à une histoire ô combien tragique, qui a prévalu depuis presque deux millénaires en pays de Chrétienté ou en terres d'Islam, puis dans cette Europe où les régimes païens nazi et stalinien ont essaimé.

Si contextualiser demeure essentiel pour appréhender les racines et les mécanismes d'un phénomène social comme l'antisémitisme, relativiser s'avère toujours dangereux.

Comprendre ne doit jamais signifier *relativiser* (et donc excuser sournoisement) dès lors qu'il s'agit de haine collective ayant déjà mené à un génocide et à d'innombrables exactions sur des «*temps longs*» braudéliens. Relativiser l'antisémitisme, ici, d'un leader d'extrême gauche du XIXe siècle sous le prétexte que la misère existait et que certains banquiers (souvent philanthropes, du reste!) étaient juifs; ou là celui de tel pronazi car le traité de Versailles avait été sévère; ailleurs encore, car tel jeune de banlieue connaît une situation sociale précaire et/ou rejette la politique d'un État situé à quatre mille kilomètres, c'est déjà admettre l'inadmissible, abdiquer devant ce qui pourra se reproduire à échelle non seulement individuelle, mais collective.

Mais il y a finalement peut-être pire que les antisémites, du moins dans la mesure où un régime démocratique digne de ce nom tel que la République française en interdit les manifestations publiques, en mots comme en actes : leurs alliés objectifs, ces idiots utiles qui, mus par un tiers-mondisme dogmatique, prétendent qu'intrinsèquement certains collectifs sont *victimes*, pas les *autres*. Et dans leur esprit, Sarah Halimi était une *autre*.

C'est aussi de cela et par eux qu'elle perdit la vie.

FRÉDÉRIC ENCEL est docteur HDR en géopolitique, maître de conférences à Sciences Po Paris et professeur à la Paris School of Business. Il a fondé et anime les Assises nationales annuelles contre le négationnisme. Il a publié, en 2022 chez Odile Jacob, *Les voies de la puissance. Penser la géopolitique au XXIe siècle.*

JUGER LA HAINE DES JUIFS
PIERRE MANENT

«Le genre humain ne peut pas supporter trop de réalité.» Cependant, ce qui se passe dans notre pays lorsque la réalité concernée est la haine des Juifs ne relève pas de cette paresse ordinaire. Qui sondera la profondeur du trouble qui saisit les institutions et l'opinion lorsque la réalité de l'antisémitisme éclate aux yeux de tous dans le meurtre d'enfants juifs, le supplice et le meurtre d'un jeune homme juif, ou de vieilles dames juives?

La haine est une disposition de la volonté

La réalité de l'antisémitisme... Le mot qui désigne la chose sert aujourd'hui principalement à la cacher. Comment autrement, si le mot gardait un sens clair, l'institution judiciaire, ayant à connaître du meurtre de Sarah Halimi, aurait-elle pu considérer qu'il n'y avait pas de contradiction entre la reconnaissance du caractère antisémite du meurtre et l'irresponsabilité jugée entière du meurtrier? Tout le déroulement du meurtre explicitait son motif, une haine des Juifs qui n'essayait pas de se cacher et même s'exhibait. La haine est une disposition de la volonté. Les actes qu'elle motive sont par définition imputables à celui qui hait.

L'antisémitisme n'est pas un cas particulier du racisme

L'«antisémitisme» est regardé aujourd'hui comme une forme particulière du «racisme». Ainsi se noue le piège. Devant le meurtre d'une dame juive par un musulman clamant sa haine, comment condamner le coupable sans condamner par implication sa religion? Alors on ne jugera pas. Vaine et lâche est la «vigilance contre le racisme et l'antisémitisme» quand elle oblige à fermer les yeux sur la haine des Juifs.

Le racisme est une disposition maligne que l'on est fondé à poursuivre sévèrement lorsque sa réalité est avérée, mais l'antisémitisme n'est pas un cas particulier du racisme. La haine des Juifs a sa propre et irréductible racine. Nous ne la guérirons pas en la diluant dans la «haine de l'autre». D'ailleurs nous ne la guérirons pas. Demandons du moins à la justice de la juger lorsqu'elle se déchaîne sous nos yeux.

Ancien directeur d'études à l'EHESS, **PIERRE MANENT** a publié de nombreux ouvrages portant sur l'histoire de la philosophie politique, la question de la nation et le rapport du politique et du religieux.

LE MEURTRE LENT DE L'AUTRE EN SOI

KAMEL DAOUD

Qui est responsable de l'assassinat de Sarah Halimi? De si loin, d'Algérie, une femme juive assassinée en France ne constitue pas un événement. C'est un accident dissous dans les actualités, annulé par la distance, l'indifférence, ses propres malheurs érigés. L'affaire n'a pas fait la une des journaux ni suscité de polémique. D'ailleurs, le meurtre n'en était pas un, car le «Juif» est depuis longtemps mort en Algérie. Mort en soi, en chacun. Plus de traces, d'histoire, de généalogie, de chants, de goûts, de quartiers dans les villes. Et dans cet assassinat sans antécédent, le meurtre d'une seule femme ne résonne plus. C'est un vide dans le vide : le Juif est «l'absent».

Il laisse cependant un dépeuplement que la nature ne tolère pas. Alors ce vide est comblé par le délire, le complot, la haine ou la colère. Des générations de jeunes Algériens sont conditionnées à cette monstruosité qu'est la judéophobie. Une image vient à l'esprit : Abel est le siamois de Caïn, du corbeau, du troupeau et de la tombe malsaine.

Le Juif est « mort » en Algérie

Et pourtant, ce déni hurlant est aussi le lieu de la guérison. Le Juif est l'*Autre* en Algérie, le lieu de l'altérité niée et effacée. Et en ce lieu se posent les grandes questions : qui sommes-nous dans ce pays? Qui est l'autre en soi? Qu'en faire? Le Juif *est* le reste du monde refusé, ce champ de fièvres, de refus et de dénégations.

Le Juif est coupable de tout, n'a jamais existé en Algérie, c'est l'Étranger plus que tout autre étranger.

> Tout est bon pour faire contrepoids au Juif : l'islam, la Palestine, Allah…

Alors on tentera, Algériens, de partir ailleurs, voyager, s'exiler, s'identifier ou pas, vivre le commun ou le communautaire, on emporte ce vide. Ce vide comblé par le délire et la méconnaissance de l'Autre et de soi. On transmet, construisant autour de ce vide intime ce que l'on n'ose accepter en l'Autre et en soi. Tout est bon pour faire contrepoids au Juif : l'islam, la Palestine, Allah, l'histoire, un décret ou l'humour malsain.

Quand tuer n'est plus un crime

Ce n'est plus de l'antisémitisme, car l'antisémitisme est un crime d'Occident. C'est de la judéophobie. Elle habille tout et laisse voir nu ce qui en soi est malheureux.

En France, autour de l'affaire Halimi, se construisent culpabilités, dénis, déresponsabilisation, douleur ou banalisation. Ici, dans le dos de la mer, c'est une immense question posée dans la langue de l'effacement : on refuse la réponse, on refuse la question irréductible de l'Autre en soi.

Ce vide enchaîne alors les meurtres, petit à petit, jusqu'à aboutir. De si loin, lents et las, nous voici alors tous coupables. Défaillant en soi, l'Autre n'existe plus. Et le tuer n'est plus alors un crime.

KAMEL DAOUD est écrivain et journaliste. Il est actuellement chroniqueur au *Point*. Il a notamment reçu, en 2015, le prix Goncourt du premier roman pour *Meursault, contre-enquête*, publié en 2014 chez Actes Sud.

CHASSER LES SILENCES EN NOUS

DOV ALFON

La colère exprimée par une large partie de l'opinion publique face à l'arrêt de la Cour de cassation d'avril 2021 confirmant «l'irresponsabilité» du meurtrier de Sarah Halimi s'est nourrie de trois ans d'un relatif mutisme des médias et des autorités, à quoi s'ajoute une certaine condescendance de la justice.

> *Le Juif a des ennemis passionnés*
> *et des défenseurs sans passion.*
> – Jean-Paul Sartre

Il y a de longs silences inexplicables, et d'ailleurs toujours inexpliqués, dans l'affaire Sarah Halimi.

D'abord, le silence des policiers, présents en nombre dans la cage d'escalier, écoutant patiemment les cris de la victime sous la torture, puis le choc de sa défenestration, avant qu'ils n'interviennent, plus d'une heure après que le meurtrier eut quitté les lieux.

Puis le silence de la presse française, qui ne commence à s'interroger qu'à la mi-mai 2017, autrement dit après l'élection présidentielle.

Et, bien sûr, le silence assourdissant de la juge d'instruction, refusant de retenir une possible motivation antisémite jusqu'en février 2018.

Le silence de la gauche, laissant ses seuls membres juifs porter les pancartes lors des manifs. Comme le notait Sartre, le Juif a «des ennemis passionnés et des défenseurs sans passion».

Enfin, il y a le mutisme des tribunaux, refusant un procès pour cause d'«irresponsabilité pénale».

> *Il délire, mais sa folie*
> *ne manque pas de méthode.*
> – Polonius dans *Hamlet*

Le seul qui ne se taisait pas est le meurtrier, Kobili Traoré, vociférant après avoir jeté par la fenêtre celle qui était sa voisine depuis dix ans : *J'ai tué le sheitan!* La vision du chandelier à sept branches avait déclenché en lui une fureur meurtrière.

«Il délire, mais sa folie ne manque pas de méthode», remarque Polonius dans *Hamlet*. Peut-on être fou et commettre un crime antisémite? Les experts psychiatres ont estimé que le meurtrier était en proie à «une bouffée délirante aiguë» au moment des faits.

L'incompréhension d'une large partie du public face à ces explications et la condescendance avec laquelle cette incompréhension fut traitée par les représentants de la justice laissent un boulevard béant dans lequel s'engouffrent les populistes de tout bord, en réclamant une loi[30]. Il serait temps de se parler et de chasser les silences en nous.

DOV ALFON est directeur de la publication et de la rédaction de *Libération*, ancien rédacteur en chef de *Haaretz*, et auteur du roman policier *Unité 8200* (éd. Liana Levi, 2019, prix Marianne).
Ce texte reprend un éditorial paru dans *Libération* du 29 avril 2021.

30- La loi en question, dite loi «Sarah Halimi», a en effet été votée par l'Assemblée nationale en janvier 2022.

IL FALLAIT UN PROCÈS. IL NOUS MANQUERA CRUELLEMENT

ALAIN FINKIELKRAUT

L'arrêt de la Cour de cassation, venu confirmer en 2021 l'«irresponsabilité pénale» du meurtrier de Sarah Halimi, a profondément choqué une grande partie de la communauté juive. Je partage cette indignation.

Cependant, je ne l'éprouve pas seulement en tant que Juif, et il me paraît capital de souligner qu'une large partie de l'opinion publique française a été surprise d'apprendre qu'il n'y aurait pas de procès pour l'assassin de Sarah Halimi. En témoigne notamment la pétition que nous avons signée, aux côtés de personnalités de tous bords.

À mes yeux, le problème que pose cette absence de jugement se situe ailleurs. Avant de massacrer sa voisine juive, Kobili Traoré n'avait aucun antécédent psychiatrique. Que l'on sache, depuis sa fameuse «bouffée délirante», il n'a pas sombré non plus dans la schizophrénie ou quelque autre pathologie. En revanche, il avait déjà fait de la prison et était bien connu des services de police. La «bouffée délirante» correspondrait à un moment de sa vie, durant lequel il aurait consommé beaucoup trop de haschich.

Une «bouffée délirante» entraînant l'assassinat d'une femme juive

La première réflexion qui vient à l'esprit : si vous commettez un délit après avoir abusé de l'alcool, la justice y voit une circonstance aggravante. Dans l'affaire Sarah Halimi, l'absorption de cannabis a été considérée comme une circonstance atténuante. Il est vrai que des témoins ont affirmé avoir entendu l'assassin délirer gravement durant la nuit fatale. Mais il était assez lucide pour frapper Sarah Halimi et pour la jeter vivante par-dessus le balcon.

On sait par ailleurs qu'au cours des journées précédant le crime, ce jeune d'origine malienne s'est rendu plusieurs fois à la mosquée Omar, réputée pour son extrémisme. Dans cette ambiance générale, il aurait «pété un câble» – pour employer une expression vulgaire. Reste que c'est une femme juive qu'il a visée et tuée. L'un des experts appelés à se prononcer sur son cas – le plus célèbre d'entre eux, le docteur Daniel Zagury – a conclu que son discernement n'était pas *aboli* au moment des faits, mais *altéré*.

Un certain nombre de spécialistes reconnaissent certes qu'une prise substantielle de cannabis peut provoquer des bouffées délirantes chez des sujets qui, par ailleurs, ne sont ni schizophrènes ni psychotiques. Pourtant, aurait-on déjà entendu parler d'envie spécifique de tuer les Juifs déclenchée par l'abus de cannabis?

S'il ne faut pas opérer de généralisation ni exiger un changement de la loi, il convient de reconnaître que, dans ce cas précis, il ne s'agit pas de *n'importe quelle «bouffée délirante»* ni de *n'importe quel crime*. Toutes ces questions auraient dû être débattues lors d'un procès public. Il ne s'agissait pas de faire comme si on avait décidé à l'avance que Traoré était parfaitement lucide au moment des faits. C'est cette question, justement, qu'il fallait soumettre au débat en mettant les expertises à l'épreuve du contradictoire.

On en a cependant privé la famille et la nation tout entière, Juifs et non-Juifs confondus, alors même que nous assistons tous, depuis vingt-cinq ans, à une spectaculaire montée en puissance du néo-antisémitisme en France et en Europe. Pas un jour sans que le problème se pose, et il continuera à se poser.

Nous assistons
à une spectaculaire montée
en puissance
du néo-antisémitisme.

L'assassin Kobili Traoré, une «victime»?

On peut toujours dire que les Juifs de France s'affolent, qu'ils ont tort, que cette décision de justice ne revient pas à délivrer un permis de tuer à tous ceux que l'envie prendrait d'aller assassiner leurs voisins de palier juifs. On peut certes moquer ces craintes. Mais pour éviter des réactions excessives, il fallait précisément un procès. Il nous manquera cruellement.

Rappelons aussi que les parties civiles ont eu les plus grandes difficultés à obtenir la qualification de «crime antisémite». Il leur a fallu batailler une année durant. Ce refoulement opéré par la justice relève d'un déni plus général, qui peut affecter y compris ceux que l'on appelle obséquieusement les «experts».

L'antisémitisme de gens venus d'ailleurs embarrasse

Je citerai ici une phrase prononcée en 2012 à l'annonce que l'auteur des crimes de Montauban et de Toulouse s'appelait Mohamed Merah.

Un journaliste de *L'Obs* a alors twitté : «Putain, je suis dégoûté que ce soit pas un nazi!» Il existe un antisémitisme que l'on sait détester : contre l'antisémitisme français ou européen, on se mobilise volontiers. Si un antisémite identitaire avait été en proie à une bouffée délirante, moyennant quoi il lui aurait fallu commettre toutes affaires cessantes un crime raciste des plus barbares, aurait-il eu le même destin judiciaire que l'assassin de Sarah Halimi?

En revanche, confrontée à l'antisémitisme de gens venus d'ailleurs, en situation de fragilité ou de précarité, la bien-pensance se retrouve face à une réalité qui, chaque jour, s'impose à tous, mais qui l'embarrasse. D'où l'inclination de certains juges – comme l'attestent les prises de position du Syndicat de la magistrature, qui rassemble un tiers d'entre eux – à traiter ce type de délinquants avant tout comme des victimes.

ALAIN FINKIELKRAUT, membre de l'Académie française,
est philosophe et essayiste. Il a publié *L'Après littérature*
en 2021 aux éditions Stock.

VINCENT DUCLERT ET LA BANALISATION DE L'ANTISÉMITISME

CYNTHIA FLEURY

C'était la une de la revue *Cités*, une revue de philosophie contemporaine dirigée par Yves Charles Zarka, qui a fêté ses vingt ans en 2021 : «L'antisémitisme : permanence et métamorphoses[31]». Et comme en écho, en cet automne 2021, c'était aussi le vif plaidoyer de Vincent Duclert, paru chez Gallimard sous le titre *Premiers combats. La démocratie républicaine et la haine des Juifs.*

À l'heure où j'écris, souligne l'historien, «une génération s'en va», sans assurance aucune que le «Plus jamais ça» sera tenu. Car depuis plusieurs années maintenant, en Europe comme en France, «l'expression antisémite» se répand. Depuis 2006 et la mort de Ilan Halimi jusqu'à l'assassinat de Sarah Halimi (2017), puis celui de Mireille Knoll (2018), sans oublier la prolifération des slogans antijuifs scandés régulièrement dans les manifestations de type Gilets jaunes ou antivax.

Ces derniers lieux d'expression ne sont nullement anecdotiques, tant on y perçoit l'atteinte à la «raison démocratique» qui se cache derrière toute pulsion antisémite.

Duclert rend hommage à Jean Moulin et son *Premier combat,* paru en 1947, mais écrit en 1941, dans les heures les plus sombres et indignes. En France, cheminent aujourd'hui trois doctrines en parallèle : «[...] celle de l'islamisme radical, celle de l'antirépublicanisme conservateur et celle du racialisme totalitaire».

La fusion des antisémitismes

Comment se garder de la fusion des antisémitismes est un enjeu déterminant pour la suite. Car subsiste un «déni», résultant à la fois d'une faute morale et intellectuelle, mais aussi parfois d'un «optimisme démocratique» qu'il est temps de déconstruire et de dénoncer radicalement. «Le déni de la gravité de l'antisémitisme, écrit Duclert, et partant le refus de le combattre en tant que menace fondamentale, pèsent sur la société française pour des raisons diamétralement opposées, provenant à la fois des sphères

31– Une autre livraison de *Cités*, portant cette fois sur «la causalité diabolique : nouvelles figures», est parue en novembre 2022 (n° 91, éd. PUF). Voir la contribution de son directeur : *J'ai tué le sheitan du quartier!* ou la causalité diabolique, p. 80.

qui l'instrumentalisent et se défendent logiquement de le faire, et de celles qui, à l'inverse, se reconnaissent dans les valeurs démocratiques à même de le combattre, mais refusent de considérer qu'elles sont menacées.»

Joindre nos voix à celle des aînés

> *L'affaire Dreyfus ne finira jamais.*
> *Plus elle est finie, plus elle prouve.*
> – Charles Péguy

L'auteur revient sur l'histoire de la République française et comment elle s'est édifiée en se scindant de la haine des Juifs, alors même que cette dernière grandissait dans son jeune âge avec la parution, dès la décennie 1880, de *La France juive* d'Édouard Drumont. Face à lui se dressent des augures intellectuels et politiques dont la voix va devenir de plus en plus frontale, intransigeante envers cette peste toujours à craindre, comme le stipulera Albert Camus : Anatole France, Francisque Sarcey, Jean Jaurès, Bernard Lazare, Émile Zola...

Vincent Duclert nous appelle à joindre nos voix à celle des aînés, et de Charles Péguy : «L'affaire Dreyfus ne finira jamais. Plus elle est finie, plus elle prouve.»

CYNTHIA FLEURY est philosophe et psychanalyste, professeur au Conservatoire des Arts et Métiers et au GPU Paris «Psychiatrie et Neurosciences». Elle est notamment l'auteur de *Ci-gît l'amer. Guérir du ressentiment* paru aux éditions Gallimard en 2020.
Cette chronique est d'abord parue dans le journal *L'Humanité* du 26 novembre 2021.

IV

À DÉFAUT D'UN PROCÈS

JUSTICE, JUSTICE TU POURSUIVRAS !

CHRONOLOGIE DE LA PROCÉDURE JUDICIAIRE[32] (2017-2022)

4 avril 2017, 16 h 20 Fin de la garde à vue et transfert de Kobili Traoré à l'infirmerie psychiatrique de la Préfecture de police de Paris (IPPP), puis hospitalisation d'office à l'hôpital Saint-Maurice, en région parisienne.

4 et 5 avril 2017 Autopsie du corps de la victime, qui révèle plus d'une quarantaine de fractures.

6 avril 2017 Inhumation de Sarah Halimi en Israël.

14 avril 2017 Ouverture de l'information judiciaire, en cosaisine, pour des faits d'homicide involontaire et de séquestration.

12 juin 2017 Première expertise de la «bouffée délirante aiguë», avec la conclusion «qu'en dépit du caractère indiscutable du trouble mental aliénant, *le discernement ne pouvait être considéré comme ayant été aboli* au sens de l'article 122-1 du Code pénal, du fait de la consommation volontaire et régulière de cannabis» (expertise du docteur Daniel Zagury, remise en septembre).

10 juillet 2017 Interrogatoire de Traoré par la juge d'instruction Anne Ihuellou, suivi d'une mise en examen pour homicide volontaire et séquestration.

18 septembre 2017 Ordonnance de la juge d'instruction au parquet visant à procéder à un réquisitoire supplétif.

20 septembre 2017 Réquisitoire supplétif afin de demander à la juge d'instruction d'informer sur le caractère antisémite du crime[33].

27 février 2018 Second interrogatoire de Traoré et mise en examen complémentaire pour homicide volontaire à caractère antisémite.

11 juin 2018 Deuxième expertise psychiatrique réalisée à la demande de la juge d'instruction. Le rapport conclut cette fois que «la bouffée délirante s'est avérée inaugurale d'une psychose chronique, probablement schizophrénique, que ce trouble psychotique bref a aboli

32– Nous nous sommes appuyés, pour dresser cette chronologie, sur celle établie dans le rapport de la commission d'enquête parlementaire, rendu public en 2022 (NdE).
33– Lire à ce sujet la contribution de Gilles-William Goldnadel, p. 132.

son discernement, l'augmentation toute relative de la prise de cannabis s'est faite pour apaiser son angoisse et son insomnie, prodromes probables de son délire, ce qui n'a fait qu'aggraver le processus psychotique déjà amorcé».

18 mars 2019 Troisième expertise, demandée à l'initiative des parties civiles, concluant elle aussi que «le sujet a présenté une bouffée délirante caractérisée, d'origine exotoxique, orientant plutôt classiquement vers une abolition du discernement».

12 juillet 2019 Saisine de la chambre de l'instruction, les juges estimant qu'il existe «des raisons plausibles d'appliquer le premier alinéa de l'article 122-1 du Code pénal» (irresponsabilité).

19 décembre 2019 Arrêt de la chambre de l'instruction de la cour d'appel de Paris concluant à l'irresponsabilité pénale du tueur pour cause de trouble mental.

Printemps 2020 Traoré quitte l'unité pour malades difficiles (UMD) où il avait été interné, pour rejoindre un service psychiatrique hospitalier normal et non sécurisé. Il se livre derechef au trafic de cannabis dans l'enceinte de l'établissement, y reçoit des visites, mais n'y suit aucun traitement.

14 avril 2021 Arrêt en irresponsabilité de la Cour de cassation confirmant la décision de la chambre de l'instruction, celle-ci ayant été «déduite de son appréciation souveraine des faits et des preuves», et conformément, est-il précisé, à la jurisprudence de la chambre criminelle en matière d'irresponsabilité pénale.
Non-lieu.

2022 L'auteur du crime bénéficie de très régulières permissions de sortie qui lui permettent de se promener librement l'après-midi.

BONS BAISERS DE KOBILI TRAORÉ

FRANÇOIS MARGOLIN

Nous sommes en 2022. L'autre jour, un selfie de Kobili Traoré, le meurtrier de Sarah Halimi, est apparu fugitivement sur le réseau social en ligne bien connu, TikTok. Il s'y prenait en photo avec ses copains, près du métro Couronnes, à deux cents mètres à peine du domicile de sa victime, lors d'une des permissions de sortie qu'on lui accorde désormais à l'hôpital psychiatrique où il séjourne.

Il apparaît hilare, content de lui.

> Le meurtrier, en permission, se filme pour TikTok, en plein Paris.

Quelques semaines plus tôt, un des voisins de Sarah, un habitant du petit immeuble HLM, me raccrochait le téléphone au nez quand je tentais de l'interroger sur ce qu'il avait vu la nuit du crime. Il avait trop peur pour parler, peur d'être reconnu, peur d'être lui-même agressé par les copains de Traoré qui continuent de répandre la terreur dans le quartier et imposent une *omerta* sur le crime.

Que l'on cesse au moins d'en parler

Quelques mois auparavant, encore – c'était en 2021 –, on a vu les policiers se défiler les uns après les autres quand ce fut leur tour de venir témoigner devant la commission d'enquête parlementaire. Qui invoquant des problèmes de santé, qui de Covid, d'emploi du temps, et ainsi de suite. De la sorte, ils n'ont pas relaté ce qu'ils savaient des circonstances du meurtre ni de leur incompréhensible non-intervention une fois arrivés sur les lieux du crime.

> Des délinquants continuent d'imposer une *omerta* sur le crime.

Par ailleurs, et comme chaque fois, nombreux sont ceux qui, avec le temps, aimeraient non pas certes effacer la trace de cet assassinat antisémite ni le nier, mais *que l'on cesse au moins d'en parler*. Que l'on fasse un peu comme s'il n'était jamais survenu, entre fait divers, bouffée délirante, malheureux accident, acte impulsif, irresponsabilité… Au lendemain des faits, en pleine campagne présidentielle, nous avons eu droit à l'habituel «ne-faisons-pas-le-jeu-du-Rassemblement-national», auquel était venu faire écho le tout aussi familier «pas-de-vagues».

Faut-il en déduire que, dans la France d'aujourd'hui, trop parler d'antisémitisme inspiré par l'idéologie salafiste reviendrait à mettre la cohésion sociale en péril?

En sommes-nous vraiment là?

Oui, Sarah Halimi a existé

J'ai dû aller sur la tombe de Sarah Halimi à Jérusalem, dans ce grand cimetière qui s'étale sur une colline ensoleillée, pour vérifier qu'elle avait vraiment existé et qu'elle avait bel et bien été assassinée.

Elle reposait là, dans une sépulture modeste, avec son nom en lettres hébraïques, gravées dans le marbre. Elle avait donc eu un corps, une âme, une vie, et même un assassin qui l'avait torturée en hurlant à la cantonade dans la cour de l'immeuble qu'elle voulait se suicider. Comme pour dissimuler son crime, à peine l'avait-il commis.

L'assassin n'avait peut-être pas tort, puisque les policiers, les magistrats et les experts lui donnèrent raison, ce crime n'ayant finalement pas *eu lieu.*

Et l'on attend que s'ouvre un nouveau procès, où la justice sera vraiment la justice. Où l'on ne pourra plus arracher une vie de ce monde sans que celui qui a tué soit jugé. Sans qu'une sanction soit prise.

S'il n'y en avait pas, ce serait l'avenir des Juifs en France qui serait définitivement remis en cause.

Ce nouveau procès dépend de nous, de notre volonté, de notre poids dans la société.

FRANÇOIS MARGOLIN est réalisateur, producteur et scénariste. Il a notamment, en 2016, réalisé *Salafistes*. Il prépare un documentaire et un film de fiction sur l'affaire Sarah Halimi.

LE MEURTRE DE SARAH HALIMI A REMIS LA JUSTICE AU CENTRE DE NOS PRÉOCCUPATIONS

MAREK HALTER

La défenestration de Sarah Halimi ne révèle pas seulement l'état mental d'un tueur radicalisé, mais celui de tout un pan de notre société. Une société où le racisme prospère. Mais aussi, une société qui agit souvent «en raciste», tout en ne cessant de s'en défendre. Dans ce cas précis, on découvre qu'un Noir, victime idéale donc, peut haïr une minorité, en l'occurrence les Juifs, jusqu'à commettre l'irréparable. On découvre aussi que la police, certes démocratique, mais composée d'hommes comme vous et moi, c'est-à-dire aussi touchés par le «virus de la haine de l'autre», a préféré ne pas se mêler d'un conflit entre Noirs, Arabes et Juifs, ces «étrangers», et attendre pendant une heure des ordres qui ne sont arrivés qu'après la mort de la vieille dame juive.

Des médecins craintifs de s'aliéner la communauté musulmane

De même pour les experts en psychiatrie, parmi lesquels des médecins juifs, qui semblaient craindre de s'aliéner la communauté musulmane en accusant l'un de ses membres. Ils ont justifié le geste de Traoré par une crise de folie due à une absorption trop importante de stupéfiants. Oubliant, comme le disait Sartre, que, même dans sa folie, l'homme garde une part de sa liberté.

Les juges, enfin, ces hommes intègres qui, dans un sursaut d'humanité, croient pouvoir sauver l'assassin, la victime étant déjà enterrée. Le sauver, du moins sur le plan métaphysique, en recevant l'argument de son irresponsabilité momentanée, d'autant qu'il s'agit d'un homme noir et musulman. Deux particularités éprouvées chez nous par maints actes de racisme.

> Nous nous mettons à crier, comme Abraham notre ancêtre, il y a quatre mille ans : «Justice, justice tu poursuivras!»

Non, ce meurtre n'est pas un meurtre comme un autre

Il aura fallu des semaines de mobilisation de la communauté juive et d'une poignée d'intellectuels, relayés ensuite par les médias nationaux et par la classe politique, pour que le procès d'un assassinat quelconque, perpétré par un homme inconscient de ses actes, devienne enfin le procès d'un individu ayant froidement massacré une femme à cause de sa judéité.

Nous découvrons ainsi nos propres préjugés, nos propres égarements, notre propre lâcheté. Et nous nous mettons à crier, comme Abraham notre ancêtre lorsqu'il découvrit le monothéisme, il y a quatre mille ans : «La justice, la justice tu poursuivras[34]!»

Le meurtre de Sarah Halimi a remis la justice au centre de nos préoccupations. Non, tuer une Juive parce que juive n'est pas un meurtre comme un autre. En s'attaquant aux Juifs, disait déjà Goethe, «c'est toute l'humanité que l'on met à genoux».

Et en ne rendant pas justice à une victime de l'antisémitisme, c'est le système judiciaire tout entier, ainsi que la démocratie, que l'on cloue au pilori.

MAREK HALTER est écrivain. Aujourd'hui, il préside deux universités françaises en Russie. Il a publié en 2021, chez Hugo Document, *Un monde sans prophètes*.

34 – Deutéronome 16:20.

LA LOI ET LE SEMBLANT
ÉRIC MARTY

Il arrive, lorsque l'irréparable du meurtre antisémite a eu lieu, que l'on se prenne à rêver d'un discours émanant de la loi, et qui ne serait pas du semblant. Mais un tel discours est-il possible?

Lors de son allocution du 16 juillet 2017 commémorant la rafle du Vél' d'Hiv', le président de la République a eu un curieux propos en associant la commémoration à un meurtre qui nous était contemporain, celui de Sarah Halimi, le 4 avril 2017. En adossant cette mort au contexte d'Auschwitz, Emmanuel Macron avait commencé de donner ce que d'aucuns percevaient, dans le temps trivial du fait divers, son véritable horizon. Depuis Auschwitz, tout meurtre antisémite est la répétition d'Auschwitz.

Mais il y eut dans le propos du Président français bien plus. Réécoutons la phrase : «Et malgré les dénégations du meurtrier, la justice doit faire désormais toute la clarté sur la mort de Sarah Halimi.» Emmanuel Macron, à peine réélu à la tête de l'État, se sent le devoir de transgresser la fonction qui est la sienne de protéger l'indépendance de la justice en allant au-delà d'une simple interpellation : «doit faire désormais toute la clarté» est une réquisition qui ne peut souffrir de retard.

Transgression dans la transgression, celle de l'hypothèse initiale : «malgré les dénégations du meurtrier». Présumer d'un mensonge, un mensonge qui se trahit comme tel en s'énonçant. Les dénégations ne concernent pas le meurtre lui-même, comme c'est le cas dans le fait divers ordinaire. L'assassin ne nie nullement être le meurtrier, ce qui est pourtant son jeu habituel. Il ne nie pas avoir tué telle femme, il nie avoir tué une Juive parce qu'elle était telle.

Le représentant de la loi demande tout simplement que le nom «juif» soit énoncé par celui qui a tué. Tel pourrait être le discours de la loi qui ne serait pas du semblant, un discours par lequel la loi se transgresserait elle-même pour toucher au réel auquel manque un signifiant : juif.

ÉRIC MARTY est écrivain et professeur émérite à l'Université Paris Cité. Romancier, il a aussi publié de nombreux essais dont, en 2021, *Le Sexe des Modernes. Pensée du Neutre et théorie du genre* aux éditions du Seuil.

UN INEXPLICABLE DÉSASTRE

GILLES-WILLIAM GOLDNADEL

Je ne suis pas objectif. Je n'ai pas à l'être puisque je suis l'avocat de la sœur de Sarah Halimi. Mais j'essaie d'être honnête. On m'interroge souvent pour tenter de comprendre les raisons d'un désastre judiciaire nommé Sarah Halimi.

Pourquoi le tortionnaire et assassin de cette dernière, qu'aucun psychiatre n'a décrété fou, a-t-il échappé au châtiment d'une justice humaine devenue inhumaine? Pour répondre honnêtement à cette question, il me faut faire une difficile introduction sur ce dysfonctionnement judiciaire exceptionnel et sur le dysfonctionnement général que tous les professionnels du droit constatent quotidiennement.

Le dysfonctionnement de la justice

J'ai publié dans *Le Figaro* un article titré : «Je n'ai plus confiance dans la justice française». Et il ne traitait pas de l'affaire Halimi... La manière dont la justice a traité cette affaire-là est littéralement inexplicable. Pourquoi une juge a-t-elle refusé de recevoir l'avocat de la famille? Pourquoi a-t-elle refusé toute reconstitution du crime? Pourquoi, après le premier rapport d'expertise, qui concluait à la responsabilité pénale de l'assassin, s'est-elle empressée d'en réclamer un autre sans que personne ne le lui demande? Pourquoi a-t-elle tardé à enquêter sur le caractère antisémite du crime, comme le réclamait le parquet, au point que j'ai été contraint de la sommer par lettre recommandée?

Pourquoi la chambre de l'instruction a-t-elle constamment couvert ces errements, y compris en prenant une décision exactement inverse à celle prise par la cour d'appel de Versailles en 2018, qui considérait que la prise volontaire d'une substance rendant provisoirement dément, loin d'être exonératoire, constituait une circonstance aggravante? Et pourquoi la Cour de cassation approuva-t-elle cette décision?

Du déni de réalité au déni de justice

> L'inconscient désir d'épargner l'antisémitisme islamique.
> On ne punit pas les pauvres, incarnations de la Victime absolue.

Si ce désastre judiciaire est inexplicable et le manque d'empathie de la juge pour la famille de la victime patent, c'est parce qu'il existe une autre explication insoupçonnable. Elle demeure enfouie dans les tréfonds de l'impensable impensé de la classe médiatique depuis bien des années.

Je l'ai souvent rencontrée. Elle réside dans l'impossibilité de concevoir la force de l'antisémitisme islamique, dans l'inconscient désir de l'épargner, et dans l'impuissance, plus grande encore, à le punir.

Car on ne punit pas les pauvres. Le pauvre ne peut incarner le Mal absolu, mais seulement la Victime absolue. Voilà pourquoi les assassins de la rue des Rosiers, de la rue Copernic, ou celui de Sarah Halimi n'ont pas été punis.

Du déni de réalité au déni de justice. Voilà, j'ai pensé l'impensable. Et voilà pourquoi, pour panser la douleur de la sœur de Sarah, j'irai chercher dans son pays d'Israël un peu de justice symbolique. Pour punir l'antisémitisme islamique.

GILLES-WILLIAM GOLDNADEL est avocat (notamment de la famille de Sarah Halimi et de la famille de Mireille Knoll), essayiste, chroniqueur télé. Il a notamment publié un livre de confrontation avec Pascal Boniface, en 2010, *Sans concessions. Conversations avec David Reinharc*, et en 2021, aux Nouvelles Éditions de Passy, *Manuel de résistance au fascisme d'extrême gauche*.

UN DÉLINQUANT FACE AUX FONCTIONNAIRES DE L'ÂME HUMAINE

NATHANAËL MAJSTER

Le meurtrier de Sarah Halimi a passé son enfance dans les foyers éducatifs de l'Aide sociale à l'enfance, après y avoir été placé, à l'âge de dix ans, pour avoir agressé une femme âgée. Les éducateurs se sont longtemps interrogés sur les causes de sa violence, jusqu'à ce qu'un ethnopsychiatre, mandaté par un juge des enfants, l'examine. La conduite du jeune Traoré était liée, selon lui, à un rituel animiste : sa mère n'aurait pas respecté la durée convenue de veuvage suite à la mort du père. Ainsi, l'âme errante de ce dernier aurait hanté la famille pour réclamer vengeance contre sa mère et serait venue enlever la vie au petit frère de Kobili, alors âgé de onze ans, entraînant une dépression sévère.

L'âme errante du père

Une dispute avec son beau-père, la veille du crime, aurait enclenché l'engrenage criminel. La figure de Sarah Halimi, sa voisine du dessus, serait ainsi venue se substituer à la figure de sa mère comme objet d'une vengeance paternelle, dont Kobili n'aurait été que l'instrument. Un an avant la nuit fatale du 4 avril 2017, il avait déjà agressé sa voisine du septième étage, une vieille dame d'origine asiatique. Le ressort psychique de l'agression d'une femme âgée est donc puissant et ancien.

> La suppression violente d'une femme juive permettait à Traoré de répondre aux injonctions du père mort et du Coran, et de s'accomplir comme fils et comme croyant.

Garantir au jeune Malien un statut de victime

Pendant ses années de placement, Traoré a appris à «décoder» le fonctionnement des fonctionnaires chargés de l'âme humaine, à répondre à leurs attentes et à déjouer leurs défenses. Aussi, il ne lui était pas difficile d'engager le dialogue qu'espéraient de lui l'expert psychiatre Daniel Zagury et la juge d'instruction Anne Ihuellou. Mettre son acte criminel sur le dos d'un excès de cannabis et d'une errance sociale correspondait à un profil qui satisfaisait les autorités. En outre, cela permettait d'éviter toute enquête sur l'entourage religieux de Traoré (la mosquée Omar, ses prédicateurs et autres exorcistes) et sur les conditions désastreuses de l'intervention policière lors du supplice de Sarah Halimi, tout en garantissant au jeune homme d'origine malienne le statut de victime.

Sarah Halimi, coupable de sa propre mort

Par cet artefact, Sarah Halimi se rendait en quelque sorte coupable de sa propre mort. Comme on le sait, l'acte criminel est très souvent affaire d'assomption identitaire : la suppression violente d'une femme juive permettait à Traoré de répondre aux injonctions du père mort et du Coran, de s'accomplir comme fils et comme croyant.

L'effet inattendu réside dans le fait que le jeune meurtrier ait bénéficié de la pitié expiatoire d'une France hantée, comme lui, par des fantômes vengeurs venus de sa culpabilité coloniale pour assombrir son destin.

NATHANAËL MAJSTER, un des conseils de la famille Halimi,
est avocat et ancien magistrat.

ICI, IL N'Y A PAS DE POURQUOI
ANDRÉ DJAOUI

Sarah Halimi est morte à cause d'une abolition de discernement.
Discerner entre quoi et quoi?
Défenestrer ou ne pas défenestrer une dame sans défense?
La rouer de coups avant de la défenestrer ou pas?
De quel discernement parle-t-on?
Qui a manqué de discernement? Le tueur? les juges? les experts?
Le chef de son camp avait répondu à Primo Levi : «Ici, il n'y a pas de pourquoi.»
Un pays sans pourquoi est un pays qui a perdu son âme.
Sarah Halimi ne sera jamais oubliée, son âme nous observe et nous questionne.
Nous pardonnera-t-elle? Peut-être, car là-haut, le pardon n'a pas besoin de pourquoi.

ANDRÉ DJAOUI, né à Tunis, est un producteur de cinéma,
écrivain et réalisateur français

LES INCULPABLES
RAPHAËL JERUSALMY

Le meurtre de Sarah Halimi est un acte terroriste à tous égards. Il est le fait d'une personne qui, radicalisée par la propagande islamiste, passe à l'acte. Lequel acte, fruit d'une longue maturation, d'une préparation mentale, d'une initiation même, ne peut en aucun cas être défini comme non prémédité. Rien ici de spontané, bien au contraire. Quant à la consommation de substances, elle est fréquemment pratiquée par le terroriste pour se doper, exacerbant la haine pour la victime ainsi que la ferveur mystique qui l'anime et le justifie. Et par là, elle engage sa responsabilité tout autant que celle d'un automobiliste conduisant en état d'ébriété. Le meurtrier, dans ce cas précis, est demeuré suffisamment lucide pour identifier la victime comme étant juive. Non seulement savait-il qu'il tuait, mais aussi *qui* il tuait et au nom de *quoi*.

Un acte terroriste à tous égards

Les balbutiements de la magistrature dans cette affaire relèvent de quelque chose de plus alarmant qu'un dysfonctionnement judiciaire. Ils émanent d'un malaise de la société. Et d'une perversion des valeurs instituée par des médias, des politiciens, des sommités dont la dialectique est malfaisante au même titre que celle des prédicateurs des mosquées salafistes. Alors, justice sera-t-elle rendue à la mémoire de Sarah Halimi par un verdict de meilleur aloi?

Perversion des valeurs

Oui, à condition que ce verdict soit enseigné non seulement dans les facultés de droit, mais dans toutes les universités et les écoles. Et que les incitateurs susmentionnés y soient clairement dénoncés. J'ignore combien de Françaises et de Français ont applaudi à cet acte horrible, mais j'imagine qu'ils sont une infime minorité. Plus nombreux seraient peut-être ceux qui applaudiraient à l'assassinat d'un soldat «sioniste». Mais je reste persuadé que l'immense majorité n'est pas dupe de ces propos, qu'elle condamne le racisme et la violence, et que justice sera véritablement rendue à Sarah Halimi par une meilleure éducation de la jeunesse à la tolérance.

RAPHAËL JERUSALMY, diplômé de l'École normale supérieure, ancien officier israélien du renseignement, est l'auteur de plusieurs romans publiés chez Actes Sud.
Il a publié en 2019 *Manuel bleu contre l'antisémitisme et la désinformation* chez David Reinharc Éditions et en 2021, aux éditions Balland, *Des Sex Pistols à l'Intifada. Confidences d'un officier israélien du renseignement*.

LE REFUS DE LA RECONSTITUTION DES FAITS EST CELUI DE LA RECHERCHE DE VÉRITÉ

JUDITH BUCHINGER

Un des grands principes du Code de procédure pénale consiste à favoriser autant que faire se peut la manifestation de la vérité. Plus qu'un grand principe, c'est *la* colonne vertébrale de la matière pénale. L'affaire Sarah Halimi s'est effondrée sur cette évidence. Pire, elle a été *invisibilisée*, comme si les faits bruts s'étaient dilués dans l'interprétation stricte et froide du droit telle que l'a offerte la Cour de cassation.

Contrairement à tous les usages en matière criminelle

L'arrêt de la Cour de cassation, en rien surprenant, nous a-t-on expliqué, n'a fait que constater le respect des règles de droit. Où se situe donc la faille si «*dura lex sed lex*»? Où se situe le dysfonctionnement judiciaire? Il est à rechercher, avant tout, dans le cadre de l'instruction de l'affaire, qui a été menée de façon pour le moins singulière, sinon scandaleuse.

Contrairement à tous les usages en matière criminelle, les juges d'instruction se sont énergiquement opposés à toute reconstitution.

Notre cabinet, en charge de la défense des intérêts des enfants de Sarah Halimi, a fait appel de ce refus, suivi en cela par le procureur de la République de Paris, puis par le procureur général. Par ailleurs, toutes les parties ont manifesté leur souhait de voir procéder à cette reconstitution; même le mis en examen, Kobili Traoré, a accepté d'y participer.

Or, de façon fort étonnante, la chambre de l'instruction de la cour d'appel de Paris a persisté dans son refus de reconstituer la nuit du crime, ce qui aurait pourtant permis de faire toute la lumière sur la chronologie et la réalité des faits.

La vérité n'a jamais été le souci premier

Si la famille Diarra avait ouvert la porte aux policiers après que Traoré fut passé sur le balcon voisin, le pire aurait pu être évité. Et si, précisément grâce à la reconstitution des faits, il avait été établi que le parcours meurtrier de Traoré prouvait la pleine possession de ses moyens lorsqu'il a prémédité cet assassinat, et ce malgré sa consommation massive de cannabis et sa fameuse «bouffée délirante»? Autant de scénarios accolés au réel qui n'ont jamais pu être soulevés.

De toute évidence, la recherche de la vérité n'a jamais été le souci premier dans cette terrible affaire. Si tel avait été un tant soit peu le cas, la préméditation n'aurait pu échapper au magistrat et, par voie de conséquence, il n'aurait pas été possible de conclure à l'abolition du discernement de l'assassin.

Sarah Halimi n'aura pas eu droit à l'espace judiciaire du procès, pas même à de simples mots d'humanité ou à un faible élan d'empathie. Ni elle ni sa famille. À sa façon, cet ouvrage collectif lui rend justice.

JUDITH BUCHINGER, avocat au barreau de Paris,
est l'avocat des enfants de Sarah Halimi.

NOTRE PROMESSE
FRÉDÉRIC WIZMANE

Chère Sarah, chère Madame, cher Docteur,
On dit de la justice qu'elle est rendue lorsque la cime de la montagne se reflète au fond de l'océan.
Ce ne fut que morne plaine.
De votre sagesse, vous avez appris que «la justice, la justice tu poursuivras», tel un noyé cherche son air. Avec la tête, avec le cœur.
Vous n'êtes plus de ce monde, mais nous pouvons vous le murmurer : le sentiment d'injustice est inhumain.
Il est un monde qui tourne à l'envers et nous tord les boyaux.
Le sol se dérobe sous nos pieds, mais nous ne craignons pas de courir encore et toujours pour que la vérité jaillisse.
Nous t'en faisons la promesse.
Nous t'en faisons le serment.
Pour toi, et surtout pour nous.

FRÉDÉRIC WIZMANE est avocat au barreau de Paris, ancien élève de l'École normale supérieure, agrégé d'économie-gestion.

UNE ÉMOTION LÉGITIME POUR UNE DÉCISION DISCUTABLE

DOMINIQUE SCHNAPPER

La décision du juge qui a refusé de voir de la judéophobie dans l'acte de Kobili Traoré assassinant Sarah Halimi en hurlant des propos antisémites a suscité une émotion qui ne devrait pas être limitée à celle de la «communauté juive». Déclarer que l'assassin ne devait pas être jugé «en raison d'un trouble psychique ou neuropsychique au moment des faits» n'était-il pas une manière d'éviter un procès et de ne pas taxer un jeune musulman d'antisémitisme? Jean-Éric Schoettl analyse ce point de droit avec sa compétence de juriste.

Un droit «pur» n'existe pas. Le sens politique ne devrait pas être ignoré.

Cette analyse soulève le problème des instances judiciaires, qui semblent de plus en plus sensibles aux effets sociaux et politiques de leurs décisions. Nous savons qu'un droit «pur» n'existe pas et qu'il existe bien des manières de céder à l'esprit du temps. Cette décision peut être défendue en droit comme aurait pu l'être la décision inverse. Mais le sens politique ne devrait pas être ignoré. Alors que, pendant longtemps, le refus de qualifier des actes antisémites a été une politique généralement suivie, la décision sur l'assassinat de Sarah Halimi soulève, outre l'indignation morale, l'interrogation sur la prise en compte des dangers qui menacent les Juifs et la démocratie, et sur la volonté de les ignorer.

DOMINIQUE SCHNAPPER, membre honoraire du Conseil constitutionnel, est sociologue et politologue. Son dernier livre, *Temps inquiets. Réflexions sociologiques sur la question juive*, est paru aux éditions Odile Jacob en 2021.

ABOLITION DU DISCERNEMENT, VRAIMENT?

JEAN-ÉRIC SCHOETTL

La «bouffée délirante» qui a submergé Kobili Traoré, c'est la judéo-phobie. Une judéophobie importée. Or la bien-pensance répugne à relever ce caractère d'importation, de peur de stigmatiser l'Autre. Elle cherche donc à noyer le fait de société dans le fait divers. Pour les causes, on renverra à l'exclusion sociale, à la drogue ou à une psychopathologie individuelle. Ne fait pas exception à cette règle l'attitude de l'autorité judiciaire dans l'affaire de l'assassinat de Sarah Halimi.

Le juge judiciaire n'en démordra pas : Traoré doit être exonéré de sa responsabilité pénale «en raison d'un trouble psychique ou neuro-psychique ayant aboli son discernement ou le contrôle de ses actes au moment des faits». Ce sont les termes de l'article 122-1 du Code pénal.

Le commun des mortels, lui, voit une contradiction entre le caractère antisémite de l'acte et l'inconscience qu'aurait eue Traoré de commettre un crime. Quant à la prise de drogues, n'est-elle pas comme une circonstance aggravante, plutôt qu'exonérante, de responsabilité? Si consommer de la drogue, même douce, abolit tout discernement, les quatre ou cinq millions de Français (dont un jeune sur quatre) qui, d'après les statistiques, consomment du cannabis, pourraient commettre des crimes sans risquer la prison.

Mais c'est là une approche grossière que balaie la doxa bien-pensante. «La justice, ce n'est pas la vengeance», laisse sentencieusement tomber tel homme politique progressiste à l'adresse de la communauté juive «dont il comprend l'émotion». La doctrine juridique convenable explique, quant à elle, que la Cour de cassation se borne en l'espèce à faire application d'une jurisprudence constante (c'est l'honneur de l'État de droit que de ne pas juger les fous).

Jurisprudence pas si constante que cela, pourtant. En 2018, la Cour de cassation relève par exemple que la consommation, même importante, de stupéfiants, peut conduire à une altération, mais non à une abolition du discernement. Ce qui change tout au regard du droit pénal : l'auteur peut être jugé.

JEAN-ÉRIC SCHOETTL est conseiller d'État honoraire,
ancien secrétaire général du Conseil constitutionnel.
Il a publié aux éditions Gallimard en 2022
La démocratie au péril des prétoires.

ENTRE INDIGNATION, COLÈRE ET INCOMPRÉHENSION

YONATHAN ARFI

S'il est une chose particulièrement tragique quand on parle de la mémoire de Sarah Halimi, c'est l'emploi, devenu usuel, de l'expression «l'affaire Sarah Halimi». Je ne connais qu'un épisode de l'histoire des Juifs de France pour lequel on emploie la même formulation : l'affaire Dreyfus.

Chacun sait en quoi le sort du capitaine Dreyfus a constitué une affaire : la cabale menée contre lui, paradigme de l'injustice, mais aussi l'opposition frontale entre deux France, celle de ses défenseurs et celle de ses accusateurs, puis le long parcours vers sa réhabilitation.

Une affaire judiciaire et morale

Concernant Sarah Halimi, l'affaire est d'abord judiciaire. Les atermoiements d'une justice prise dans ses contradictions et ses insuffisances ont privé la famille, mais aussi l'ensemble des Français, du procès de l'assassin et, à travers lui, de l'antisémitisme. Affaire judiciaire, mais aussi affaire morale : en épargnant la prison à son meurtrier, la justice française a donné le sentiment que l'on pouvait tuer des Juifs et échapper à toute sanction. La justice réussit aussi cet exploit de reconnaître la motivation antisémite d'un acte dont personne n'est pénalement responsable.

Ce que nous devons à Sarah Halimi

Pour les Français juifs, le nom de Sarah Halimi restera à jamais associé à une plaie ouverte, entre indignation, colère et incompréhension. Nous pensions que le combat pour la reconnaissance de l'antisémitisme était le point déterminant. Nous constatons désormais que cette lucidité sur les motivations ne suffit plus pour que justice soit rendue.

Comme pour l'affaire Dreyfus, l'affaire Sarah Halimi dépasse les Français juifs. Elle révèle une faille profonde de notre système judiciaire et, avec elle, une faille de notre société tout entière.

Sarah Halimi a permis, par son martyre, de mettre au grand jour ces failles. Nous lui devons maintenant de les réparer.

Que la mémoire de Sarah Halimi soit source de bénédictions pour les Français juifs et pour la France tout entière.

YONATHAN ARFI est le président du CRIF
(Conseil représentatif des institutions juives de France).

VITE, UN MOLIÈRE POUR NOS TARTUFFES!
ÉLIE CHOURAQUI

Kobili Traoré? Ah, le malheureux... Il ne sera pas jugé, pas emprisonné. Libérons vite ce brave garçon, vu qu'il était sous l'emprise du cannabis quand il assassinait sauvagement une femme juive. Oui, il a été victime d'une bouffée délirante. Il faut s'occuper de lui, le soigner, pauvre malade, lui libérer un lit dans un bon hôpital, en priant pour qu'il s'en sorte... Madame Halimi, sa victime? Oh, elle est morte. Disloquée sur les pavés de la rue. Parce qu'elle était juive? Ah, que non! Qu'allez-vous chercher là? Victime d'un monstre antisémite? Voyons! Que d'insensées insinuations!

Où es-tu, Molière, pour écrire un *Tartuffe* d'aujourd'hui et nous faire rire encore de son hypocrisie? Car oui, nous y sommes! Les lâches vont gagner, ceux qui tremblent face à l'islam radical, ceux dont le jugement est faussé dès qu'il s'agit de condamner l'islam radical, ceux qui ont peur de perdre des voix aux municipales.

Et la presse? Embarrassée, tremblante... Les collabos, Mediapart en tête. Toujours si prompte à accuser et à montrer du doigt, la presse, à quelques heureuses exceptions, se tut. Quant à la magistrature, elle a bien remonté les bretelles de ceux qui réclamaient justice, président de la République y compris. *Ceux de qui la conduite offre le plus à rire – Sont toujours sur autrui les premiers à médire.*

Tartuffes! Ils sont fous! Tous! Procureurs, garde des Sceaux, juges... tous au même instant ont perdu «le bon sens», le simple bon sens! Voire pire, mais je refuse d'y croire... Tous noyés dans des arguties juridiques, aveuglés par leurs *a priori*, se refusant à regarder le monstre en face. C'est ainsi qu'ils insultent non seulement la République, la démocratie, mais notre justice aussi, tout en affirmant la servir...

Voilà, c'est fini. Notre République s'effondre puisque sa justice meurt. Oui, c'est fini... Ceux qui assassinent au couteau dans les rues, aux mêmes cris que Traoré, pourront être libérés s'ils avaient fumé un joint avant de massacrer les innocents. Honte! Honte! Honte!

ÉLIE CHOURAQUI est cinéaste, scénariste et producteur. Il est aussi auteur de théâtre et romancier. Il a publié avec André Chouraqui, en 2003 chez Grasset, *Le sage et l'artiste*. Il a notamment réalisé *Ô Jérusalem* en 2006 et *L'origine de la violence* en 2009. Son spectacle *Les Dix Commandements* a rassemblé des millions de personnes.

ICI, NOUS NE JUGEONS PAS LES FOUS!

SAMUEL LEJOYEUX

Ici, nous ne jugeons pas les fous! Qu'*ici* veuille dire «dans les tribunaux de la République française» ou signifie «au Grand Sanhédrin de Jérusalem», on ne juge pas les fous.

Ici, l'irresponsabilité des personnes fondée sur l'absence de discernement est un principe. Et ceux qui s'y attachent, Juifs et héritiers des Lumières, sont fiers de l'ériger tel un étendard.

Parfois, cet étendard est bafoué. Pas ici. On a voulu nous faire croire que la détresse des Juifs de France face à l'assassinat sauvage d'une grand-mère juive n'était que le cri d'une communauté qui bafouait ce grand principe. On a voulu nous faire croire que le sentiment qui habitait les Juifs de France face à une justice qui ne rend pas justice n'était que le signe d'une communautarisation.

Parfois, nous avons même été tentés par le désir d'envoyer «valser» nos valeurs universelles, car celles-ci sont trop souvent instrumentalisées pour nier le sens de nos colères. En effet, trop souvent, l'antisémitisme inhérent à l'islamisme fait l'objet d'une complaisance mortifère dans les organisations étudiantes comme dans le débat public. La justice, c'est l'art de l'équilibre et de la réparation.

Condamner un assassin ne redonne pas vie à sa victime, ce n'est pas une vengeance mais la façon la moins indigne pour la société de reconnaître sa peine et d'y apporter une réponse, qui se doit d'être proportionnée. Par leur mobilisation et leurs cris du cœur, les Juifs de France n'ont cessé d'alerter. Partie intégrante du peuple français, ils méritaient que l'on s'indigne de la mort d'une de leurs grands-mères.

> L'affaire Sarah Halimi n'est pas une tragédie grecque où la réparation d'un crime se confronte aux grands principes du droit.

Nous, étudiants juifs de France, refusons de choisir entre le combat contre l'antisémitisme et la protection des fous : l'affaire Sarah Halimi n'est en rien une tragédie grecque où la réparation d'un crime se confronte aux grands principes humanistes du droit. Elle est ce meurtre de trop qui nous inspire cette question : ne pensez-vous plus que la lutte acharnée contre l'antisémitisme est, elle aussi, un principe étendard?

Si l'islamisme est une idéologie meurtrière déraisonnable, tous ceux qui y adhèrent ne sont pas irresponsables pour autant. L'utilisation quasi systématique du qualificatif «déséquilibré» en parlant de terroristes nous est aussi insupportable que la condamnation d'une personne au discernement aboli.

Nous, étudiants juifs de France, continuerons à nous souvenir de Sarah Halimi.

Et cette promesse est double.

D'abord, elle implique que jamais nous ne cesserons de nous prévaloir de nos valeurs universalistes, même lorsque ceux qui sont censés les appliquer leur tournent le dos.

Ensuite, elle nous oblige à hisser encore plus haut nos étendards et à faire en sorte que la France combatte résolument l'antisémitisme des islamistes, que nourrissent tant de complaisances et d'indifférence. Bref, qu'elle soit fidèle à son histoire qui, hormis dans ses heures les plus sombres, s'est construite avec les Juifs et non contre eux.

Juriste de formation, **SAMUEL LEJOYEUX**
préside l'Union des étudiants juifs de France.

LE MYSTÈRE DE LA COUR DE CASSATION OU LE JOINT DE LA DISCORDE

BENOÎT RAYSKI

Voici un arrêt de la Cour de cassation de 2018 : «La consommation du cannabis constitue une circonstance aggravante [...].» Curieusement, cet arrêt n'a pas fait jurisprudence.

La Cour de cassation devait trancher le cas d'un homme qui avait poignardé sa compagne. Son avocat plaidait pour que lui soient accordées des circonstances atténuantes et qu'il soit déclaré irresponsable. Son dossier paraissait solide. L'homme avait tué sous l'emprise du cannabis. En outre, il avait de sérieux antécédents psychiatriques.

La décision de la Cour de cassation ne semblait donc faire aucun doute. Pas du tout! Les juges décidèrent que le mis en cause était responsable et le renvoyèrent devant une cour d'assises. Et ils assortirent leur décision de cet attendu intéressant : «La consommation volontaire de cannabis est une circonstance aggravante.»

Souvent, Cour de cassation varie, fol est qui s'y fie

Cet arrêt a été rendu en février 2018. Trois ans ont passé. Et la Cour de cassation de 2021 a estimé que, pour l'assassin de Sarah Halimi, la consommation de cannabis serait «une circonstance atténuante».

Que s'est-il passé en trois ans? La composition de la Cour de cassation a-t-elle changé? Peut-être que les juges n'ont pas voulu ajouter à la stigmatisation des musulmans? À moins qu'ils n'aient considéré que réciter des sourates du Coran pendant un assassinat pouvait être assimilé à des «bouffées délirantes»?

Dans ce cas, «fou de Dieu» devrait être considéré comme une pathologie mentale.

Souvent, Cour de cassation varie, fol est qui s'y fie...

BENOÎT RAYSKI est journaliste et essayiste. Il collabore régulièrement à Atlantico et à *Causeur*. Il est notamment l'auteur de *J'ai pour la France une étrange passion. Itinéraire amoureux*, publié en 2012 aux éditions David Reinharc et de *L'antisémitisme peut-il être de gauche?* paru en 2015 aux éditions Mordicus.

L'INJUSTICE ET LES RÉSEAUX SOCIAUX
LISE AMIEL-GUTMANN

INJUSTICE! C'est le mot clé de toute cette terrible affaire du début à la fin.

En tant que femme juive de la génération d'après, comme journaliste aussi, j'ai fait de mon mieux pour partager cette indignation, mon indignation. J'ai grandi dans une famille dont les parents avaient survécu à la Shoah. Toute leur vie, ils m'ont raconté leur révolte après la guerre, quand ils ont commencé à comprendre que l'épuration ne se faisait pas, que les traîtres, les salauds, n'étaient pas poursuivis à la hauteur de leurs méfaits. La souffrance endurée pendant toutes ces années d'Occupation n'était pas reconnue. Elle a mis des décennies avant d'être prise en compte. Alors comparons ce qui peut l'être : l'affaire Halimi, ce n'est bien sûr pas la Shoah. Cependant, la non-reconnaissance effective de ce crime et le jugement absurde dont il a fait l'objet ont soulevé un torrent de protestations dont cet ouvrage est l'un des aboutissements. Juridiquement, rien n'a pu être fait pour changer la donne. Nous en percevons une amertume, un écœurement, voire une révolte, dignes du ressenti des générations qui nous ont précédés après la Libération. Je souhaite aussi évoquer ma stupéfaction face à cette iniquité.

Les réseaux sociaux font l'objet de nombreuses critiques. Ils sont la meilleure et la pire des choses. Mais sans eux, cette histoire serait certainement demeurée quasi inconnue.

La presse, de nos jours, n'est plus le relais d'informations systématiques que nous sommes en droit d'attendre. Comment imaginer qu'un tel crime puisse rester impuni dans la France qui est la nôtre? Pour toutes ces raisons, j'ai accepté de témoigner aujourd'hui.

LISE AMIEL-GUTMANN est journaliste et professeur de yiddish. En 2022, elle a publié, avec son frère Pierre Amiel, un avant-propos au livre de leur père *La Rafle* suivi du texte *Les Justes* paru chez David Reinharc Éditions.

QU'AVONS-NOUS FAIT DE NOTRE CONSCIENCE?

PERRINE SIMON-NAHUM

«Peut-être la suprême vertu, en notre siècle, serait-elle de regarder en face l'inhumanité sans perdre foi dans les hommes», déclarait Raymond Aron en 1947. La mort de Sarah Halimi ne nous laisse pas seulement orphelins. Elle nous oblige. Elle nous place devant l'obligation de comprendre, et de comprendre au présent. Non pas les motifs du geste qui ont guidé son assassin. Le verdict est tombé : irresponsable. Mais bien la responsabilité qui est la nôtre face au déchaînement de violence qui emporte aujourd'hui nos sociétés. Elle fait signe, pour les plus pessimistes, vers la nature de l'homme. Celui-ci, avertissent Sophocle ou Freud, ne viendra jamais à bout des pulsions de mort qui l'habitent. Elle révèle surtout le défi qui est le nôtre : rapprocher la politique de l'éthique comme un devoir envers les morts ou les générations à venir, mais plus encore envers les vivants.

> La mort de Sarah Halimi ne nous laisse pas seulement orphelins. Elle nous oblige.

La grammaire contemporaine de la haine

La haine traditionnelle du Juif, tout comme l'antisémitisme traditionnel du XIXe siècle, s'ils ont nourri le geste de l'assassin, s'accompagnent d'une grammaire contemporaine : celle dans laquelle nous énonçons la relation à l'autre. Tout y est, depuis le relais des accusations des sites djihadistes et fondamentalistes désignant le démon (le *sheitan*, toujours le Juif), jusqu'à la volonté de donner la mort pour supprimer l'autre, dont l'existence est considérée comme un obstacle à la nôtre.

> L'assassin a puisé sa rage dans les mots de notre quotidien : négation, humiliation, racisme.

Violence du rap et du wokisme

L'assassin n'a eu qu'à puiser sa rage dans les mots qui nous accompagnent au quotidien : négation, humiliation, racisme. Il n'a eu qu'à se laisser porter par les paroles de violence et les appels au meurtre – métaphoriques, nous dira-t-on – de certains rappeurs et du wokisme, par cette barbarie revendiquée dans les mots, mais aussi dans les actes. Qu'est-ce qu'être barbare aujourd'hui, si ce n'est ne plus faire la part entre la violence proférée et le passage à l'acte? Il est temps, nous aussi, de nous insurger.

PERRINE SIMON-NAHUM, historienne et philosophe, est directrice de recherche au CNRS et professeur attaché au département de philosophie de l'École normale supérieure (Ulm). Elle a publié *Les déraisons modernes* en 2021 aux éditions de l'Observatoire.

UNE JUSTICE PAR LA MÉMOIRE
ARTHUR DÉNOUVEAUX

Sarah Halimi. Assassinée parce que juive. L'évocation du seul nom de Sarah Halimi suscite notre effroi et notre dégoût. Avons-nous vraiment réfléchi à quel point elle mérite mieux que cette assignation archaïque par le meurtre antisémite qui, en plus de donner la mort, réduit la victime au seul adjectif «juif»? En l'absence de procès, nous avons manqué l'occasion de dire qui était Sarah Halimi et ce que son assassinat signifiait. Car il nous reste à trouver la signification de ce crime.

> Grâce à ce livre, nous insufflons un sens là où il n'y en avait plus.

En lisant les textes qui forment ce livre, nous insufflons un sens là où il n'y en avait plus. Nous déposons ici comme nous aurions déposé à la barre, opposant un récit structuré à une tentative de chaos. Comment pourrait-on rendre une quelconque justice si l'accusé n'est pas en état de comparaître dans une salle d'audience? Et pourtant, malgré cette absence, une forme de justice perdure. Sarah Halimi et notre société ont vaincu son bourreau, dont le nom est déjà oublié. À nous de continuer, par notre travail de mémoire, à prononcer et à faire prononcer ce nom dont la résonance ne fait que commencer : Sarah Halimi.

Rescapé du Bataclan et président de l'association *Life for Paris*, **ARTHUR DÉNOUVEAUX** a notamment publié, avec Antoine Garapon et Noëlle Herrenschmidt, aux éditions de la Martinière en 2022, *Juger le 13-Novembre. Une réponse démocratique à la barbarie.*

LA JUSTICE AU-DELÀ DU DROIT[35]

DANIELLE COHEN-LEVINAS

La justice ne veut rien de toi. Elle te prend
quand tu viens et te laisse quand tu t'en vas.
– Franz Kafka, *Le Procès*

Il n'y a pas d'affects dans le droit. Si nous avions oublié cette loi d'airain, l'affaire Halimi est là pour nous la rappeler. Je m'empresse d'ajouter à cette vérité inaliénable que, s'il n'y a pas d'affects dans le droit, il y a en revanche ce que l'on appelle un principe de contradiction, car le droit n'est pas une science exacte. C'est un ordre dialectique et une démarche intellectuelle censée être créatrice de jurisprudences qui deviennent à leur tour force de loi. Aussi, si une des vertus du droit est de mettre des limitations à l'indignation résultant d'une confusion entre le droit et la justice, la justice quant à elle a pour vocation, et non la moindre, de mettre des limitations au droit lorsque ce dernier devient précisément un déni de justice. Le droit, *a fortiori* son application en matière pénale, relève d'une méthodologie de lecture et d'interprétation dont on aimerait qu'elle n'échoue pas dans la raideur inflexible d'un article de loi laissant les victimes et les familles des victimes dans un désarroi sans relève. Dans l'affaire Sarah Halimi, le désarroi est total. C'est comme si Sarah Halimi avait été tuée deux fois : une fois par son bourreau; une autre fois par les juges et les experts.

Quand droit et justice divergent

La décision de la Cour de cassation marque selon nous un tournant dans la machine judiciaire, qu'il nous faudra méditer autrement qu'à coups d'invectives. Laissons aux juristes et aux spécialistes du droit pénal le soin de justifier ou de condamner cette décision. Pour qualifier le tournant que nous pressentons, nous dirons que le déni de droit n'est pas le déni de justice. L'affaire Halimi nous confronte, et pour longtemps encore, à ce que j'appellerai un moment diachronique, où les chemins entre droit et justice divergent. Autrement dit, dans l'affaire Halimi, si l'heure du droit a sonné à la faveur d'un non-lieu et d'un non-jugement, celui de la justice reste à venir. Le 14 avril 2021, la Cour de cassation a confirmé la décision prononcée en 2019. Elle a entériné l'irresponsabilité pénale d'un crime

35– Ce texte est paru une première fois dans la revue *L'Arche* à l'été 2021.

antisémite, au motif que la question du discernement relève de la clinique psychiatrique et que celui du meurtrier aurait été aboli au moment des faits : Kobili Traoré, le meurtrier de Madame Halimi, ne sera pas jugé. L'appel de la famille de Sarah Halimi, représentée par cinq avocats, a donc été rejeté. Si vous êtes déçus ou émus par ce rejet, passez votre chemin. Les magistrats et experts sont formels. En tant que juridiction la plus élevée, ils incarnent le droit et ne laissent filtrer aucun doute, aucune hésitation. Dans la continuité de l'article 64 du Code pénal de 1810 qui affirme, au sens humaniste du terme, qu'«il n'y a ni crime ni délit lorsque le prévenu était en état de démence au temps de l'action, ou lorsqu'il a été contraint par une force à laquelle il n'a pu résister», l'article 122-1 introduit la notion d'altération de jugement. Cet article désigne comme irresponsable sur le plan pénal toute personne atteinte d'un trouble psychique, voire neuropsychique, de sorte que le discernement s'en trouve aboli au moment des faits. Mais en droit français, la responsabilité pénale conjugue deux concepts : l'imputabilité, qui consiste à relier un acte à une personne qui possède son discernement; et la culpabilité comme paramètre moral de l'infraction ou du crime. Or, en droit positif, il est dit que la personne commettant un acte sous l'emprise d'une bouffée délirante qui abolit son discernement au moment des faits ne peut être tenue pour responsable, y compris si le trouble a été suscité par une consommation avérée de stupéfiants.

Le risque de pervertir l'application du droit

Le problème nous semble le suivant : si la Cour avait questionné autrement l'expertise concluant à l'abolition du discernement et à la bouffée délirante, elle aurait créé d'emblée une nouvelle jurisprudence. En interrogeant davantage la cause du trouble, elle se serait peut-être montrée favorable à la modification de l'article 122-1, permettant ainsi d'améliorer la procédure de 2008, dite «loi Dati». Quand le droit est pris entre deux jurisprudences, chacune d'entre elles porte un risque que les juges doivent assumer : celui de pervertir l'application du droit.

N'oublions pas que la Cour de cassation est le dernier recours face aux décisions des juges d'instruction et face aux deux jugements qui l'ont précédée. Elle se prononce en quelque sorte sur ce qu'elle considère comme étant la vérité ultime d'une herméneutique du droit, qu'elle met un point d'honneur à ne pas transgresser. Or, dans l'affaire Halimi, il existe une antériorité funeste qui semble l'avoir piégée : l'appréciation reposait essentiellement sur la décision d'une juge chargée de l'instruction, Madame Anne Ihuellou, ainsi que sur la décision des collèges d'experts psychiatres qui, dans cette affaire, ressemblaient un peu à des caricatures de Diafoirus, s'accordant sur un point : la «bouffée délirante aiguë» au moment des faits. Daniel Zagury, le premier expert interrogé à ce sujet, a conclu à une altération du discernement, estimant que la consommation de cannabis était non seulement consciente, mais volontaire – ce qui aurait pu être un facteur d'aggravation lors de l'instruction. Un autre expert psychiatre, Paul Bensussan, a déclaré : «Penser que l'antisémitisme est toujours quelque chose de lucide, c'est faire une grossière erreur.» Il a conclu à «l'irresponsabilité pénale, tout simplement parce qu'elle s'imposait techniquement»!

Ne pas laisser un déni de droit se transformer en déni de justice

Ce que l'affaire Halimi aura révélé

Pris entre le marteau et l'enclume, on peut donc se demander s'il n'existe pas une perversion du droit, une faille ou un vide dans le mécanisme dialectique de l'interprétation de cet article du Code pénal, que l'affaire Halimi aura révélés à l'insu de la victime.

Retenons la date du 14 avril 2021 comme le paradigme historique de ce tournant où droit et justice ne marchent pas main dans la main et où l'un prend le dessus sur l'autre. L'indignation qu'a suscitée la décision des magistrats n'est pas une simple parenthèse réactive. Elle est un symptôme. Car si l'indignation n'est pas une catégorie du droit, elle est une composante de ce pourquoi la justice n'est pas toujours réductible au droit : «La justice, la justice tu poursuivras[36]!»

Nous ne pouvons pas, nous ne devons pas laisser un déni de droit se transformer en déni de justice.

DANIELLE COHEN-LEVINAS est philosophe, musicologue et poète. Après une carrière au CNRS, elle est nommée professeure à l'Université Paris IV Sorbonne, directrice du Collège des études juives et de philosophie contemporaine – Centre Emmanuel Levinas et chercheure associée aux Archives Husserl à l'École normale supérieure de Paris (ENS/Ulm). Elle a été directrice de programme au Collège international de philosophie entre 1996 et 2002. Depuis 2007, elle est conseillère éditoriale aux éditions Hermann et directrice de trois collections de philosophie qu'elle fonde la même année : «Le Bel Aujourd'hui», «Rue de La Sorbonne», et la collection d'essais de pensée juive «Panim el Panim».

36– (Deutéronome 16:20)

SARAH, LA JUGE, LES EXPERTS ET L'ASSASSIN

RICHARD PRASQUIER

Cette contribution évoquera certes Sarah Halimi, mais elle portera surtout sur les acteurs judiciaires et l'assassin, bien que ce dernier terme soit juridiquement répréhensible puisque Kobili Traoré a été reconnu irresponsable.

Sarah Halimi exterminée ? (Wolkowicz)

Sarah Halimi, a écrit Michel Gad Wolkowicz, a été «exterminée». J'ai de prime abord été choqué par ce terme : comment peut-on exterminer une personne? Lorsqu'un mot me pose un problème, je cherche son étymologie. Or le mot latin n'a pas le même usage que dans les langues modernes : *exterminare*, c'est faire sortir hors des limites. Pensez au mot *terminus*. Pour Cicéron, c'était bannir loin de la société humaine, de cette société régie par des règles.

Alors l'expression prend une force particulière. Car la dignité humaine a bien été refusée à Sarah Halimi. Elle l'a été comme objet du meurtre : il s'agissait de tuer non pas un être humain, mais le *sheitan*, le diable. Elle l'a été pendant le meurtre, frappée, défigurée, jetée par la fenêtre comme on jette un paquet, un *Stück*, aurait-on dit à Auschwitz, sans que ses cris ne fassent bouger les policiers, dont l'inertie est pour moi un des plus grands mystères, sinon un des pires scandales de cette terrible affaire.

> Sarah Halimi a été frappée, défigurée, jetée par la fenêtre comme on jette un paquet, un *Stück*, aurait-on dit à Auschwitz.

Sa dignité a été bafouée au cours de l'instruction, vraiment inhumaine dans son indifférence à l'égard de la famille. Et pour clore le tout, elle a été réifiée par la volonté de soustraire son assassinat à la justice des hommes.

Sarah Halimi ne doit surtout pas rester chosifiée dans notre mémoire, réduite au nom d'une victime : il nous revient de connaître sa vie, avec ses accomplissements et ses projets. D'autant que ce fut une vie remarquable.

Le binôme juges/experts

Je me permettrai quelques hypothèses. Je pense que la juge d'instruction Anne Ihuellou a très vite décidé que le meurtrier était irresponsable. Je ne sais absolument pas si cette conviction s'est formée sur la base du comportement de ce dernier pendant les premiers jours qui ont suivi les faits ou s'il s'agissait pour elle de protester, à sa façon, contre la surpopulation psychiatrique dans les prisons[37]. Ou pour d'autres raisons. C'est le juge qui choisit les experts et il le fait à sa convenance.

> La juge a très vite décidé que le meurtrier était irresponsable.

Le premier, le docteur Zagury, était connu pour avoir estimé que le meurtrier de Sébastien Selam – ce jeune disc-jockey égorgé en 2003 par son voisin et ami d'enfance radicalisé –, qui avait de lourds antécédents psychiatriques, était irresponsable car schizophrène, et ce bien qu'il avait fumé du cannabis avant l'assassinat. Coup de théâtre : dans le cas de Kobili Traoré, le docteur Zagury conclut à une simple altération du discernement.

Survient alors une décision exceptionnelle : une deuxième expertise est demandée par la juge, ou plutôt «les juges» (car elles sont maintenant deux), alors que ce sont presque toujours les parties qui réclament une contre-expertise. L'équipe de trois experts est guidée par le docteur Paul Bensussan, dont on dit qu'il est en mauvais termes avec le docteur Daniel Zagury. Ses conclusions sont l'exact opposé de celles de Zagury. Si ce dernier concluait à une bouffée délirante aiguë provoquée par la prise de cannabis, la deuxième expertise conclut au rôle mineur de la prise de cannabis et à l'existence d'une grave pathologie psychiatrique sous-jacente (une schizophrénie), ainsi qu'à l'abolition totale du jugement. Voilà ce qui a dû conforter la juge dans ses impressions.

Une troisième expertise, elle aussi menée par trois psychiatres, est alors réclamée par les avocats de la famille. Comme le docteur Zagury, ce troisième collège élimine toute pathologie psychiatrique sous-jacente,

---

37- Selon certaines estimations, environ 20% des détenus incarcérés dans nos prisons souffriraient de problèmes psychiatriques, dont un tiers de schizophrénie, et devraient être suivis dans des centres hospitaliers. Or, les lits psychiatriques des hôpitaux ne peuvent plus les prendre en charge, ne serait-ce que parce que les deux tiers d'entre eux ont été fermés au cours des quinze dernières années.

mais conclut à l'*abolition* et non pas à l'altération du jugement, sous l'influence du cannabis. Ses conclusions sont si nuancées et si contournées que l'on peine à en suivre la logique. Nous obtenons ainsi le score de six psychiatres en faveur d'une abolition du discernement contre un seul à ne pas croire à cette thèse. Mais est-ce encore un argument?

Si des amateurs décident (juges), pourquoi pas des jurés?

Le dernier mot revient de toute façon au juge et on a toutes les raisons de penser qu'elle s'était fait sa religion elle-même, sans être une professionnelle des troubles psychiques.

Il y a là, j'y reviendrai, une vraie gifle envers les experts psychiatres.

L'expertise psychiatrique souffre de se prononcer sur un passé dont elle doit isoler un moment donné, et un seul, celui de la commission de l'acte délictueux. Prétention d'autant plus démesurée qu'il n'y a pas d'élément objectif à la nosologie psychiatrique et que celle-ci se résume à «expérience contre expérience».

C'est ainsi un non-professionnel, le juge d'instruction, qui va trancher face à des expertises médicales contradictoires. C'est ce que la juge d'instruction a fait, et son ordonnance d'irresponsabilité a été confirmée en appel par la chambre de l'instruction, autrement dit par ses collègues ou anciens collègues. Le fait que le docteur Bensussan ait admis à la barre s'être trompé dans son diagnostic, puisque Traoré n'a développé aucune pathologie psychiatrique, n'a rien changé. On a l'impression que les jeux étaient déjà faits.

Et ils le furent définitivement quand la chambre criminelle de la Cour de cassation a rendu son arrêt du 14 avril 2021, désormais historique. En effet, la Cour a considéré, suivant une jurisprudence déjà établie, que la décision sur le discernement, donc sur la responsabilité, était du ressort du juge du fond et non pas du sien. En revanche, la Cour a innové sur un point fondamental : elle a précisé que le fait d'être sous l'emprise d'une substance exogène prise volontairement ne changeait rien à la question de la détermination de la responsabilité pénale.

On a beaucoup parlé des conséquences éventuelles, sinon aberrantes, d'un tel arrêt, d'où la nécessité de faire évoluer la loi. Dans le cas de Sarah Halimi, c'est la décision d'un non-professionnel (juge) qui a empêché d'autres non-professionnels – les jurés, les représentants du peuple – d'exercer le pouvoir de juger. Et ce, dans une situation où les avis des experts n'étaient nullement unanimes.

Ce que « discerner » veut dire

Je terminerai par quelques mots sur l'irresponsabilité supposée de Traoré. Certains criminologues américains attachent une grande importance à l'échelle du *self-control* (maîtrise de soi) pour évaluer la dangerosité d'un individu.

Je ne sais pas si cela se fait en France, mais je suis sûr que le meurtrier de Sarah Halimi coche toutes les cases d'un «hors contrôle», avec ce que cela comporte d'impulsivité, de violence, d'absence d'empathie, de mépris des règles et de prise de risque. Cette disposition est hautement corrélée à la prise de drogue. Le seul métier que le meurtrier de Sarah Halimi ait jamais exercé est celui de petit dealer. À cela s'ajoute sa fréquentation d'une mosquée salafiste, donc une radicalisation certaine, allant sans doute de pair avec la haine des Juifs, constitutive de l'islamisme.

> La haine obsessionnelle des Juifs est constitutive du salafisme.

Une distinction qui nécessite du... discernement

Son discernement était-il *altéré* ou *aboli*? Le discernement, dans le monde occidental, dérive de la même racine que crime, crise, ou hypocrite, et renvoie à la qualité qui permettait de reconnaître comment Dieu voulait que nous nous comportions. Les exercices spirituels d'Ignace de Loyola portent justement sur cette question. Discerner, c'est aussi distinguer nos perceptions ou la finesse de nos sensations les unes par rapport aux autres. Au XIXe siècle, on parlait surtout de discernement à propos de notre capacité à discriminer le bien du mal. C'est manifestement cette connotation morale qui est en jeu dans l'article 122-1 du Code pénal, qui confère tant d'importance à la distinction entre *altération* et *abolition*. Distinction qui nécessite beaucoup de... discernement.

Toutes les morales se valent-elles ?

Par ailleurs, d'autres significations, sensorielles ou métaphysiques, entrent aussi en ligne de compte. Un individu qui passe d'un balcon à l'autre, en pleine nuit, a forcément conservé une part de son discernement sensoriel. Sur le plan symbolique, un individu qui reconnaît dans un chandelier à sept branches une présence juive et chez qui cela exacerbe une haine spécifiquement orientée n'a pas non plus totalement perdu son discernement. Enfin, un individu qui accomplit ce qu'il considère relever d'une injonction divine – tuer Satan, qui siège en chaque Juif – agit bel et bien en fonction de son discernement métaphysique et de la logique morale qui lui est sous-jacente.

> Le meurtrier fonctionne selon une autre boussole, où tuer Satan en tout Juif relèverait de l'injonction divine.

Car au fond, le bien et le mal qui doivent guider notre boussole comportementale sont les mêmes que ceux qui gouvernent notre société, avec ses racines gréco-judéo-chrétiennes et son héritage des Lumières. Devons-nous considérer que ceux qui fonctionnent selon une autre boussole seraient privés de discernement? Et, dans ces conditions, les tenir pour irresponsables des méfaits qu'ils commettent? Ou devons-nous peut-être, dans une sorte de délire postmoderne, prendre comme axiome l'égalité de toutes les morales? N'oublions pas que les nazis avaient, eux aussi, une morale. Dans leur morale, le meurtre d'un Juif n'entraînait ni prison ni traitement psychiatrique.

Et l'hérédité, alors ?

Et encore. Des travaux récents en neuropsychologie soulignent que certaines caractéristiques mentales telles que l'impulsivité peuvent avoir une prévalence génétique très importante. Personne n'étant responsable de ses gènes, faudra-t-il en tirer des conclusions d'irresponsabilité pénale?

Une étude suisse indique ainsi que le degré de méthylation du gène NR3C1 augmente avec les agressions subies dans l'enfance, modifiant son expression. Or, cette augmentation épigénétique est transmise à deux, voire trois générations successives. Le gène NR3C1 code une protéine qui réduit la production de glucocorticoïdes, les hormones du stress. En d'autres termes, ce gène aide à se calmer. Mais la méthylation du gène diminue son activité : les individus agressés familialement dans leur enfance, ainsi que leurs enfants et même leurs petits-enfants, pourront donc avoir une réaction au stress anormalement prolongée et intense. Ils peuvent aussi se montrer davantage prédisposés à des activités violentes. Vous avez dit libre arbitre?

Masquer la complexité sous une alternative grossière

Au fond, qui est cet individu dont on prétend analyser le discernement à un instant donné? Nous avons progressé depuis Descartes, et le neurologue Lionel Naccache vient, après d'autres, nous rappeler que l'homme n'est pas transparent à lui-même. Plusieurs «je» coexistent et se succèdent en nous, et il serait illusoire d'en masquer la complexité sous cette alternative grossière de discernement *altéré* ou *aboli*.

Il est entendu qu'il faut prendre des décisions, y compris quand le terrain est mouvant et que la pathologie mentale est avérée, relevant alors du traitement plus que de la prison. Mais dans le cas de l'assassin de Sarah Halimi, il n'y avait pas de raison de penser que le jury populaire d'une cour d'assises était moins légitime que l'intime conviction d'une magistrate.

RICHARD PRASQUIER est médecin cardiologue, président d'honneur du CRIF et du Keren Hayessod, président du Comité français pour Yad Vashem.

TANT PIS SI ON DÉRANGE !
SAMMY GHOZLAN

« C'est antisémite », ai-je déclaré au procureur de la République chargé de l'affaire initialement qualifiée de « femme défenestrée par un voisin ». Lorsque la victime est une Juive identifiable et le tueur un musulman radicalisé, le fait divers doit céder la place à l'assassinat antisémite. Une différence de nature liée à la longue histoire de l'antisémitisme, qui a tellement tué. Pour Sarah Halimi, certains voulaient une enquête approfondie, tout en rejetant le caractère antisémite. J'avais d'ailleurs demandé le dessaisissement de la juge d'instruction. Le BNVCA a martelé « antisémitisme », comme pour Ilan Halimi.

De surcroît, il y eut la honteuse défaillance des forces de l'ordre.

Les policiers, entraînés et armés, ne sont pas intervenus

Très vite, des hommes furent sur place. Ils ont attendu des renforts. Finalement, ils étaient vingt-six dans les escaliers du petit immeuble, au milieu des hurlements. Une femme se faisait torturer, tuer à poings nus, et les policiers entraînés, équipés, armés, ne sont pas intervenus. Quarante minutes sans bouger, trahissant le devoir d'assistance à personne en danger qui incombe à tout citoyen, et d'autant plus aux forces de l'ordre, dont c'est la mission. Il y eut des tentatives d'explications : fausse adresse, clé de l'appartement, absence d'ordres, etc. Ce fut l'objet de mon intervention en tant que président du BNVCA et ancien commissaire de police lors de la commission parlementaire qui s'est penchée sur les dysfonctionnements de l'affaire Sarah Halimi, pour tenter d'identifier les défaillances successives ayant abouti à cette catastrophe policière et judiciaire : le tueur, non jugé, se promène. Pour que plus jamais cela ne puisse se reproduire.

Espoir en berne

Le silence et le déni autour de René Hadjadj, défenestré par un voisin musulman, et de Eliahou Haddad, tué à la hache, également par un voisin musulman auto-radicalisé, mettent déjà cet espoir en berne.

Le BNVCA ne dort ni ne sommeille, et continuera à dénoncer les actes antisémites, même si cela dérange.

SAMMY GHOZLAN est le président du Bureau national de vigilance contre l'antisémitisme (BNVCA).

POURQUOI L'ÉVIDENCE EST-ELLE SI DIFFICILE À VOIR?

ROGER-POL DROIT

Plus de cinq années de procédure, d'expertises, de manifestations, d'analyses et de débats ne sont pas parvenues à rendre justice à Sarah Halimi. Elle a été assassinée à Paris parce que juive, jetée vivante de son balcon, morte sans que la police intervienne. Mais sa mémoire attend toujours.

Chacun sait l'obscure bataille qui s'est jouée, de méandre en méandre, autour de la qualification du meurtre, dont le caractère antisémite fut d'abord écarté avant d'être finalement retenu, puis autour de la responsabilité de l'assassin, au long de diagnostics psychiatriques divergents et d'arguties sans fin sur les interactions entre cannabis et bouffées délirantes aiguës.

Déshonneur de la justice

Dans cette impasse, l'honneur de la justice devient finalement son déshonneur. Son honneur : toujours tenir compte des circonstances particulières d'un crime, peser chaque élément de la situation, ne céder ni aux pressions de l'opinion, ni à celles du politique. Son déshonneur : qu'une vieille dame juive soit frappée, défenestrée et tuée sans que personne, au bout du compte, ne soit responsable ni condamné, et que demeure sans coupable le meurtre d'une femme assassinée parce que juive, aujourd'hui, en France, par un musulman fanatisé.

Extrême frilosité envers l'antisémitisme

Dans le fonctionnement judiciaire actuel, il semble n'exister aucune issue à cette impasse, ce qui rend la situation plus insupportable encore. Je ne suis ni juriste, ni avocat, ni magistrat, seulement philosophe. À ce titre, j'ai des questions à poser sur cette extrême frilosité envers l'antisémitisme, qui finit par engendrer, sous couvert des exigences de la justice, des injustices en série qui vont toutes dans le même sens.

> Pourquoi les précautions pour qualifier d'antisémite un propos, un geste, un délit ou un crime sont-elles devenues si nombreuses, méticuleuses et précautionneuses?

Pourquoi les précautions pour qualifier d'antisémite un propos, un geste, un délit ou un crime sont-elles devenues si nombreuses, méticuleuses et précautionneuses que l'évidence se perd à force de la chercher? Pour quelles raisons, quand il s'agit d'antisémitisme, doit-on systématiquement se montrer si prudent, si méfiant que l'on finit par brouiller les faits qu'on prétend établir? Que cherche-t-on ainsi à protéger, à ne pas voir, à minorer, à écarter, à taire? Et pourquoi donc?

Approfondir ces interrogations et s'appliquer à y répondre est une manière de rendre hommage à la mémoire de Sarah Halimi.

ROGER-POL DROIT, philosophe, est l'auteur d'une cinquantaine de livres traduits en trente-deux langues, dont *Quand la parole détruit* avec Monique Atlan, paru en janvier 2023 aux éditions de l'Observatoire.

ON A ASSASSINÉ MA CONFIANCE EN LA JUSTICE DE MON PAYS

JEAN-FRANÇOIS GUTHMANN

Fils de magistrat, neveu de magistrats, frère d'une magistrate, j'ai été élevé dans une famille où la religion se confondait à l'amour du droit et de la justice.

«Que la justice, la justice *seule*, soit ton but[38].»

Alors dans mon cœur, j'ai été doublement meurtri : par l'assassinat de Sarah Halimi, mais, tout autant, par le déni de justice découlant à mes yeux de la jurisprudence de la Cour de cassation.

Sa décision ne doit pas être analysée à l'aune de l'antisémitisme (même si on ne peut exclure qu'il ait pu influencer l'opinion de tel ou tel acteur de la chaîne procédurale), mais comme une démission délibérée de l'institution judiciaire suprême à s'approprier les fonctions lourdes et éminentes que la nation lui délègue.

Le judaïsme désigne dans sa prière la plus solennelle, dite trois fois par jour, le Divin comme «le Roi qui aime l'équité et le droit» (*Melekh ohèv tzedaka ou michpat*). En ignorant l'équité, lorsqu'elle dit le droit, la Cour de cassation trahit la mission qui lui est confiée par le peuple et devient, au sens étymologique du mot, «technocratique».

En outre, si l'arrêt est, comme j'ai pu l'entendre, la victime collatérale d'un conflit entre le pouvoir judiciaire et le pouvoir exécutif, il est encore plus scandaleux.

Aujourd'hui, je souffre de ce deuxième assassinat, celui de la confiance que j'avais dans la justice de mon pays.

JEAN-FRANÇOIS GUTHMANN est président de l'Œuvre de secours aux enfants (OSE).

38– Deutéronome 16:20.

PAS UN «DÉNI DE JUSTICE», L'EFFONDREMENT D'UN REMPART!

GAD IBGUI

«La loi du royaume est la loi», «J'ai confiance dans la justice de mon pays». Ces phrases ne sont pas des automatismes que l'on répéterait comme un mantra pour s'en convaincre. Elles sont le socle de notre attachement à la République, à notre éducation citoyenne, au cœur même de notre identité juive.

Agir pour la culture juive dans la Cité, faire vibrer cette double appartenance comme une double richesse, j'en ai fait mon métier tant j'ai la conviction profonde qu'être français et être juif est une chance exceptionnelle.

Le refus de la justice de juger le présumé assassin (oui, c'est comme cela qu'il faut désormais le désigner puisqu'il a été jugé pénalement irresponsable de ses actes et que l'application de la loi en droit actuel a entraîné son impunité) de Sarah Halimi fut un choc incommensurable parce qu'il a brisé les fondements de notre foi en la justice. Et ce n'est pas un simple «déni de justice», ce qui aurait déjà été largement suffisant pour s'en révolter. C'est l'effondrement d'un rempart que la République, dans ses trois pouvoirs, le législatif, l'exécutif et le judiciaire, avait érigé pour défendre ses citoyens juifs – ni plus ni moins que tous les autres – face à l'antisémitisme, à la judéophobie, à l'antijudaïsme et à l'antisionisme. Bien que la justice ait reconnu le caractère antisémite du crime, une dimension entière de ce rempart, le judiciaire, s'est effondrée, et cette chute a entraîné une dégradation d'un autre pan, le législatif.

Certes, il y a eu le vote de la «loi Sarah Halimi». Mais, depuis la nouvelle mandature, un nombre croissant de députés au mieux n'éprouvent aucune empathie pour les victimes de l'antisémitisme et, au pire, professent un antisionisme pétitionnaire débridé, teinté de banalisation et de remise en cause de l'existence d'Israël.

Le visage de Sarah Halimi gravé dans nos cœurs sera le rappel incessant de notre devoir d'agir, chacun dans son domaine, pour combattre sans faille l'antisémitisme et les crimes qu'il inspire.

Dans l'institution que je dirige, j'en ai fait un combat de la culture et du savoir pour faire reculer l'ignorance qui nourrit la haine.

Que la mémoire de Sarah Halimi soit source de bénédictions.

GAD IBGUI est directeur général de l'ECUJE (Espace culturel et universitaire juif d'Europe) et de l'Institut Élie Wiesel.

JUSTICE AVEUGLE OU JUSTICE AVEUGLÉE ?
YANN PADOVA

La Justice est aveugle. Et c'est bien ainsi qu'elle doit être. Chacun connaît son symbole, celui de Thémis, déesse grecque aux yeux bandés, qui tient dans une main une balance et dans l'autre un glaive. Souveraine et impartiale, Thémis a les yeux bandés pour s'affranchir du biais du regard, pour tenir à équidistance le puissant et le faible, l'homme et la femme. Sans parti pris.

Ses yeux bandés la rendent aveugle mais c'est pour mieux connaître les faits, sonder les hommes et les âmes. L'obscurité la rend juste, sans préjugés. Mais qu'advient-il si sa cécité se transforme en aveuglement ? Car si l'aveugle ne peut pas voir, l'aveuglé, lui, ne le veut pas.

La Justice aux yeux bandés est impartiale, la Justice aveuglée est partiale. La première, par la neutralité et la mise à distance des faits qu'elle connaît, répare les torts et reconnaît les responsabilités. Elle fait œuvre de médiation. La seconde ne veut pas reconnaître les faits, elle écarte les responsabilités et ne peut assumer sa fonction réparatrice. Elle fait œuvre de négation.

Sarah Halimi était une femme, juive et médecin. Elle incarnait tout ce que les islamistes antisémites honnissent : la valorisation des études, l'émancipation des femmes qui en résulte, l'engagement au service des autres et de la cité pour la rendre meilleure. Mais alors pourquoi la portée symbolique et symptomatique de ce crime a-t-elle été si difficile à faire reconnaître ?

« L'antisémitisme est la mesure du manque de talent dans l'homme », écrivait Vassili Grossman, qui poursuivait ainsi : « L'antisémitisme est aussi une manifestation de l'absence de culture dans les masses populaires, incapables d'analyser les causes de leurs souffrances. Les hommes incultes voient les causes de leurs malheurs dans les Juifs et non dans l'ordre social et étatique. [...] L'antisémitisme est la mesure des préjugés religieux qui couvent dans les bas-fonds de la société. »

Peut-être que celles et ceux qui servent la Justice devraient ôter, temporairement, leur bandeau pour reconnaître l'Histoire lorsqu'elle se rejoue devant eux.

YANN PADOVA est avocat. Il enseigne le droit à Sciences Po Paris et à l'Université d'Assas. Il est l'ancien secrétaire général de la CNIL.

LA DÉFAITE DE LA VÉRITÉ

GÉRALD PANDELON

Nos sociétés modernes occidentales relèvent du paradoxe, ou d'une antinomie structurelle au sens kantien, en opérant depuis 2008 une scission entre le réel et la rationalité, lorsque, au moment du passage à l'acte, l'auteur des faits pouvait alléguer d'une «bouffée délirante», selon les termes de la Cour de cassation dans sa décision du 14 avril 2021. Le procureur de la République n'a pas davantage clarifié le débat en indiquant d'une part que le criminel avait connu, au moment du passage à l'acte, une abolition de son discernement, et d'autre part qu'il devait néanmoins être poursuivi en raison du caractère antisémite de son acte.

Sur le fond, n'est-il pas erroné de considérer que tous les fumeurs de cannabis seraient sujets à des poussées délirantes? Pourquoi la question d'un possible mensonge de Kobili Traoré n'a-t-elle jamais été soulevée? Pourquoi ne pas admettre que l'auteur des faits a pu simuler, afin d'échapper à sa responsabilité pénale? Comment s'assurer de la folie réelle de celui qui prétend être fou? Si d'ailleurs l'intéressé s'en prévaut, l'est-il alors encore toujours?

L'affaire Halimi ne constitue-t-elle pas, en dernière analyse, la défaite de la Vérité – une vérité non pas relative, mais absolue, sans laquelle aucune justice digne de ce nom n'est possible?

GÉRALD PANDELON est avocat au barreau de Paris ainsi qu'à la Cour pénale internationale de La Haye, et universitaire. Il est l'auteur du *Que sais-je?* sur le métier d'avocat. Il a publié *La face cachée de la justice* en 2016 chez David Reinharc Éditions et, en 2020, *La France des caïds* chez Max Milo.

MALGRÉ NOS BLESSURES

MOSHE SEBBAG

L'assassinat de Sarah Halimi n'a pas seulement été un épisode supplémentaire dans la série tragique des violences subies par le peuple juif. Il a aussi provoqué une crise de confiance, aujourd'hui résolue pour l'essentiel, entre les Juifs de France et la République qui leur est si chère.

Cette crise de confiance fut d'abord due au refus initial du parquet de reconnaître le caractère antisémite du meurtre. Cette erreur, cependant, fut réparée assez rapidement après la rédaction des rapports d'experts.

Crise de confiance

Plus grave fut l'impression laissée par les arrêts de la cour d'appel de Paris le 19 novembre 2019, puis de la Cour de cassation le 14 avril 2021, qui concluaient à l'absence de responsabilité pénale de l'assassin, au motif que son discernement avait été aboli par une bouffée délirante causée en grande partie par l'inhalation de cannabis.

Le débat était, sur le fond, un débat juridique d'une grande technicité. Mais l'impression laissée était qu'un assassin antisémite pouvait, au mépris de tous les principes moraux, se dégager de sa responsabilité pénale en prenant des stupéfiants.

Ne pas se brouiller sur un malentendu

Depuis lors, la confiance a été progressivement rétablie. La France a reconnu les insuffisances de son droit. Le président Macron a annoncé le 23 janvier 2020, depuis Jérusalem, qu'une affaire de ce type devrait à l'avenir donner lieu à un procès. Le pouvoir législatif a changé la loi pénale : la loi du 16 décembre 2021 permet désormais de réprimer la consommation de stupéfiants si la personne savait qu'elle pouvait la conduire à des violences.

Il est donc important de rappeler que la crise de confiance provoquée par l'assassinat de Sarah Halimi a eu une fin relativement favorable. La France et les Juifs, qui vivent ensemble depuis si longtemps, ne pouvaient pas se brouiller sur un malentendu. La France a changé son droit et, d'une certaine manière, fait un examen de conscience. Et les Juifs, malgré leurs blessures, ont fini par lui garder leur confiance.

MOSHE SEBBAG est rabbin de la grande synagogue de la Victoire. Il a publié avec Armand Laferrère, en 2021 chez Odile Jacob, *L'éternité des Juifs*.

V

PSYCHOPATHOLOGIE DE LA HAINE ANTIJUIVE

EXPERTS CONTRE EXPERTS

L'ANTISÉMITISME, UN BACILLE TAPI DANS L'ÂME HUMAINE?

ÉLIE BARNAVI

Étrange, la manière dont nous réagissons à l'évocation des grandes calamités qui endeuillent notre temps. Ou plutôt, dont nous ne réagissons plus, comme si leur rappel rituel avait fini par émousser nos sens. Voyez la Shoah. Six millions de victimes, un million et demi d'enfants sacrifiés au Moloch nazi… des chiffres que leur magnitude même rend presque irréels. Et puis, nous sommes confrontés à une image – un garçonnet en culottes courtes et béret qui lève les bras en guise de soumission, des femmes au bord d'un ravin un moment avant que des soldats alignés en position de tir n'appuient sur la gâchette –, et en un instant l'horreur abstraite revêt le caractère concret, immédiat, désespérément humain, d'un corps et d'un visage. Et la gorge se noue.

Quand un crime donne de la chair à la barbarie

J'ai souvent pensé à ce phénomène, et derechef lorsque l'on m'a demandé ce texte. Y a-t-il un jour où l'on ne parle pas de l'antisémitisme en France, toujours pour dire tout le mal que l'on en pense et promettre de lui faire une guerre sans merci?

Je constate que la persistance têtue du fléau antisémite a engendré l'habitude, et l'habitude, la banalisation des réactions et des discours.

De temps à autre, souvent hélas, un attentat vient perturber le ronron habituel. En donnant à l'antisémite et à sa victime un visage – Youssouf Fofana et Ilan Halimi, Mohamed Merah et Myriam Monsonégo, la petite fille au visage d'ange de l'école Ozar Hatorah –, l'antisémitisme acquiert la force de l'image que j'évoquais plus haut. Il donne de la chair à la barbarie, l'individualise, la fait sortir du domaine abstrait des «ismes» pour l'ancrer dans celui, concret, de la souffrance humaine.

L'irrépressible et si humaine envie de vengeance

L'assassinat de Sarah Halimi nous force à fermer les yeux et à imaginer le calvaire de cette femme suppliciée pour l'unique raison qu'elle était juive. Il nous emplit de dégoût et de rage, et aussi, peut-être, mais je ne parle qu'en mon nom propre, de l'irrépressible et si humaine envie de vengeance. Je sais, la vengeance n'a pas très bonne presse; elle est perçue comme une passion mauvaise, un substitut barbare à la justice. Et il est vrai qu'une société civilisée ne se venge point, elle rend justice. Mais l'individu n'est pas la société, et il se réserve des droits, aussi théoriques soient-ils, que la société n'a pas. Heureusement, d'ailleurs, car qui voudrait vivre dans une société dominée par les passions individuelles? Encore faudrait-il que justice fût vraiment rendue, et force est de reconnaître que les arguties juridiques qui ont défiguré le procès du tueur en ont donné une bien piètre image.

> Comment se fait-il que, de l'extrême gauche à l'ultra-droite, des islamistes aux suprématistes, le virus soit toujours là?

L'antisémitisme, comme le bacille de Koch?

Certes, la loi a été amendée et c'est fort bien.

Mais fallait-il faire subir à la victime, à ses proches, à la communauté juive et à l'ensemble de la communauté nationale cette pantalonnade judiciaire?

Enfin, l'assassinat de Sarah Halimi nous met, une fois de plus, devant la sempiternelle question : en finira-t-on jamais avec l'antisémitisme? Pendant longtemps, en individu pénétré des idéaux des Lumières que je suis, j'ai affirmé chaque fois que, l'antisémitisme n'étant pas une affaire de nature mais de culture, il n'y a pas de raison qu'il échappe à la loi de tout fait culturel, transitoire par définition. Je constatais qu'en France, comme dans tous les pays civilisés, l'antisémitisme n'était plus une force politique et culturelle significative, qu'il n'avait plus droit de cité comme naguère dans les allées du pouvoir, dans la presse, dans les cénacles intellectuels. Que les Juifs n'étaient plus seuls à se battre contre ce fléau. Que le progrès faisait tout de même son œuvre, ne fût-ce que de manière plus chaotique que l'on eût souhaité. Alors comment se fait-il que, d'extrême gauche et d'ultra-droite, islamiste ou blanc suprématiste, il soit toujours là? Se peut-il qu'il soit comme le bacille de Koch, tapi dans l'âme humaine et n'attendant que l'occasion favorable pour frapper? J'aimerais tellement ne pas m'être totalement trompé…

ÉLIE BARNAVI, professeur émérite d'histoire de l'Occident moderne à l'Université de Tel Aviv et ancien ambassadeur d'Israël en France, est conseiller scientifique auprès du Musée de l'Europe à Bruxelles. Son dernier livre, *Confessions d'un bon à rien*, est paru en 2022 aux éditions Grasset.

RESPONSABILITÉ PÉNALE ET FOLIE : UN ANCIEN DÉBAT TOUJOURS D'ACTUALITÉ

PATRICK BANTMAN

La question de la responsabilité du malade mental est en France une question ancienne, que la récente irresponsabilité de l'assassin du docteur Sarah Halimi a rendue insupportable en l'état de la science, et scandaleuse à bien des égards.

En 1871, le docteur Legrand du Saulle préconisait «l'analyse des actions qui demeurent imputables et la détermination, autant que possible, de la somme d'intelligence qui restait au pouvoir du prévenu au moment du délit[39]». À l'époque, déjà, il apparaissait que l'attribution «théorique d'une irresponsabilité à tous les actes commis par un délirant était peu satisfaisante». Il en est de même dans l'affaire Sarah Halimi. Cette histoire d'irresponsabilité du malade mental, sur laquelle bon nombre d'historiens et de philosophes ont écrit, n'est toujours pas réglée, et n'est pas près de l'être... Je suis en effet de ceux qui pensent que la réforme à la va-vite votée en janvier 2022 sur la suppression de l'irresponsabilité en cas de consommation volontaire de psychotropes ne règle pas le problème. Elle a même été dénoncée par les associations de psychiatres.

Sur le plan historique, la «médecine mentale» et la psychiatrie ont conquis, au XIXe siècle, un territoire particulier par une délégation de pouvoir en ce qui concerne la «déviance»[40]. Et nous en sommes toujours là en France en 2022!

Archaïsme des positions des experts

> Bouffée délirante? Un diagnostic absent de toutes les nomenclatures hors de France.

D'un côté, la justice pénale; de l'autre, l'isolement médical et l'ombre de l'asile. Depuis cette époque, l'expert psychiatre est convoqué face au crime

39– Henri Legrand du Saulle, *Le Délire de persécution*, éd. Plon, 1871, p. 446.
40– La bibliographie sur l'histoire des relations entre psychiatrie et justice est très vaste. Voir, en particulier, l'ouvrage collectif dirigé par Michel Foucault, *Moi, Pierre Rivière, ayant égorgé ma mère, ma sœur et mon frère*, éd. Gallimard, coll. «Folio», 1994.

et peut dire – ou pas – la folie, en exonérant ainsi le criminel de son crime. Notre époque requiert une autre approche. À l'instar des pays voisins, la France devrait *a minima* introduire l'expertise de dangerosité.

Que dire de Kobili Traoré, l'assassin de Sarah Halimi?

Il n'a pas été jugé, pour cause d'irresponsabilité au moment de l'acte, sous prétexte que son consentement était aboli. Sept experts l'ont examiné et un seul a évoqué l'altération de son discernement. Les psychiatres ont privilégié la «bouffée délirante», diagnostic absent de toutes les nomenclatures psychiatriques hors de France. À leurs yeux, c'est le délire qui aurait entraîné le passage à l'acte.

Un scandale de la médecine mentale

> Notre époque requiert une autre approche : l'expertise de dangerosité.

Il en aurait été autrement si le meurtrier de la rue Vaucouleurs avait été examiné selon le critère de sa dangerosité, qui ne fait aucun doute. Et de son antisémitisme, dont on sait qu'il tue en France. Ce qui me scandalise, c'est plutôt l'archaïsme des positions des experts accrochés au postulat : «En France, on ne juge pas un fou[41]!»

L'assassin a pu ainsi se retrouver assez vite à l'hôpital Saint-Maurice, y circuler librement, et même s'y livrer derechef au deal de cannabis.

Comment peut-on penser que la maladie efface le crime? Le meurtre de Sarah Halimi est devenu une «affaire» pour la justice, un scandale pour la société, mais aussi – aux yeux du psychiatre des hôpitaux et de l'ancien expert auprès des tribunaux que je suis – un scandale pour la médecine mentale contemporaine.

PATRICK BANTMAN est psychiatre honoraire des hôpitaux, ancien chef de pôle et ancien expert auprès des tribunaux de Paris et de Créteil. Il a notamment dirigé l'ouvrage *Croyances et Religions*, paru en 2018 chez In Press.

41– «Ici, on ne juge pas un fou!», propos répété à plusieurs reprises en 2021 par le ministre de la Justice, Éric Dupond-Moretti, au sujet de cette affaire (NdE).

L'ANTISÉMITISME ? C'ÉTAIT MIEUX AVANT !
JEAN-FRANÇOIS DÉREC

ANTISÉMITISME (env. 1899, nom commun et adjectif, de «anti» et «sémite»). Névrose obsessionnelle avec fixation sur les Juifs. C'était une pathologie courante chez nombre d'écrivains barbichus à lorgnons du début du XXe siècle, qui a connu son heure de gloire pendant l'Occupation (1940-1944).

Elle a permis à des auteurs totalement inconnus de sortir de l'anonymat et de s'acheter un petit appartement. Citons, entre autres :
Georges Batault : «La dégradation physique et morale des Hébreux est le résultat d'une complète dépravation.»
Albert Blute : «Un Juif, c'est toute la juiverie. Un Juif seul n'existe pas. Un termite, toute la termitière. Une punaise, toute la maison.»
Paul Ferdonnet : «Les Juifs ne sont que bâtards gangréneux et pourrisseurs.»
Henri Dutrait-Crozon : «Le Juif n'a jamais été persécuté par les Aryens. Il s'est persécuté lui-même. Il est le damné des tiraillements de sa viande d'hybride.»
Pierre Gérard : «Je vomis les Juifs, les Anglais et la Révolution française.»
Marquis de Morès : «Là où Juifs et pédés s'installent, c'est un signe de décomposition avancée; asticots dans la viande qui pue.»

Maîtrise de l'expression, sens de la litote et de la métaphore animalière, quels talents!

Malheureusement l'antisémitisme vulgaire des nazis a fait beaucoup de tort à ces écrivains, à tel point que l'on a cru cette pathologie éradiquée en 1945. Certains malades se sont reconvertis dans le racisme antimaghrébin avec succès.

Mais comme pour la Covid, ce virus est réapparu sous la forme d'un variant, l'antisionisme, délaissant le monde feutré de l'édition pour couvrir les murs des toilettes publiques. Puis ceux-ci ont été repeints. Les réseaux sociaux remplacent désormais les murs des toilettes. Avec moins de style, mais plus de fautes d'orthographe. Citons quelques auteurs :
#**Joker06** : «Lé juif jlé enkul sais dé pd voleur.»
Tarzan33 : «Israelle Y zassasine lé anfan arables y merite une samuel pati.»
#**Dieu666** : «Lé juif facho sante mové fo laie niké.»

Qu'il était beau, le temps des antisémites barbichus à lorgnons d'antan qui avaient un si joli style!

JEAN-FRANÇOIS DÉREC est un comique franco-polono-judéo-grenoblois, membre permanent du complot comique juif mondial. Il a notamment publié *Le jour où j'ai appris que j'étais juif* en 2007 chez Denoël. Il interprète le spectacle éponyme depuis 2018.

SUR LES «PSYCHOSES ANTISÉMITES» ET AUTRES CURIOSITÉS

ISABELLE DE MECQUENEM

Dans un entretien au *Monde* le 15 mars 1994, Léon Poliakov affirmait froidement que l'antisémitisme ne disparaîtrait jamais. Est-il nécessaire d'ajouter que cette proposition, qui relève de l'histoire conjecturale et repose sur une extrapolation, n'a recueilli jusqu'à présent que des signes et des indices à son crédit?

Poliakov soutenait aussi qu'une cause unique présidait à l'antisémitisme, «cette agitation qui dure depuis trois millénaires». En effet, d'après lui, «monothéisme et antisémitisme sont frères jumeaux» et, plus précisément, parce que l'interdit du meurtre d'enfant posé par le premier des monothéismes de l'histoire aurait partie liée avec l'antisémitisme, l'aurait suscité en réaction en quelque sorte, quelle que soit la façon de le nommer qui diffère en fonction des époques.

Si le parallèle entre monothéisme et causalité unique mérite d'être perçu comme un écho très suggestif, l'hypothèse générale de Poliakov apparaît coûteuse, dans la mesure où elle pousse son auteur aux confins de l'approche historique, une discipline constituant ses objets sur une base empirique, de façon critique et documentée, même – et peut-être faut-il écrire *surtout* – lorsque Reinhart Koselleck propose de considérer les cauchemars récurrents des rescapés de la Shoah comme d'authentiques documents. En revanche, Léon Poliakov empiète ici sur les études théologiques et la spéculation morale, voire sur la métaphysique, comme George Steiner a pu le faire par exemple dans *La longue vie de la métaphore*.

Léon Poliakov affirmait que l'antisémitisme ne disparaîtrait jamais. Est-il nécessaire d'ajouter que cette proposition n'a recueilli jusqu'à présent que des signes et des indices à son crédit?

Irréductibilité de l'antisémitisme

Je voudrais me saisir de ce matériau pour esquisser une réflexion sur l'inintelligibilité persistante et sans doute irréductible de l'antisémitisme, et évoquer l'apport éventuel d'une approche philosophique de cette question. En effet, dans un essai dense mais trop peu connu, *Philosophie de l'antisémitisme*[42], Michaël Bar-Zvi, réfléchissant aussi à l'incurable présence de ce mal, formule un paradoxe très provocant, selon lequel la recherche des causes et des raisons de l'antisémitisme «proposait une interrogation véritablement antisémite».

Me plaçant dans le sillage de ce paradoxe, je me servirai d'un fait tragique que l'on classe d'habitude dans les «faits divers», alors qu'ils révèlent en général le tréfonds des sociétés. Un jour, un homme, qui s'avéra être schizophrène, tua une femme dans un supermarché sans aucun mobile apparent. Interrogé sur les motivations de son acte, il déclara : «parce qu'elle était trop belle». Ce qui forme un cas pur d'acte gratuit, et évoque un crime surréaliste ou nihiliste, a pour vertu de faire réfléchir aux modèles épistémologiques mobilisés pour appréhender les crimes antisémites et plus globalement l'antisémitisme lui-même, dont les discours justificatifs constituent de véritables archives de l'irrationnel.

Un roc d'inexplicable

De nombreuses théories, thèses ou hypothèses savantes, ont été élaborées à propos de «l'agitation qui dure depuis trois millénaires», décrivant ses ressorts, mécanismes, analysant ses logiques. Tout un corpus a été constitué, croisant souvent les disciplines par nécessité sémantique. Pour rester dans le registre de mon exemple, le psychiatre Henri Baruk pensait, dans les années 1950, qu'il existait des «psychoses antisémites». On peut citer aussi la théorie célèbre du bouc émissaire, toujours en usage, véritable cliché explicatif survivant à la critique qu'en a faite le sociologue Guillaume Erner.

L'objet «antisémitisme» semble avoir un pouvoir étrange et spécifique : celui de faire apparaître une rationalisation qui se substitue subrepticement à la rationalité légitime, précisément parce que notre esprit bute constamment sur un roc d'inexplicable.

À ce titre, ce dont le corpus savant pâtit objectivement est une trop faible prise en considération de la subjectivité, alors que seule cette dimension fondamentale permet d'accéder à ce que Jeanne Hersch appelait la «disponibilité» à l'antisémitisme dans *Éclairer l'obscur*[43]. Peut-être même

42– L'essai, initialement publié sous le nom de Michel Herszlikowicz en 1985, a été réédité en rétablissant le texte par Françoise Prusak-Waeber, Pierre-André Taguieff et Olivier Véron, éd. Les Provinciales, 2019.

43– Il s'agit d'un entretien publié par la philosophe suisse en 1990 aux éditions L'Âge d'Homme.

que ce facteur psychologique personnel s'avère déterminant car, sans une réceptivité ou sensibilité initiale, les idéologies antisémites ne peuvent prendre corps et avoir des effets violents dans la réalité. Elles ne resteraient que des discours délirants sans auditoire. À ce jour, deux grandes tentatives ont contribué à une théorie de la réception de l'antisémitisme : d'une part la phénoménologie, dans sa variante existentialiste, à travers les *Réflexions sur la question juive* de Sartre et, d'autre part, la psychanalyse appliquée à l'antisémitisme dont Freud lui-même a posé les fondements, d'autant qu'il fut à la fois le témoin et la victime potentielle des persécutions nazies. Et ce n'est pas un hasard si cette double lignée d'études a germé juste après la Seconde Guerre mondiale, alors que la prise de conscience de la réalité génocidaire risquait d'entraîner un renoncement à la raison aux conséquences incalculables.

ISABELLE DE MECQUENEM est agrégée de philosophie, membre du Conseil des sages de la laïcité, membre du bureau exécutif de la Licra.

CES CRIMES QUI SE GRAVENT JUSQUE DANS NOS GÈNES

MICHEL CYMES

Je crois beaucoup en la mémoire collective. Et c'est ce que propose ce livre pour lequel j'ai été sollicité. Ne jamais oublier. Ni le nom du docteur Sarah Halimi, ni cette vie qu'elle a consacrée aux autres.

Garder mémoire, c'est aussi transmettre. C'est en vieillissant que je me suis senti concerné, peut-être par besoin de transmettre à mes trois garçons l'histoire traumatique de leurs aïeux. Les scientifiques parlent de «l'hérédité épigénétique» : le traumatisme de la Shoah imprime les gènes. La transmission ne se fait pas uniquement par les gènes contenus dans l'ADN, mais aussi grâce à des marqueurs chimiques qui se fixent dessus.

> Le traumatisme de la Shoah imprime les gènes.

Hérédité épigénétique

Mon père a été traumatisé par la guerre et la mort de son père. Il a probablement eu des marqueurs qui se sont modifiés sur son génome. Ces gènes, c'est moi qui les ai reçus. Est-ce cela qui réveille la mémoire collective? C'est une hypothèse. Mon grand-père a été arrêté lors de la rafle du billet vert, le nom donné à la convocation et à l'arrestation de Juifs étrangers par la police française le 14 mai 1941. Comme des milliers de Juifs étrangers, polonais pour la plupart, habitant en région parisienne, mon grand-père a reçu une convocation pour «examen de situation», le sommant de se rendre, accompagné d'un proche, au gymnase Japy. Ma grand-mère lui a dit de ne pas y aller, mais il lui a répondu : «Je suis français, j'ai servi dans l'armée française, je suis convoqué par la police française, il n'y a pas de quoi s'inquiéter.»

Mon grand-père a été déporté vers le camp d'internement de Pithiviers, où il est resté un an, avant de partir pour Auschwitz-Birkenau.

Cette confiance dans la police française, qu'avait certainement aussi Madame Halimi, cette police qui n'est pas intervenue durant son calvaire, résonne terriblement dans notre mémoire génétique. Les plaies se ravivent.

C'est cependant un policier français qui, la veille de la rafle du Vel' d'Hiv', a prévenu ma grand-mère de ce qui se préparait. La famille a été cachée sous des cartons par un cartonnier qui travaillait dans l'immeuble. Mon père a ensuite été caché dans une ferme, dans la Sarthe.

J'ai recherché et retrouvé le nom de ce cartonnier : Gabriel Jean-Baptiste.

Les plaies se ravivent.

Ce que retiendront nos mémoires

C'est donc Gabriel Jean-Baptiste, un voisin d'immeuble, qui les a sauvés. Parce qu'ils étaient juifs et que, sans ce geste, ils auraient été «exterminés».

Sarah Halimi n'a pas eu cette chance. Son voisin d'immeuble l'a torturée et défenestrée. Parce qu'elle était juive.

Mais ce que retiendront nos mémoires, ce ne sera pas le nom de l'assassin antisémite. Ce seront ceux de Sarah et de Gabriel.

MICHEL CYMES est médecin et animateur télé. Il est notamment l'auteur d'*Hippocrate aux enfers*, paru en 2018 aux éditions Stock.

TOUT HUMAIN EST RESPONSABLE, SINON CE N'EST PAS UN HUMAIN

RENÉ FRYDMAN

De retour d'un voyage de mémoire à Auschwitz organisé par le Mémorial de la Shoah, j'ai été sollicité pour écrire dans ce livre un hommage à Sarah Halimi.

Ces deux événements, dont l'échelle de lecture bien sûr n'est pas comparable, se télescopent. Que les centaines de milliers de victimes de Birkenau soient innocentes, c'est une certitude. Tout comme Sarah Halimi. Les meurtriers, eux, sont-ils comparables? Va-t-on distinguer, parmi les bourreaux, les cadres zélés qui n'auraient fait qu'appliquer les ordres d'extermination de ceux qui, ayant perdu le contrôle d'eux-mêmes, méritent d'être considérés comme irresponsables et donc censés être soignés?

Invoquer l'accès de folie, même bref, pour échapper à la justice, ne conduit-il pas à remettre en liberté une personne susceptible de renouveler cet acte? Les mêmes causes produisant les mêmes effets, l'antisémitisme de cet individu peut-il s'effacer d'un coup de baguette magique avec une prise volontaire de substances addictives?

> Va-t-on distinguer, parmi les bourreaux nazis, les cadres zélés qui n'auraient fait qu'appliquer les ordres d'extermination de ceux qui méritent d'être considérés comme irresponsables et donc censés être soignés?

Faire du criminel une victime?

Mais, me direz-vous, quelle différence y a-t-il entre une hospitalisation sous contrainte (à laquelle l'assassin serait obligé de se soumettre) et un emprisonnement avec soins médicaux? Les deux situations aboutissent à une mise à l'écart de la société mais, outre le fait que les conditions de vie ne sont pas les mêmes, sur le plan symbolique il y a une énorme différence. Dans un cas, il y a une condamnation morale claire et nette; dans l'autre, une volonté de compréhension qui peut aller jusqu'à faire du criminel une victime. Censées être passagères, les bouffées délirantes autorisent la sortie de l'établissement hospitalier, tandis que la culpabilité inhérente aux actes criminels n'a pas de fin.

Appeler l'acte par son nom

La seule image «positive» que je retiens de ma visite à Auschwitz a été la vision de la potence où fut exécuté après-guerre Rudolf Höss, le commandant du camp d'extermination. Je ne prétends pas que la peine doive être semblable concernant l'assassin de Sarah Halimi, mais je veux rappeler par là que le principe du châtiment permet d'appeler l'acte par son nom : un crime antisémite dont la responsabilité incombe à l'assassin.

Le professeur **RENÉ FRYDMAN** est professeur émérite en gynécologie et en obstétrique. Il est avec le biologiste Jacques Testart le père scientifique d'Amandine, le premier bébé-éprouvette né en France (1982).

UNE TACHE SUR LES FONDEMENTS DE LA NATION
DAVID KHAYAT

Éliminer une vie, une vie de femme, une vie de femme âgée, une vie de femme médecin. Non pas pour voler de l'argent ou se défendre. Non, éliminer une vie juste parce que cette vie était celle d'une femme médecin juive.

Ce crime, parce qu'il ne trouve sa justification que dans l'ignominie de l'antisémitisme, va bien au-delà du simple crime contre un être humain. Il est tout autant un crime contre l'intelligence, contre la culture, contre l'histoire et, par là même, contre l'humanité.

Un crime d'une telle barbarie ne peut recevoir aucune absolution, aucune indulgence, aucune prescription. Il dessine de manière indélébile une tache sombre sur les fondements mêmes de notre République et, au-delà, de notre nation.

Comment pourrons-nous demain raconter à nos petits-enfants qu'un geste aussi méprisable a pu se produire en plein Paris, au XXIe siècle? Combien d'années ou de siècles encore pour que les monstres comprennent que les Juifs sont des êtres respectables et aimables? Qu'en supprimant la vie d'une femme âgée, médecin, c'est un peu l'espoir en une humanité meilleure qui a été assassiné?

Le professeur **DAVID KHAYAT**, médecin cancérologue, est l'ancien président de l'Institut national du cancer (INCA). Écrivain et essayiste, il a publié *Arrêtez de vous priver!* chez Albin Michel en 2021.

SUCCOMBER AU DÉMON OU L'ART DE SE FORGER UN ALIBI

JEAN-PIERRE WINTER

Dans l'affaire Halimi, la décision de la cour d'appel, puis sa confirmation par la Cour de cassation font appréhender une dimension qu'il est difficile de nommer sans recourir à la thèse de Lacan dans son «Kant avec Sade». En fait, le titre nous met d'emblée sur la voie de ce qu'il énoncera à la fin de son article : «Notre verdict est confirmé sur la soumission de Sade à la Loi.» La Loi est ici l'interdit de l'inceste, donc l'interdit de réintégrer le corps de la mère. Mais avant d'en arriver à ce point, Lacan montre qu'un certain rapport aux lois, je parle des lois positives, à ladite morale donc kantienne, rejoint le fantasme sadien d'un droit catégorique à la jouissance. «Le désir refoulé, dira-t-il, et la Loi, c'est la même chose.»

Pourquoi, alors, commencer mon propos de cette manière? Parce que je voudrais que l'on retienne, pour être un peu plus clair, que si, par exemple pendant la guerre, quelqu'un dénonçait un Juif en se réclamant des lois scélérates de Pétain, il pouvait estimer, à peu de frais, qu'il obéissait à la loi, masquant ainsi son désir autrement inavouable de dénoncer un Juif. Comme d'autres supplétifs nazis pouvaient se déculpabiliser de leurs crimes sous prétexte qu'ils obéissaient aux ordres fondés sur la loi. Laquelle loi n'était rien d'autre que le désir du Führer, identifié à une certaine version de l'impératif catégorique de Kant, comme l'a montré Hannah Arendt à propos d'Eichmann. On a affaire là à ce que Dostoïevski appelle «la pensée servile».

> Aucun homme, dit Hannah Arendt, n'a le droit d'obéir. J'ajoute : même et surtout s'il est juge.

Ce que Dostoïevski appelle « la pensée servile »

Le langage juridique serait-il le seul langage possible dans une affaire comme celle-là?

Hannah Arendt définit un nouveau type de coupables : ceux qui refusent la réalité au nom d'une fidélité à leur devoir et, par conséquent, à leur absence de responsabilité. Il s'agira, pour eux, juste de s'assurer à partir de là que ça fonctionne. Aucun homme, dit fermement Hannah Arendt, n'a le droit d'obéir. J'ajoute : même et surtout s'il est juge. Vous comprenez alors ce que je tente de faire : non pas disserter sur la culpabilité de Traoré, mais retourner la responsabilité du côté des juges. Pour dire que si le crime, matériellement et factuellement, est bien celui de Kobili Traoré, la mise en acte du fantasme sadien, elle, est du côté des juges qui font preuve d'une obéissance aux lois, même quand elles sont discutables. Comme l'a dit le président Macron, il faudrait changer la loi : fou ou pas fou, il faut la changer en vue d'un procès public au cours duquel les experts, les expertises, pourront être interrogés par les avocats et les procureurs. C'est publiquement qu'un jugement doit conclure à l'irresponsabilité pénale, et non dans un entre-soi strictement judiciaire. Althusser, par exemple, qui avait assassiné sa femme, a écrit qu'il aurait préféré un procès à une relégation psychiatrique qui abolissait toute sa subjectivité.

Le *sheitan* ou le Père maléfique

Pour Traoré, le Coran remplace le Kant qu'invoquait Eichmann pour sa défense.

Au-delà, le cas de Traoré relève d'un délire qui n'a rien à envier aux exterminateurs de tout poil. À ceci près que, pour cet homme qui fréquentait la mosquée radicalisée de la rue Jean-Pierre-Timbaud, le Coran remplace le Kant qu'invoquait Eichmann pour sa défense. Pourquoi ce recours au Coran dans un cas ou au Führer dans d'autres? Parce que le discours antisémite qui ruisselle sur les Traoré et autres petits *Führer* depuis leur enfance dénonce le «Père» qui leur a fait réellement et symboliquement défaut. Ils situent à cette place un *sheitan*, un Père maléfique, qui peut tuer sans culpabilité et avec la complicité de leur entourage. Le Juif, mieux encore la Juive (je n'ai pas entendu les féministes manifester contre les meurtres de ces femmes juives; où étaient-elles pour protester contre ces féminicides?) est alors présenté comme un monstre satanique, mais c'est au juge de ne pas tomber dans ce pseudo-délire de la démonisation. Comme le dit Hannah Arendt, la démonisation sert à se forger un alibi; on succombe ainsi au démon en chair et en os, ce qui en conséquence nous délivre de toute culpabilité. Lorsque l'on fait appel au démon, poursuit Hannah Arendt, en l'occurrence au *sheitan* pour Traoré, non seulement on se rend intéressant, mais, en plus, on s'attribue secrètement une profondeur dont les autres sont dépourvus. Les autres manquent tellement de profondeur qu'ils n'ont pas tué d'autres hommes! Entre spécialistes, on évoque alors une pathologie grave de narcissisme.

> Où étaient les féministes pour protester contre les féminicides des femmes juives?

Halimi ou le Clément, le Doux, le Bienveillant

D'après mes rapides recherches, il semblerait que Traoré signifie en Côte d'Ivoire : le Père, le Chef, l'Ancien. Kobili, que l'on surnommait Bébé dans sa famille, et c'était un bébé, a perdu son père à huit ans et pensait que son beau-père le maraboutait. Il a torturé puis balancé par la fenêtre Sarah Halimi, dont le nom, d'origine arabe, signifie : le Clément, le Doux, le Bienveillant. Il semblerait qu'elle le fut, sans la moindre chance face à un multirécidiviste avec une grande expérience de l'usage de la violence.

JEAN-PIERRE WINTER est psychanalyste, président du Mouvement du coût freudien, issu de la dissolution de l'École freudienne de Paris. Il a publié chez Albin Michel en 2019 *L'avenir du père*.

COMMENT SORTIR DE LA SIDÉRATION?

ALDO NAOURI

Voilà des lustres que je ne m'intéresse plus à ce qu'il se passe dans notre société. La régression de ses valeurs, perçue jusque dans mon activité professionnelle, m'a convaincu qu'elle avait atteint un point de non-retour. J'ai donc fait en sorte que les nouvelles ne me parviennent qu'amorties, à retardement et lapidaires comme des gros titres de journaux. Il en a été ainsi pour l'affaire Sarah Halimi : un musulman a tué une Juive, une horreur devenue ordinaire.

Crime antisémite ou non, responsabilité ou non du meurtrier, j'étais sûr par avance que les débats seraient pipés et couverts par la réaffirmation de l'indépendance de la justice.

J'étais dans cet état d'esprit jusqu'au moment où j'ai été sollicité pour participer à ce livre, dont l'idée et la conception m'ont sorti de ma sidération. Pouvait-on trouver plus belle réponse à la distorsion du traitement de ce crime? Pouvait-on ériger plus belle stèle en hommage à Sarah Halimi?

> Pouvait-on ériger plus belle stèle en hommage à Sarah Halimi que ce livre?

J'ai lu tout ce que je pouvais lire sur l'affaire.

Et j'ai relevé deux indices troublants pour un éventuel procès.

La brigade anticriminalité était sur place une heure avant que le meurtrier ait précipité le corps de sa victime dans le vide. Elle aurait été dans l'attente de renforts! À partir de quel effectif se serait-elle sentie autorisée à intervenir? L'argument soulevé par la défense n'a pas été retenu. Pourquoi?

Les experts soutiennent l'impossibilité de discernement du meurtrier avec d'autant plus de force que ce dernier, ayant recouvré ses esprits, a affirmé qu'il se sentait sous l'emprise d'une force démoniaque et que son action aurait pu tomber sur n'importe qui. Pourquoi, dans ce cas, n'est-elle pas tombée sur la famille dont il a utilisé l'appartement pour gagner celui de sa victime? N'aurait-ce pas été parce que cette famille était musulmane comme lui, et qu'il lui fallait offrir à Allah un sacrifice digne de lui? Cette différence n'est-elle pas la preuve d'un discernement?

ALDO NAOURI est pédiatre et essayiste. Il a notamment publié en 2021 chez Odile Jacob *Ma mère. Mon analyse et la sienne.*

LE CHAHID

SAM TYANO

Ce texte est une piste personnelle de réflexion. Je l'ai élaborée à partir des documents que j'ai pu me procurer sur l'affaire, étant entendu que l'on ne saurait poser un diagnostic sans avoir examiné le sujet.

Manque d'empathie

Commençons par l'anamnèse, c'est-à-dire une reconstitution de l'histoire pathologique d'un malade. Dans le cas de Kobili Traoré, nous manquons d'informations sur son enfance, sinon qu'il est placé en internat par un juge d'instruction dès l'âge de huit ans pour troubles de la conduite et agressivité. Il a été rejeté de toutes les institutions scolaires à cause de son inadaptation et de sa violence, et n'a jamais réussi à se réinsérer par la suite, ayant travaillé au maximum six mois sur une période de dix ans.

Au cours de son adolescence, il a affaire à la police à maintes reprises suite à différents forfaits (agressions, port d'arme prohibée en 2012, trafic de stupéfiants...), nous laissant croire en la répétition d'actes criminels sans aucune amélioration clinique ou sociale. Enfin, par son manque d'empathie, on ne lui connaît aucune amitié durable.

Les antécédents de l'acte criminel? Trois mois avant la date du crime, ce jeune délinquant avait changé de «dealer» personnel. C'est aussi à ce moment-là qu'il s'est mis à fréquenter régulièrement la mosquée Omar, connue pour être une des plus radicales de Paris. On relève que pendant qu'il suppliciait Sarah Halimi, il récitait des passages du Coran sans aucun trouble manifeste du discernement.

Des éléments qui plaident en faveur du discernement

On rappellera enfin qu'au cours des mois ayant précédé les faits, il avait attaqué verbalement Sarah Halimi à plusieurs reprises, en la ciblant comme représentante du peuple juif. Des éléments qui plaident eux aussi en faveur d'un clair discernement au moment de décider *qui* il allait tuer, comme l'atteste également la déposition d'un voisin, M. Dray.

Tout expert est tenu de parcourir un ou plusieurs diagnostics différents ou différentiels afin de montrer qu'il les a en tête au cours de son propre raisonnement clinique, au terme duquel il en choisira un seul. Et l'argumentera.

Dans ce cas, je mentionnerai parmi les hypothèses possibles :
1) celle de l'imposteur chez une personnalité psychopathique;
2) celle de l'intoxication par une substance absorbée au cours des heures qui ont précédé le crime;
3) enfin, la bouffée délirante aiguë.

L'imposteur est celui qui *joue* la bouffée délirante. C'est le diagnostic probable que je tendrais à privilégier dans le cas du meurtrier de Sarah Halimi.

Préméditation? La question se pose.

De fait, on constate qu'après une escale chez des voisins maliens, il est allé directement chez sa victime, sachant très bien qu'il pouvait s'y introduire depuis leur balcon. La préméditation aurait-elle dû être examinée de plus près? La question se pose.

SAM TYANO est psychiatre, professeur émérite en psychiatrie générale et psychiatrie de l'enfant et de l'adolescent à la faculté de médecine de l'Université de Tel Aviv.

L'EFFET PSYCHOTROPE DE LA HAINE ANTIJUIVE

FRANÇOIS RACHLINE

L'histoire est jonchée de crimes odieux à l'égard des populations juives. Dans la tête des antisémites, un immense héritage de haine résiste à l'enseignement que notre société s'efforce d'instiller dans les esprits pour perpétuer le devoir de mémoire et défendre la dignité humaine.

Comme toutes les passions destructrices, cette haine accumulée possède un effet psychotrope qui peut se révéler plus fort que celui des stupéfiants. C'est lui qui a effacé le visage de la victime aux yeux du criminel. Des préjugés ancestraux et des stéréotypes immémoriaux ont annihilé Sarah Halimi dans le regard de Kobili Traoré : envahi par une exécration irrémissible, il a substitué à cette femme l'apparence diabolique de Satan. La réduisant à une abstraction menaçante, la privant de son humanité, il a cru se libérer de ses propres démons en lui ôtant la vie. Il est navrant que la drogue ait été jugée à l'origine du délire exterminateur, et non le ressentiment auquel Traoré s'est nourri jour après jour.

Atteinte à l'idéal républicain

Cet assassinat n'aurait pu être qu'un abominable fait divers. La justice française l'a transformé en fait de société, en scandale juridique, en atteinte à l'idéal républicain. Déclarer cet homme irresponsable pénalement revenait à atténuer son crime. Cet effrayant constat témoigne d'un point aveugle du droit, d'une corruption des valeurs issues des Lumières, d'une tache au front de la République – blessure béante difficile à cicatriser.

Une telle dérive judiciaire témoigne aussi d'un double désaveu : elle nie l'un des plus importants commandements que les Hébreux ont transmis à l'humanité, ne pas assassiner, et elle remet en cause l'un des principaux piliers sur lesquels repose le message de Moïse, l'affirmation de la responsabilité individuelle. À l'horreur de l'acte antisémite s'ajoute ainsi l'ébranlement de la philosophie sur laquelle repose la démocratie.

FRANÇOIS RACHLINE est vice-président de la Licra, auteur, notamment, de *L.R. Les silences d'un résistant* paru chez Albin Michel en 2015 et de *Éprouver Auschwitz* paru chez Hermann en 2020.
Son dernier ouvrage paru est *Moïse et l'humanisme* chez Hermann en 2021.

SARAH HALIMI, L'IMPASSE ET LA SORTIE

DANIEL SIBONY

Tout s'est un peu trop focalisé sur l'état de folie dû au cannabis; les juges et les experts disant qu'on ne peut pas le juger, les autres criant : «Mais alors, suffit-il de fumer des joints pour être innocenté de son crime?» Mon idée est un peu différente : c'est de mettre en question une autre folie, qui est l'appel au meurtre du mécréant; du moins est-ce une folie pour nous, ici en France, mais ça ne l'est pas en terre d'islam ni dans les fondamentaux de cette religion qui sont pieusement transmis. La question est celle-ci : est-ce qu'une présence islamique importante, en France, peut équilibrer le fait que, pour l'énorme majorité des Français, cet appel est une folie?

On s'en doute, les juges ne veulent surtout pas aborder cette question de front; ni eux ni l'*establishment* ne veulent avoir l'air de juger une religion. Pourtant ils sentent que la drogue, le cannabis en l'occurrence, est un adjuvant qui met le sujet dans un état de folie tel que la folie plus fondamentale peut s'exprimer tranquillement et arriver à ses fins, et ne sera pas mise en cause. Retirons la drogue et mettons à la place une fragilité psychique, le même raisonnement tient (et ladite fragilité peut être grave ou se réduire à une visite chez le psychiatre). Alors, l'*establishment* a trouvé une solution qui est de monnayer la grande folie de l'appel transmis en série de petites folies personnelles. C'est cette solution qui risque de prévaloir, avec ou sans cannabis, car raisonnablement, pour projeter le djihad sur une femme seule dans un appartement parisien, il faut être un peu fou. Et si on ne l'est pas, si on a décidé de ce meurtre dans un élan solitaire et lucide, on risque bien d'être affolé par son acte, atteint d'un affolement qui révèle la folie de la décision solitaire prétendument lucide.

Après chaque attentat, on aime s'étonner : « On ne sait pas ce qui lui a pris »

On peut en vouloir aux juges et au consensus de contourner ainsi le problème. Mais il faut savoir qu'en Israël aussi l'*establishment* et les médias, de droite ou de gauche, n'aiment pas du tout qu'on évoque cette vindicte fondatrice, comme si, la connaissant et la sachant ineffaçable ou incurable, ils en avaient pris leur parti et cherchaient à vivre avec, quitte à ce qu'elle éclate de temps à autre, comme ce fut le cas tout récemment dans les villes mixtes où, là encore, la masse critique musulmane se révèle suffisante pour que l'expression publique de ladite vindicte ne semble pas folle;

d'autant moins qu'elle s'articule avec la guerre du petit État palestinien de Gaza pour un État palestinien plus viable, objectif politique que certains peuvent ne pas aimer, mais qui n'a rien de fou. (Et n'implique pas la destruction d'Israël : il y a loin entre ce vœu et les moyens mis en œuvre pour prétendre le réaliser.)

Pour l'islam, l'arrivée du Messie c'est la fin des Juifs et des mécréants; et pour peu que ce messie soit aussi lent à venir que celui des Juifs, le danger reste mince à condition de bien se défendre.

Cette haine du mécréant peut n'être pas un projet de meurtre, peut-être même, pour certains, rester un vœu sacré à ne pas réaliser. Pourquoi pas? Cela veut dire que pour l'islam, l'arrivée du Messie c'est la fin des Juifs et des mécréants; et pour peu que ce messie soit aussi lent à venir que celui des Juifs, le danger reste mince à condition de bien se défendre, ce qui est le cas de l'État hébreu. Peut-être pas des individus dans la foule. Celle d'ici est également exposée : en France, une toute jeune fille, Mila, qui a dit ce qu'elle pensait de l'islam, a reçu cent mille messages de menaces de mort et de viol. L'intéressant est que les commentateurs s'étonnent que ces messages ne proviennent pas d'excités, mais de gens intégrés et honorables. Tout comme après chaque attentat, ils aiment s'étonner avec les voisins du tueur de ce que c'était un jeune homme tranquille, courtois, gentil, et «on ne sait pas ce qui lui a pris». Peut-être un petit coup de cette folie religieuse, ou plutôt de cette croyance que le mécréant doit être vaincu et se soumettre, croyance qui a fondé l'islam et assuré son expansion, mais qui, transportée en démocratie, a du mal à trouver son statut. Il est possible que cette croyance ou ce vœu pieux sur la fin des mécréants encombre aussi les musulmans, mais le fait est qu'ils ne savent pas comment se délivrer de ce vœu qu'ils ont reçu en héritage.

Le Coran maudit les Juifs car il leur doit tout

Le tout-venant, même *intello*, ne tient pas du tout à comprendre cette vindicte. Comme s'il avait intégré le fait que l'on n'y pouvait rien. Je l'ai expliqué dans plusieurs textes pour ma recherche, notamment sur ce que j'appelle le *complexe du second premier*, auquel je l'ai ramenée depuis mon livre *Les trois monothéismes*, complexe qui l'éclaire très bien. Le Coran maudit les gens du Livre, surtout les Juifs, parce qu'il leur doit tout, et lorsque, avec ce que vous avez pris à quelqu'un, vous voulez vous affirmer seul, cela ne peut être que contre lui et, si vous êtes un peu simple, vous voulez le faire disparaître. Par l'agression et le meurtre. Mais cette logique existe ailleurs : si vous êtes patron d'un média, vous le mettez sur une *blacklist* et vous reprenez ses idées.

Il se peut que certains ne veuillent pas comprendre le problème pour pouvoir continuer à s'indigner et à en entraîner d'autres dans leur indignation. Pourtant, il ne faut pas confondre le respect d'un texte sacré et sa réalisation.

La fragilité des sujets qui font le djihad cache la folie de l'appel sacré

Les exaltés de l'islam veulent réaliser son idéal : faire disparaître les mécréants. Vu l'ampleur de la tâche et leurs petits moyens, cela semble une «folie» – ils doivent bien s'en douter – et, faute de mieux, ils cherchent à nuire autant qu'ils le peuvent. C'est en quoi ils sont un problème spécifique.

Ce Traoré est un tel «réalisateur»; la drogue a été pour lui l'instrument du crime, le moyen de se donner la force de réaliser l'appel sacré, sans doute inspiré par la mosquée et renforcé par l'impasse personnelle.

Et on trouvera pour chaque attentat et chaque tueur suffisamment de facteurs psychiques pour l'innocenter – la folie de l'appel sacré. En fait, pour n'avoir pas à le juger.

> Les exaltés de l'islam veulent réaliser son idéal : faire disparaître les mécréants. Vu l'ampleur de la tâche, cela semble une «folie», ils doivent bien s'en douter. Faute de mieux, ils cherchent à nuire autant qu'ils peuvent.

C'est une façon de ne pas juger la religion islamique dans son rapport aux autres. Les autres ne doivent pas parler d'elle, même si elle ne cesse de parler d'eux.

Voilà de quelle manière la justice, en toute innocence, au lieu de prendre les deux folies juxtaposées et de voir leur interaction, leur entre-deux, a préféré écraser l'une par l'autre; elle a soustrait l'une à l'autre pour obtenir l'annulation de son jugement à elle; de la sorte, la fragilité des sujets qui font le djihad cache la folie de l'appel sacré.

Le refus de faire un procès au tueur de Sarah Halimi, c'est le refus non seulement de juger, mais aussi de se prononcer sur l'islam. Si l'islam de France est fort, ce sera parce qu'il est fort; s'il est faible, ce sera parce qu'il est faible; l'implicite – ou, comme on dit, «les dessous» –, c'est la politique coloniale puis arabe de la France, et le paternalisme qui protège les colonisés contre le risque de se dégager de leur religion, et notamment de l'injustice qu'elle leur enseigne envers les autres, injustice que mettent en acte les exaltés. Il faut être héroïque pour tenir cette politique; jusqu'à quand tiendra-t-elle? La question est ouverte; pour l'instant, le prix n'en est pas mince. Mais, du point de vue de l'*establishment*, c'est le prix à payer pour le «vivre-ensemble». Cela ne fait pas trop problème, puisque le tout est enveloppé par l'étiquette «laïcité» : on ne s'occupe pas de religion, et si elle crée de la violence, cela relève de la folie. Une religion ne peut pas avoir sa folie, cela risque d'interpeller ses fidèles, et c'est ce que l'on veut exclure, quitte à forclore la victime de cette folie, son existence et sa mort, sa parole, sa peur et les alertes qu'elle a lancées. Cette forclusion du sujet, du personnage central de la tragédie, introduit une troisième folie, cachée derrière son principe de laïcité, donc intouchable, *indiscutable*. (C'est le stigmate le plus sûr de cette folie.)

Des «frictions *inter*communautaires» dont l'*inter* ne va que dans un sens

Outre la religion, à laquelle on ne veut pas toucher, on impute parfois ces «histoires» à des «frictions *inter*communautaires». Le mot semble étrange car l'*inter* ne va que dans un sens, à moins de supposer que Sarah Halimi, comme figure avérée de Satan puisque juive, était déjà une agression pour ce croyant, et qu'il n'a fait que riposter. Cela nous mènerait trop loin, mais pas tant que ça. Car si on s'interroge sur l'attitude de la police, qui était sur place et qui n'est pas intervenue, on trouve peut-être un fil à tirer pour défaire cet emballage qui invoque la laïcité ou la folie.

Les hypothèses sont multiples, en voici une : la police sur place était sous l'influence de l'idée bien répandue de l'intercommunautaire; une Juive et un musulman se disputent, faut-il vraiment s'en mêler? On sait que cette dispute est sans fin; on les laisse, au risque de les laisser «s'entretuer». Mais les coups vont toujours dans le même sens, et si on viole la loi de l'assistance à personne en danger, on bafoue aussi la vocation de la police. D'autres font l'hypothèse que la police a reçu l'ordre de ne pas intervenir; on aimerait donc savoir pourquoi. D'autres encore s'interrogent sur l'identité des policiers présents : si, par exemple, ils sont musulmans, comprendre leur inaction nous mènerait assez loin. Tout comme le fait de connaître l'identité des voisins qui ont assisté à la scène et ne sont pas intervenus. Bref, on se perd en conjectures et il serait bon qu'une commission d'enquête sérieuse les élucide. Mais toutes les hypothèses ramènent la question de la folie religieuse qu'on voulait précisément escamoter.

Les Juifs, insoumis essentiels

Or nous pensons qu'il faut revoir nos idées sur la folie pour mieux comprendre ce phénomène : le discours de Traoré n'était pas fou; son acte non plus, qui réalisait ce discours. Ce qui nous paraît fou, ainsi qu'à beaucoup de musulmans, peut-être même à la plupart, c'est de vouloir le réaliser aujourd'hui, en France, alors que ce discours formule un idéal. L'idéal de l'islam tel qu'il se dit dans son Livre, c'est que les insoumis disparaissent, de préférence par conversion, sinon par la force, les insoumis essentiels étant les Juifs.

> L'idéal de l'islam? Que les insoumis disparaissent. Notre espoir : cet idéal n'est pas fait pour se réaliser. Et ceux qui veulent réaliser cet idéal sont des idéalistes, pas des fous. C'est pourquoi il faut les juger.

On voit qu'il y a de l'espoir : l'idéal de l'islam, qui est notre disparition, n'est pas fait pour se réaliser mais pour rester un idéal. À charge pour ses fidèles de le supporter : c'est comme idéal qu'il est à la fois transmis, étudié, et plutôt mis à distance. La preuve, les musulmans ont eu des Juifs sous leur coupe en grand nombre pendant treize siècles et ils n'ont pas entrepris de les anéantir; ils les ont persécutés, tolérés, humiliés, rançonnés. Preuve que cet idéal, même quand ils ont tout pouvoir, ils ne veulent pas le réaliser. Du moins pour la plupart. Et ceux qui veulent réaliser cet idéal, ce sont des idéalistes; ce ne sont pas des fous, même s'ils peuvent l'être par ailleurs. C'est pourquoi il faut les juger; qu'ils se droguent ou pas avant l'acte.

DANIEL SIBONY est psychanalyste et écrivain. Il a notamment publié *Nom de Dieu. Par-delà les trois monothéismes* en 2002, *Islam, phobie, culpabilité* en 2013, *Un certain «vivre-ensemble». Musulmans et juifs dans le monde arabe* en 2016, *Coran et Bible en questions et réponses* en 2017, tous édités chez Odile Jacob.

UNE MORT SANS HONTE NI CULPABILITÉ

BORIS CYRULNIK

Le déni est un facteur de protection où les gens s'arrangent pour ne pas entendre parler de ces crimes-là – il y a la Shoah, mais aussi le génocide arménien, le génocide rwandais, d'autres génocides et d'autres crimes. Ils ne veulent pas en entendre parler parce que cela leur est psychiquement insupportable et qu'ils ne veulent pas souffrir. Une telle réaction peut se comprendre. Cependant, elle empêche d'affronter le problème, car le déni altère la perception et la mémoire. Le déni est très différent du négationnisme, qui se caractérise par l'intention d'affirmer qu'il ne s'est rien passé, que ce soit pour les Arméniens, les Juifs ou les Rwandais. Être négationniste, c'est se faire le complice des criminels. Le déni peut se pardonner. Pas le négationnisme, qui est une complicité dans le crime.

> Le déni peut se pardonner. Pas le négationnisme, qui est une complicité dans le crime.

Dans l'histoire moderne de la France, il y a toujours eu un petit fond antisémite, qui le plus souvent s'exprimait peu. Après 1945, un renversement s'est opéré, même si les gens ont mis beaucoup de temps avant d'oser ouvrir les yeux sur la Shoah. Il a fallu que quarante ans s'écoulent. Les années 1980 ont été celles d'un véritable changement culturel, avec le film de Claude Lanzmann, les écrits et les discours de Primo Levi, le travail inlassable des Klarsfeld, et puis, en 1995, avec la reconnaissance par le président Jacques Chirac de la responsabilité de l'État dans la déportation des Juifs. Tous ont dénoncé des crimes qui sont alors apparus publiquement.

Actuellement, on assiste à un regain d'antisémitisme que j'explique par le fait que les gens craignent la nouveauté. La culture subit un profond bouleversement et beaucoup de personnes éprouvent le besoin de se regrouper en communautés, qui sont protectrices et dangereuses en même temps parce qu'elles fabriquent des clans. Or, on peut tout à fait être hyper moral avec les gens du même clan et vouloir la mort des gens du clan d'à côté.

Et une mort sans honte et sans culpabilité.

BORIS CYRULNIK est neuropsychiatre. Il a publié en 2022
Le laboureur et les mangeurs de vent aux éditions Odile Jacob.

L'ANTISÉMITISME N'EST PAS SOLUBLE DANS LA FOLIE

RAPHAËL ENTHOVEN

Fallait-il ou non juger le fou? Je ne sais pas. Je ne suis pas juriste. J'ai mon idée là-dessus, mais je laisse à d'autres le soin d'y répondre. Pourtant, ce n'est pas parce que l'homme n'est pas jugé qu'il n'y a pas eu de crime! Et les gens qui se servent de la Cour de cassation pour dire qu'on peut passer à autre chose sont des salauds.

Quelle leçon retenir du meurtre de Sarah Halimi? Que l'antisémitisme n'est pas soluble dans la folie.

Les gens qui se servent de la Cour de cassation pour dire qu'on peut passer à autre chose sont des salauds.

Des territoires gangrenés par l'islamisme

Si fou (ou défoncé) soit-il, l'assassin du docteur Halimi est d'abord antisémite. Pas plus la drogue que la bouffée délirante ne rendent antisémite. C'est l'environnement. L'assassin de Sarah Halimi a vécu dans un environnement où il a appris à détester les Juifs, à en faire des diables et à considérer que leur disparition serait un bienfait. L'assassin n'ignorait rien de la religion de sa victime : c'était sa voisine, et sa propre sœur l'avait déjà accueillie en crachant par terre au cri de *sale Juive!* Peut-être l'assassin est-il fou, mais alors sa folie est orientée par la haine de son milieu. L'islamisme et l'antisémitisme frénétique qui gangrènent certains territoires de la République sont aussi les assassins de Sarah Halimi. Eux courent toujours.

Ce n'est pas la drogue qui rend antisémite, mais un environnement où l'on apprend à transformer les Juifs en diables.

Ce crime est l'affaire de la communauté nationale

Il est insupportable d'entendre que les tueurs de femmes juives sont d'abord fous, que les agresseurs de Juifs dans la rue sont des «déséquilibrés» ou que les tueurs de *Charlie Hebdo* ont eu une enfance difficile. Dire cela, c'est fuir la réalité et esquiver la haine. Dire cela, c'est pratiquer le déni. Non qu'il soit faux de le dire, mais un crime de cette gravité n'est jamais soluble dans les excuses et les prétextes qu'on lui trouve. Il faut donc remettre les choses dans l'ordre : quand on tue des Juifs, on est certes fou. Mais avant d'être fou, on est antisémite.

Quand on tue des Juifs,
on est certes fou.
Mais avant d'être fou,
on est antisémite.

Enfin, contrairement à ce qu'affirment certains élus, ce crime n'est pas seulement l'affaire de la communauté juive, mais bien l'affaire de la communauté nationale. Et celle-ci n'est pas une addition de chapelles plus ou moins solidaires selon la catastrophe. Il faut de toute urgence prendre le contrepied du discours selon lequel seuls ceux qui sont «concernés» par une épreuve ont le droit d'en légitimement parler. Il s'agit, là, d'une tragédie nationale qui engage la sécurité collective : «Pas un Français, écrit Sartre à l'issue de ses *Réflexions sur la question juive*, ne sera en sécurité tant qu'un Juif, en France et dans le monde entier, pourra craindre pour sa vie.»

RAPHAËL ENTHOVEN est professeur de philosophie, journaliste et conseiller de la rédaction de *Franc-Tireur*. En 2022, il a publié *Krasnaïa* aux éditions de l'Observatoire et *Qui connaît Fabien Roussel?*, un livre d'entretien, chez le même éditeur.

LES FAIBLES ET LES FORTS

DANIEL LECONTE

Le jour de l'assassinat de Sarah Halimi, un souvenir est remonté en moi. Dans un journal que je présentais sur France 2 en 1983, figurait le sujet de l'antipsychiatrie... Au moment des faits, il y a quarante ans, ce courant incarnait une des grandes utopies nées dans l'ambiance libertaire de mai 1968. L'hôpital hors les murs, les fous dans la rue! Selon la thèse défendue alors par les psys progressistes, les fous étaient des êtres humains plus ou moins comme les autres, seulement stigmatisés par la société. Dès lors, il fallait leur appliquer une égalité de traitement pour qu'ils répondent eux aussi, comme tout citoyen à part entière, de leurs actes, y compris ceux qui étaient passés à l'acte, et déférés devant les tribunaux.

L'argument des psys progressistes était assez simple : habituellement, les fous passés à l'acte étaient renvoyés à l'asile sans passer par la case justice. C'est le psychiatre, et lui seul, qui pouvait alors décider de les remettre en liberté, à défaut de quoi ils risquaient de finir leurs jours dans un hôpital, sans avoir jamais été jugés. Condamnés par la justice pour leur crime, pensait-on, ils seraient remis en liberté une fois leur peine accomplie. La conclusion des tenants de l'antipsychiatrie? Les fous condamnés étaient mieux traités que les fous qui ne l'avaient pas été.

L'antisémitisme : si rare que l'on peine à le reconnaître ?

Si l'on s'en tenait à ce raisonnement radical dans le cas de l'assassin de Sarah Halimi, l'institution judiciaire aurait dû autoriser son procès, donnant par là même une certaine satisfaction à la famille et à l'opinion publique. En fait, c'est tout le contraire qui s'est produit. La justice a opéré au profit du meurtrier et au désavantage de la famille, mais aussi de tous ces Français qui souhaitaient que Traoré réponde de ses actes. Au final, pour les qualifier d'antisémites, il a fallu une année de bataille!

L'antisémitisme n'est-il pas encore assez répandu en France pour le nommer sans détour quand il sort du bois? Pourquoi ménager cette peste en évoquant «une bouffée délirante» pour dissimuler l'intention? Est-il si rare qu'on peine à reconnaître la Bête immonde quand elle se présente à nous à visage découvert?

Avec le recul du temps, le traitement judiciaire réservé à cette affaire, tout comme sa couverture médiatique, me semble encore plus révoltant.

On y retrouve l'expression la plus aboutie de ce déni, fort répandu chez les anticonformistes de salon ou les planqués professionnels, qui leur interdit de nommer comme tels les crimes commis par les islamistes.

Ce déni, fort répandu chez les anticonformistes de salon, qui leur interdit de nommer comme tels les crimes commis par les islamistes.

L'affaire Halimi, la fois de trop

Tant d'énergie dépensée pour détourner le regard, pour ne pas appeler un chat un chat! Tant de contorsions pour éviter de voir ce que tout le monde voit! Avec l'affaire Halimi, c'est la fois de trop. Mal nommer cette horreur revient à tuer cette femme une deuxième fois.

Nous vivons un moment tragique où «les faibles», quand ils sont juifs, ne bénéficient pas du même traitement de faveur que les autres devant le tribunal de la bien-pensance. Quand ils sont agressés ou tués par les «nouveaux antisémites», la justice peine à prononcer un verdict juste, adéquat à la gravité des faits.

L'appareil judiciaire, allié du camp du déni?

Les «belles âmes» militent contre «les violences policières», pour les femmes battues, contre le délit de «faciès». Mais elles se retiennent étrangement quand une femme juive est assassinée chez elle et défenestrée par son voisin, un musulman radicalisé issu de l'immigration. Il y a quelque chose qui ne tourne pas rond en France. Une partie de notre appareil judiciaire, sensible au tribunal des réseaux sociaux, se serait-elle aujourd'hui alliée au camp du déni et de la bien-pensance? Avec l'affaire Sarah Halimi, la question se pose.

DANIEL LECONTE est journaliste, lauréat du Prix Albert Lecache des Droits de l'homme pour *Refuzniks ou la liberté refusée* en 1982, du Prix Albert Londres en 1988 pour *La deuxième vie de Klaus Barbie* et récompensé en 2011 par un Golden Globe pour la série *Carlos*. Ex-directeur de l'information d'Arte, réalisateur et producteur de cinéma et de télévision, il a produit *Les nouveaux antisémites* en 2002 et coréalisé avec Barbara Necek *Vous avez dit antisémite?* Il a aussi réalisé *C'est dur d'être aimé par des cons*, en 2008.

ÉCLAIRAGE 1

LA COMMISSION D'ENQUÊTE PARLEMENTAIRE ET LA LOI DITE « SARAH HALIMI » 2021-2022

MA CONVICTION : SARAH HALIMI AURAIT PU ÊTRE SAUVÉE CE SOIR-LÀ[44]

MEYER HABIB

Dans la nuit du 3 au 4 avril 2017 à Paris, le docteur Sarah Halimi était massacrée chez elle à poings nus pendant presque quinze minutes, avant d'être défenestrée par son meurtrier, parce qu'elle avait le malheur d'être juive. Encore une fois, soixante-quinze ans après la Shoah, après Ilan Halimi, après Sébastien Selam, après les victimes de l'école de Toulouse et de l'Hypercacher et avant Mireille Knoll, l'antisémitisme a tué en France.

Ce meurtre barbare, d'une violence inouïe, a d'abord étrangement été couvert par un silence médiatique, comme nous l'a lui-même confié le procureur de la République de Paris au moment des faits, M. François Molins, lors de son audition par notre commission. Il a fallu notamment attendre ma question au gouvernement en juillet 2017 – soit trois mois après le meurtre – et la reprise des travaux parlementaires, pour que l'opinion commence à s'intéresser et à se saisir de cet énième drame.

À l'horreur de ce meurtre, au déni politique et à la détresse d'une famille face à ce nouvel affront qu'est l'indifférence, s'est ajoutée l'incompréhension concernant la décision de justice de la cour d'appel de Paris de retenir l'irresponsabilité pénale du meurtrier en raison de l'abolition, d'abord supposée partielle puis totale, de son discernement par son intoxication au cannabis.

Chacun peut saisir les conséquences juridiques, mais aussi morales, d'une telle décision, et l'effroi qu'elle répand sur une famille dont le deuil, déjà douloureux, devient dès lors insupportable.

> Encore une fois, soixante-quinze ans après la Shoah, l'antisémitisme a tué en France.

Appelé très vite par le frère de la victime trois jours après le meurtre, je me suis longuement intéressé au dossier et il m'a rapidement semblé évident que cette décision fut prise sur la base d'une enquête lacunaire,

44– Ce texte reprend l'avant-propos, très légèrement remanié, de Meyer Habib au Rapport de la commission d'enquête parlementaire qu'il a initiée et présidée, remis en janvier 2022, mais dont il a refusé de signer les conclusions. (NdE)

voire d'un excès de compréhension du meurtrier par la juge d'instruction, au détriment à la fois de la victime et de la veuve.

L'absence initiale de la circonstance aggravante de l'antisémitisme du meurtre, pourtant flagrant, par la juge d'instruction – circonstance finalement retenue à l'issue de dix longs mois et grâce à l'insistance des parties civiles et du parquet – accroît à la fois notre sentiment de bâclage et d'aberration.

Comment la famille d'une femme martyrisée à mains nues pendant près de quinze minutes, puis défenestrée par un bourreau qu'elle craignait et qui la harcelait d'insultes antisémites, peut-elle subir cette nouvelle offense?

Il a fallu attendre l'indignation d'une partie de la société civile pour entrevoir enfin l'espoir depuis l'abîme. Le président de la République lui-même, sorti exceptionnellement de sa réserve en janvier 2020, devant les Français d'Israël à Jérusalem, a exprimé le besoin de procès face à une décision dont l'inanité nous frappe encore.

Hélas, le procès en assises du meurtrier n'aura jamais lieu, comme l'a confirmé la Cour de cassation dans une décision tristement célèbre rendue définitivement le 14 avril 2021.

Le soulèvement, l'émotion, les manifestations qui suivirent cette décision dans le monde entier, jusqu'à la décision des avocats de la famille de saisir une juridiction étrangère – israélienne, en l'occurrence –, m'ont convaincu qu'il était nécessaire de poursuivre ce combat en France. J'ai donc entamé le long processus d'initiation d'une commission parlementaire afin de savoir, à l'image de l'affaire d'Outreau, si oui ou non il y avait eu des dysfonctionnements de la part des services de l'État dans cette affaire, et, si c'était hélas le cas, quels étaient ces dysfonctionnements.

À mon initiative, à laquelle s'est rapidement jointe la députée Constance Le Grip, notre Assemblée a donc adopté la proposition de résolution tendant à créer une commission d'enquête chargée de rechercher «les éventuels dysfonctionnements de la justice et de la police dans l'affaire dite Sarah Halimi».

Pourquoi la police, sur place, n'est-elle pas intervenue?

L'objectif de la commission d'enquête était notamment de comprendre :

• Pourquoi les forces de l'ordre ne sont pas intervenues, alors qu'elles étaient en grand nombre sur place, que l'assassin n'était pas armé, et qu'il a martyrisé à mains nues pendant près de quinze minutes une femme qui hurlait devant tout un immeuble de voisins réveillés qui n'arrêtaient pas d'appeler.

• Pourquoi les policiers ont caché qu'ils avaient le trousseau de clés de l'appartement des Diarra et pourquoi il n'a pas été utilisé.

• Pourquoi la préméditation a été écartée par la juge, alors qu'il s'agissait d'un individu manifestement radicalisé et profondément antisémite, que la victime craignait depuis des années à cause de ses insultes et menaces, et tandis que l'assassin avait déclaré dans la matinée du meurtre à un ami : «Ce soir, tout sera réglé.»

• Pourquoi il n'y a jamais eu de reconstitution, pourquoi la téléphonie n'a pas été investiguée, pourquoi les voyous que fréquentait le meurtrier juste avant cet acte odieux et chez qui il a dormi n'ont jamais été entendus.

• Pourquoi la juge a refusé la première expertise qui validait l'abolition partielle (et aurait donc renvoyé le meurtrier en cour d'assises), exigeant une deuxième expertise que la défense ne demandait pas, et tant d'autres questions encore...

La demande de commission d'enquête a été cosignée par près de quatre-vingts députés des partis LR, RN, UDI, quelques-uns de LREM et du MODEM, mais aucun parti de gauche.

Je tiens d'ailleurs à remercier mes collègues du groupe UDI & Indépendants, et en particulier son président Jean-Christophe Lagarde, d'avoir accepté d'utiliser notre droit de tirage annuel pour cette commission.

J'ai constaté avec regret que, une fois que la commission s'est constituée, aucun député de gauche (ni du Parti socialiste, ni de la France insoumise, ni du Parti communiste) n'a jamais assisté à la moindre minute de nos travaux.

La recherche de vérité et la lutte contre toute forme de racisme et d'antisémitisme sont des impératifs dans lesquels chacun se doit d'être investi, et ce quelle que soit sa sensibilité politique.

> Je constate avec regret que, une fois la commission constituée, aucun député de gauche n'a jamais assisté à la moindre minute de nos travaux!

Comment comprendre également que LCP (La Chaîne parlementaire) n'ait jamais consacré la moindre minute sur cette commission d'enquête et n'ait même jamais diffusé les moindres travaux, au contraire d'autres affaires plus dérisoires, dont l'affaire Benalla, pour ne citer qu'elle? Le meurtre d'une femme juive en plein Paris est-il si anodin pour mériter cette indifférence médiatique?

Très rapidement, la commission constituée, je me suis rendu compte de la difficulté que j'aurais à pouvoir auditionner librement un très grand nombre de personnes dont l'audition me paraissait nécessaire. Alors qu'à peine un tiers des auditions ont initialement été validées par l'ex-rapporteur Didier Paris, celui-ci m'a reproché d'en avoir commenté, à cause de leur supposée confidentialité. Dans la réunion constitutive, il avait pourtant été convenu que toutes les auditions se tiendraient en audition publique, à l'exception notoire de celle du meurtrier qui n'a finalement jamais eu lieu.

La démission regrettable de l'ex-rapporteur qui s'ensuivit portait en germe le manque de coopération de certains membres de la commission, qu'ils ont ensuite confirmé tout au long de ces mois de commission d'enquête.

Tous ces blocages peuvent laisser penser que la volonté d'une partie des membres – cela transparaît clairement dans ce rapport – était toujours de continuer à masquer une partie de la vérité, de protéger quoi qu'il advienne les services de l'État, et de dissiper les doutes légitimes que nous exprimions et les dysfonctionnements que nous révélions. L'ex-rapporteur, qui accessoirement n'avait pas cosigné la demande de commission d'enquête, m'avait bien fait comprendre qu'il avait la majorité parlementaire au sein de la commission et qu'aucune audition ne se ferait sans son accord explicite.

Les moyens légaux dont je disposais se sont donc heurtés au refus et à l'habillage politicien d'une partie de la commission dont la tournure n'honore pas notre devoir de parlementaire. Je regrette à cet égard la réticence initiale du président de l'Assemblée nationale lui-même, qui m'a été rapportée par plusieurs témoins.

Le refus absolu et incompréhensible, malgré mes appels personnels et insistants, des membres du bureau LREM de la commission de nous accompagner lors de notre deuxième déplacement chez la victime en présence d'un expert judiciaire – un des moments cardinaux de l'enquête parlementaire – témoigne également de l'insuffisance et de la négligence dont ils ont fait preuve.

Cette visite nocturne avait pour seul intérêt de se mettre dans les conditions du soir du drame et de vérifier la cohérence des témoignages des policiers et des éléments retenus par la juge d'instruction. Elle était parfaitement en accord avec l'objet de notre commission d'enquête, puisqu'elle suivait ce double objectif :
- vérifier si les policiers avaient dit la vérité ou menti sous serment en déclarant ne pas avoir entendu les cris d'une femme en train de hurler avant d'agoniser, hurlements que tous les témoins nous ont affirmé avoir entendus;
- vérifier si les éléments retenus par l'enquête judiciaire étaient semblables à nos observations et à l'expertise réalisée.

Cette visite était donc à la fois nécessaire et conforme à notre mission, ce pourquoi j'avais tellement insisté pour que l'ensemble des membres du bureau soient présents.

En réalité, ils ne voulaient pas voir une vérité évidente et qui aurait pu de façon certaine attester ces dysfonctionnements.

Plus encore, ils ont refusé de joindre l'expertise judiciaire essentielle qui a été réalisée au moment de cette visite pour vérifier la version des policiers concernant les cris de la victime (qu'ils n'auraient pas entendus) et la supposée théorie, suggérée par la juge, de la porte-fenêtre ouverte au moment de l'introduction du meurtrier (un des éléments retenus pour justifier la thèse de la bouffée délirante aiguë du meurtrier).

À mon grand étonnement, je me suis également vu refuser de manière exceptionnelle et incompréhensible les auditions pourtant si importantes de certains témoins clés de l'affaire.

Je déplore, d'abord, qu'aucun des proches du meurtrier l'ayant fréquenté et accompagné les jours et les minutes avant les faits n'ait été entendu ni par la juge d'instruction, ni par notre commission. La famille du meurtrier (en particulier les sœurs, dont l'antisémitisme est avéré) n'a également jamais été entendue par la commission, malgré mes innombrables demandes. Ces derniers auraient dû nous être d'une aide cruciale dans l'appréhension de l'idéologie du meurtrier, dans l'évolution de ses motivations, et donc dans l'appréciation de la préméditation du meurtre. Les motifs invoqués, l'impossibilité supposée de les localiser, sont invraisemblables pour une commission d'enquête et dans un État de droit, d'autant plus que nous avons appris qu'ils continuent régulièrement à dealer dans le quartier, et surtout rencontrent l'assassin qui sort régulièrement de l'unité pour malades difficiles.

Par ailleurs, je regrette de n'avoir jamais pu auditionner un des commandants de police judiciaire BJ en charge de l'enquête – acteur pourtant incontournable de la chaîne pénale –, car supposé dispensé par un certificat médical produit en septembre dernier.

Une voisine de la victime, également policière et à qui Sarah Halimi avait confié seulement deux jours avant le meurtre sa crainte du meurtrier, témoin des insultes qu'il lui asséna pendant des années, était, elle aussi, dispensée par un arrêt de travail. Elle a pu être finalement auditionnée par la commission, uniquement grâce à ma persévérance et à mon appel personnel. Elle a été briefée et a subi des pressions exercées par sa hiérarchie avant de se présenter en audition. Cet épisode laisse penser que le commandant de la PJ aurait pu, lui aussi, subir des pressions pour ne pas se présenter en audition. Nous avons aussi des témoignages qui montrent que les policiers ont été briefés longuement avant de se présenter en commission, ce qui est tout à fait inadmissible.

De surcroît, j'exprime le regret de n'avoir pu disposer de certains documents essentiels à la meilleure compréhension de l'intervention de police et qui nous auraient été extrêmement utiles pour la reconstitution de la chronologie des faits, elle-même sujette à de vives contradictions. Ces documents audio, retraçant les échanges entre policiers, ont profondément manqué à la bonne conduite de notre enquête et à l'exhaustivité du travail parlementaire.

Comment le rapport de la commission peut-il ne pas inclure les témoignages des témoins qui ont assisté à la scène du drame? Serait-ce parce qu'ils sont accablants pour la police?

Le rapport ne mentionne pas non plus l'audition remarquable et éclairante de Georges Fenech, ancien magistrat et président de la commission d'enquête sur les attentats de 2015 à Paris, à laquelle le rapporteur Didier Paris s'était farouchement opposé, ni aucune des recommandations pourtant très pertinentes qu'il a suggérées. En réalité, depuis le premier jour jusqu'au dernier, tout laisse penser que l'objectif de certains a été de faire de cette commission un pur exercice de forme, donnant l'impression de vouloir préserver à tout prix l'irresponsabilité des services de l'État, et ce malgré les éléments flagrants de dysfonctionnements révélés par la commission. Nous avons aujourd'hui pourtant la certitude et la preuve que certains policiers ont menti sous serment durant nos auditions.

Si une phrase doit résumer l'esprit de ce rapport, rédigé par les administrateurs de l'Assemblée nationale, je relèverai les conclusions du rapporteur : «Aux yeux de votre rapporteur, cette opération ne présente pas de dysfonctionnement des services de police»!!

Un député, membre de LREM et approuvé par l'un de ses collègues, a dit lui-même lors du vote du rapport que si on lui demandait s'il y a eu des dysfonctionnements dans cette affaire, il répondrait évidemment et naturellement oui.

L'adoption du rapport n'a d'ailleurs été votée que par le seul groupe parlementaire LREM, alors que les trois autres groupes représentés lors du vote (LR, UDI & I, MODEM) et de la commission ne l'ont pas voté.

Je préfère ne pas m'étendre sur la méconnaissance du dossier du rapporteur, que je regrette. Quant à ses collaborateurs, on ne les a jamais vus!

J'ai eu la naïveté de croire que l'évidence des faits et que la force des preuves feraient que ces dysfonctionnements allaient être constatés sereinement et unanimement. J'ai vu beaucoup de dénis, de blocages, de démissions, de refus et de couvertures dans ce rapport. J'invite chacun, en son âme et conscience, à visionner à nouveau celles de nos auditions filmées et rendues publiques et à se faire une idée des incohérences et des dysfonctionnements de cette affaire.

> Bien sûr, il est normal dans une grande démocratie de ne pas juger les fous. Mais le meurtrier l'était-il vraiment?

Vous trouverez dans ma contribution la liste factuelle mais non exhaustive des dysfonctionnements que j'ai établie, cosignée par le député François Pupponi, secrétaire de cette commission.

Nous reviendrons sur :

- **L'intervention de police :** il apparaît que les policiers ont doublement menti, en expliquant n'avoir pas entendu les cris de la victime en train d'être battue, et en faisant croire qu'ils ne pouvaient intervenir à défaut de pouvoir forcer la porte d'entrée des Diarra chez qui le meurtrier se trouvait avant de s'introduire chez Sarah Halimi. Or, il apparaît qu'ils entendaient évidemment ces cris, comme tous les témoins, et qu'ils avaient les clés de la porte d'entrée des Diarra. Il est étonnant que la hiérarchie policière n'ait pas tout fait pour tirer au clair la situation.

- **L'enquête judiciaire :** l'enquête judiciaire s'est épargné des actes de vérification comme l'exploitation des téléphones des auteurs et de l'entourage familial et amical. On ne sait pas qui le meurtrier Kobili Traoré appelait les jours qui ont précédé son acte, pendant son acte, ni même immédiatement après. Les amis de Kobili Traoré ont été traités comme des témoins étrangers aux faits, alors qu'ils sont des voyous notoires et qu'ils l'accompagnaient à la mosquée la veille des faits, à trois reprises.
- **La préméditation :** il semble curieux que, tout en ayant pris le soin de relever que des vêtements et une serviette appartenant à Kobili Traoré avaient été laissés chez les Diarra, le parquet n'ait pas ordonné d'interroger les protagonistes sur l'origine et le moment où ces vêtements avaient été introduits. Aucune question à ce sujet. C'est d'autant plus frappant qu'ils ont pu servir à un rituel religieux et à des ablutions, ce qui témoignerait d'une lucidité et d'une forme de préparation de l'acte chez Kobili Traoré, à l'encontre des observations des psychiatres. De là à penser que ces négligences ont été volontaires, il n'y a qu'un pas. On ne peut pas induire le soupçon dans l'opinion publique en omettant des vérifications élémentaires.
- **L'examen psychiatrique :** on constate à cet égard un fait massif. C'est la thèse selon laquelle la bouffée délirante aiguë aurait été le marqueur d'une entrée dans une maladie mentale chronique qui a été relevée après avoir été avancée par le second collège d'experts. Or, la suite de l'hospitalisation de Kobili Traoré a démenti ce diagnostic : aucune maladie mentale ne s'est jamais installée et il paraît aujourd'hui au seuil de sortir d'hospitalisation, ce que tous les intervenants ont confirmé, dont son avocat. Une telle erreur est anormale, d'autant qu'elle s'inscrit dans une rivalité entre experts qui a été habilement utilisée par la juge d'instruction. Le meurtrier se déplace d'ailleurs très régulièrement à l'extérieur.

> La thèse de la préméditation, prouvée, a été sciemment écartée au profit de celle de l'abolition totale du discernement d'un individu sans aucun antécédent psychiatrique.

Au regard des dysfonctionnements, des incohérences et des lacunes avérés par les auditions et investigations, j'ai une triple conviction :

• Sarah Halimi aurait pu être sauvée! Sarah Halimi aurait dû être sauvée le soir du meurtre! L'instruction a été menée avec négligence et à décharge, avec un manque flagrant d'objectivité.

• La thèse de la préméditation a été sciemment écartée au profit de celle de l'abolition totale du discernement d'un individu sans antécédent psychiatrique.

• Je rappelle encore une fois l'antisémitisme et la radicalisation du meurtrier, sa fréquentation de la mosquée salafiste Omar avant les faits, ainsi que le rituel, lui aussi salafiste, qu'il a réalisé juste avant de passer à l'acte.

Aujourd'hui, je sors de cette commission avec ces certitudes, mais aussi ébranlé et troublé. Nous avons répondu et élucidé beaucoup de questions, mais ma confiance dans la police, la justice, et encore plus dans la classe politique de mon pays a été fissurée. Ce qui était, pendant des années, une intime conviction semble aujourd'hui confirmé avec certitude par notre commission d'enquête parlementaire : les conclusions de l'affaire Sarah Halimi reposent sur de graves erreurs policières et judiciaires couvertes par l'ensemble des acteurs précités.

Je tiens tout de même à rappeler que j'aime et respecte nos policiers, qui travaillent souvent dans des conditions très difficiles, avec parfois un manque de soutien de leur hiérarchie.

Je tiens aussi à dire que les auditions des ministres actuels de l'Intérieur et de la Justice ont été très importantes, sans langue de bois, et qu'elles ont aidé les travaux de la commission.

Par ailleurs, il est bien sûr normal, dans une grande démocratie, de ne pas juger les fous. Mais le meurtrier l'était-il vraiment? Trop d'éléments laissent à penser que l'assassin, par antisémitisme compulsif, avait prémédité son acte, préparé et organisé soigneusement son périple, et avait sciemment choisi sa victime. Qu'il soit possible à la fois dans notre pays de commettre un meurtre reconnu comme antisémite et d'en être irresponsable pénalement me subjugue encore.

À l'inverse de Dreyfus, Sarah Halimi ne reviendra pas du bagne.

Comme dans l'affaire Dreyfus, rien ne pourra s'opposer définitivement à ce que la vérité éclate.

La République porte en étendard les principes de vérité et de justice. Je veux continuer à croire, naïvement peut-être, qu'ils triompheront, comme ce fut le cas il y a plus d'un siècle lorsqu'un capitaine juif accusé à tort de haute trahison fut, après avoir été dégradé et humilié, finalement libéré des chaînes de la honte et du déshonneur. À l'inverse de Dreyfus, on disculpe aujourd'hui un meurtrier antisémite. À l'inverse de Dreyfus, Sarah Halimi ne reviendra pas du bagne puisque, hélas, elle est morte. Mais comme dans l'affaire Dreyfus, rien ne pourra s'opposer définitivement à ce que la vérité éclate totalement un jour, très vite je l'espère. À défaut de pouvoir la faire ressusciter, je continuerai toujours, député ou non, à me battre pour son honneur et contre cet antisémitisme qui massacre, tue et endeuille trop de familles en France. J'ai pris cet engagement devant sa tombe à Jérusalem, aux côtés de son fils et de son frère.

Le masque islamiste de cet antisémitisme ne doit pas nous tétaniser et nous priver d'actions par déni, faiblesse, ou pire encore, par indifférence. Il est tout à fait inconcevable, si ce n'est insupportable, que nos compatriotes juifs soient menacés dans le pays qu'ils chérissent, dans leur pays, dans notre pays, sans même que le glaive de la justice ne vienne punir leurs pourfendeurs les plus cruels.

La justice est humaine, et en cela faillible. La création de la commission et ses travaux ont déjà permis à la famille de Sarah Halimi, mais aussi à tous les Français épris de justice, de trouver une consolation dans son drame. Je ne désespère pas face à l'idée que, un jour, elle puisse réellement faire le deuil d'une femme rayonnant d'une dignité et bonté que ses proches me témoignent tous les jours, et qui renforcent mon engagement.

MEYER HABIB est député de la huitième circonscription des Français de l'étranger et a été vice-président du Conseil représentatif des institutions juives de France (CRIF), où il était responsable de la commission Israël.

VI

UNE AFFAIRE FRANÇAISE

OU À LA RECHERCHE DU COURAGE EN POLITIQUE

NOTRE DEVOIR D'AGIR

MARTINE AUBRY

De l'encre a coulé à propos de la tragédie dont Sarah Halimi a été victime; beaucoup, mais sûrement pas trop. Il n'y en aura jamais trop pour rappeler les circonstances de son assassinat.

> Beaucoup d'encre a coulé sur la tragédie dont Sarah Halimi a été victime, certainement pas trop.

Juive pratiquante, elle se méfiait de ce jeune voisin, Kobili Traoré, toxicomane, probablement radicalisé, qui avait sombré dans la délinquance depuis son adolescence, jusqu'au soir où il pénétra chez elle par le balcon pour la violenter et la défenestrer sous les yeux des policiers postés à l'extérieur.

S'ensuivra un marathon judiciaire qui durera quatre ans pour déterminer s'il s'agissait d'un acte pouvant être qualifié de crime antisémite, ou si l'agresseur avait subi une altération de son état mental en raison de la prise de produits toxiques. La Cour de cassation conclut en dernier ressort à l'irresponsabilité.

Il y a eu beaucoup de réactions après cette décision de justice, qui a fini par prendre la forme d'une loi apportant deux exceptions à l'irresponsabilité pénale, dont une en lien direct avec les circonstances de la mort de Sarah Halimi. Comme c'est trop souvent le cas, il aura fallu un drame sordide pour faire progresser le droit.

> Les injures antisémites ou racistes peuvent conduire au pire.

Mais s'il est nécessaire de faire couler de l'encre quand il s'agit des crimes les plus odieux, il en faut également pour dénoncer les outrages qui peuvent toucher les plus fragiles d'entre nous, victimes d'injures antisémites ou racistes, de tags xénophobes, de profanations, autant de délits constatés chaque jour et qui pourraient conduire au pire, comme dans l'affaire Sarah Halimi, s'ils étaient considérés comme des actes banals du quotidien.

Élus, intellectuels engagés, responsables des cultes, citoyens, il est de notre devoir de ne rien taire et d'agir.

MARTINE AUBRY, ancienne ministre, est maire de Lille.

LA VÉRITÉ LIBÈRE TOUJOURS

CORINNE LEPAGE

Pourquoi avoir voulu tuer deux fois Sarah Halimi? Au-delà du crime atroce, le refus de reconnaître ce crime pour ce qu'il était, à savoir un crime antisémite, interpelle. Le refus d'inscrire cette femme dans notre mémoire collective comme victime de la peste antisémite témoigne d'un déni qui est non seulement une manière de tuer une deuxième fois Sarah Halimi, mais également le révélateur d'un antisémitisme multiforme qui travaille la société française. La première question qui vient à l'esprit est celle-ci : pourquoi le doute est-il systématiquement de mise lorsqu'une infraction de caractère évidemment antisémite (ce que révèlent les propos des agresseurs et le choix délibéré des victimes) est commise?

Ce refus d'appeler un chat un chat et de qualifier un crime d'antisémite témoigne d'une forme de veulerie liée à la peur de susciter des réactions de la part de groupes dont l'antisionisme est devenu le viatique de l'antijudaïsme.

Mais le mensonge n'a jamais résolu les problèmes. Certes, les instances politiques en place et certains partis politiques affichent un rejet clair de l'antisémitisme. Mais cette position n'est pas générale, à l'extrême droite comme à l'extrême gauche, et malheureusement un certain nombre de décisions de justice interpellent sur la compréhension par les magistrats du phénomène antisémite. Dès lors, le cas de Sarah Halimi est devenu le symbole du caractère criminel et mortifère de la passion antisémite inhérente à l'islamisme et de la difficulté de la société française à reconnaître cet état de fait. La vérité libère toujours.

CORINNE LEPAGE est ancienne ministre et avocate.

DÉNI, COMPLAISANCE ET COMPLICITÉ
MICHAËL PRAZAN

Il en va de l'antisémitisme comme de l'islamisme. Leurs maîtres mots, dans la société d'aujourd'hui, sont le déni, la complaisance et la complicité.

Déni des médias – en particulier du quotidien *Le Monde* –, quand Ilan Halimi était enlevé, séquestré, torturé, brûlé vif et finalement assassiné par le gang des Barbares de Youssouf Fofana, en 2006, parce que juif.

Déni de la justice quand les mobiles du crime sont édulcorés ou passés sous silence, quand la juge d'instruction, Anne Ihuellou, balaie d'un revers de main l'antisémitisme et la radicalisation islamiste de l'assassin de Sarah Halimi.

Complaisance quand la prise de stupéfiants n'est plus circonstance aggravante, mais atténuante.

Complicité quand l'assassin échappe à tout jugement et que les familles des victimes, méprisées, sont abandonnées à leur deuil impossible. Quand la haine, la barbarie et l'abjection sont escamotées au profit d'un déséquilibre psychique.

Quand la France insoumise défile avec les Frères musulmans

Complaisance et complicité quand la France insoumise défile en tête de cortège d'une manifestation contre «l'islamophobie» organisée par la confrérie islamiste des Frères musulmans, ou quand le Parti communiste et ses alliés de la Nupes, à peine la nouvelle Assemblée constituée, s'empresse de clouer au pilori Israël, qualifié d'État «d'apartheid», pour souder, comme le faisait naguère l'extrême droite, les franges disparates de son électorat dans une même haine des Juifs et du symbole que représente pour eux ce petit pays menacé dès l'origine d'être «effacé de la carte», à qui l'on renouvelle, génération après génération, le déni de son droit à exister.

Déni, complaisance, complicité quand les victimes sont niées, refoulées, effacées, et que leurs bourreaux, exonérés de toute responsabilité, sont érigés en boucs émissaires d'une relégation sociale justifiant tous les discours diabolisants et tout passage à l'acte criminel.

MICHAËL PRAZAN est écrivain et réalisateur. Il a publié *Souvenirs du rivage des morts* chez Rivages en 2021. Il a notamment écrit et réalisé le documentaire *La Confrérie. Enquête sur les Frères musulmans* en 2014.

LE «NOUVEAU PS» NE DÉFEND PLUS LA LIGNE DE GUY MOLLET

RENÉE FREGOSI

Au lendemain de l'assassinat de Sarah Halimi, un petit millier de personnes réunies par le CRIF à Belleville ont défilé «dans une ambiance tendue», rapportait BFMTV : euphémisme convenu occultant les gestes agressifs et les insultes antisémites de «voisins» musulmans imprégnés, comme l'assassin Kobili Traoré, de la détestation des Juifs et de l'État d'Israël, entretenue par des préceptes religieux et un «antisionisme» pro-palestinien. Quelques jours plus tôt, face à un rassemblement réclamant le «boycott d'Israël» et la «séparation du CRIF et de l'État» (!), une poignée de contre-manifestants se signalaient courageusement par le drapeau et l'hymne israéliens.

Moi, socialiste héritière des dreyfusards et du parti de Léon Blum

> Le drapeau du PS, nous l'avions brandi dans une manif en 1980, après la rue Copernic. D'où une remontrance de Jospin...

J'aurais aimé voir s'y mêler des drapeaux de mon parti socialiste comme nous l'avions fait avec quelques camarades en octobre 1980 dans la manifestation spontanée après l'attentat contre la synagogue de la rue Copernic, à Paris. Ce qui m'avait valu une remontrance de la part de Lionel Jospin, qui refusait d'afficher son appartenance politique. Je lui rétorquai que moi, c'était en tant que socialiste héritière des dreyfusards et du parti de Léon Blum que j'étais là. Je n'avais pas compris que le «nouveau PS» ne défendait plus la ligne d'un Guy Mollet affirmant, en 1956 : «Nous connaissons bien le peuple d'Israël. Nous savons [...] le courage avec lequel, environnés de populations hostiles, ils maintiennent l'intégrité de leur territoire. Nous savons leur attachement aux Droits de l'homme et aux principes fondamentaux de la démocratie [...]. Nous savons, enfin, les provocations auxquelles Israël est soumis de la part de certains pays arabes [qui] affichent ouvertement leur volonté de rayer un jour Israël de la carte.»

Comment le Parti socialiste a abandonné le soutien aux Juifs et à Israël

> Abandon de la classe ouvrière
> et des classes moyennes au profit
> des «exclus» et des «immigrés»,
> abandon de la lutte laïque contre toutes
> les emprises religieuses,
> tout particulièrement de l'islam,
> mais aussi abandon du soutien résolu
> aux Juifs et à Israël, pour verser
> dans un pro-palestinisme mortifère.

Si le PS ne représente plus grand-chose aujourd'hui, n'est-ce pas parce qu'il a abandonné ses combats historiques? Abandon de la classe ouvrière et des classes moyennes au profit des «exclus» et des «immigrés», abandon de la lutte laïque contre toutes les emprises religieuses venant aujourd'hui tout particulièrement de l'islam, mais aussi abandon du soutien résolu aux Juifs et à Israël, pour verser dans un pro-palestinisme aberrant et mortifère.

RENÉE FREGOSI est une philosophe et politologue française. Enseignant-chercheur retraitée, elle a notamment publié *Comment je n'ai pas fait carrière au PS. La social-démocratie empêchée*, paru aux éditions Balland en 2021.

CHAQUE ACTE ANTISÉMITE CONFORTE L'AXIOMATIQUE SIONISTE

CLAUDE KLEIN

Avant mes voyages en France, on me pose souvent une question : «N'est-ce pas dangereux pour un Juif d'aller en France, n'as-tu pas peur?» Telle est, aux yeux de nombre d'Israéliens, l'image de la France. C'est cette perception que je présenterai, pour comprendre la réaction à des faits tels que l'assassinat de Sarah Halimi en 2017, suivi de la déclaration d'irresponsabilité de l'auteur du meurtre.

L'image la plus répandue relative à la France et l'antisémitisme est très prégnante, malgré l'admiration portée à ce pays. Cette image relève de plusieurs niveaux historiques distincts.

Le premier, sans doute le plus pesant dans la conscience collective, est le souvenir de l'affaire Dreyfus. Ici, jamais on ne parle de l'*affaire* Dreyfus, mais du *procès* Dreyfus. Celui-ci a pris une signification particulière : d'un côté, l'injustice, quasi symbolique, à l'égard du Juif bien assimilé, capitaine dans l'armée française; de l'autre, cette affaire considérée comme l'origine du sionisme. Dans cette manière de voir quelque peu caricaturale, on imagine Herzl qui assiste à la dégradation du capitaine et, révolté par les cris antisémites de la foule, s'enferme dans sa chambre d'hôtel pour rédiger, en quelques semaines, *L'État des Juifs*. L'antisémitisme français est ainsi indissociablement lié à la naissance de l'État d'Israël : chaque fait antisémite en France fait écho et vient conforter l'axiomatique sioniste.

Le deuxième niveau est évidemment celui que représente l'épisode de Vichy, au-delà même de la signification plus globale de la Shoah.

Le troisième est celui d'un antisémitisme porté maintenant par la forte communauté arabe en France.

Enfin, je rappellerai l'un des principes de base du sionisme, à savoir la théorie de l'inéluctabilité de l'antisémitisme qui sous-tend, pour Herzl, le sionisme autant que la nécessaire croyance en l'existence d'un peuple juif. De ce fait, chaque événement antisémite à l'étranger ne fait que conforter ici la raison d'être de cet État, et c'est ainsi qu'il est compris et perçu.

Ce tableau ne peut qu'être renforcé par la décision judiciaire intervenue, déclarant l'auteur du crime irresponsable de ses actes!

CLAUDE KLEIN est professeur émérite à la Faculté de droit de Jérusalem et ancien doyen. Il a publié chez Grasset en 2014 *Peut-on cesser d'être juif? Une réponse à Shlomo Sand*.

MA FAÇON DE RÉSISTER À L'INTOLÉRABLE
STEVE SUISSA

Sur l'histoire de Sarah Halimi, j'ai beaucoup pleuré, alors que ce n'est pas dans mon caractère.

Ce qu'il se passe est honteux.

Ma façon de résister à l'intolérable est de faire venir des artistes en Israël. Pour qu'ils voient de leurs yeux ce qu'est ce pays, et pour qu'ils aient un autre regard sur le judaïsme.

Depuis les événements de Toulouse, dix ans ont passé. Le paradoxe est que plus les événements se succèdent dans la violence, plus ils semblent devenir banals.

Quiconque passerait une semaine en Israël et verrait des enfants cachés dans les escaliers ou des vieilles femmes hurler lors d'une attaque de roquettes, aurait une juste perception de ce pays.

Quand le ministre Jean-Yves Le Drian parle de «pays d'apartheid», alors que sur la plage de Tel Aviv, des Juifs et des musulmans font un barbecue à deux pas les uns des autres, et que des musiciens de toutes origines jouent de la musique et dansent ensemble, je me sens bien perplexe. Que ces gens qui parlent d'Israël à tort et à travers sans le connaître viennent y regarder de plus près.

Pour l'heure, c'est en France que le vivre-ensemble ne réussit pas à tout le monde.

STEVE SUISSA est scénariste, metteur en scène de théâtre, réalisateur et producteur de cinéma. Il est également auteur, producteur et réalisateur des émissions religieuses du dimanche matin sur le judaïsme sur France Télévisions.

DES REPRÉSENTATIONS INCOMPATIBLES AVEC NOTRE CONTRAT SOCIAL

CÉLINE PINA

On ne peut pas lire le récit du calvaire de Sarah Halimi sans ressentir un profond sentiment de révolte. Mais hélas, l'inhumanité fait partie de la nature humaine et notre monde n'est pas avare de faits divers sordides. Le problème est justement que l'affaire Sarah Halimi n'est pas un fait divers, mais relève d'un passage à l'acte qui participe d'un imaginaire et de représentations qui font de l'exécution des Juifs une eschatologie islamique. Or cette réalité, le pouvoir politique comme l'autorité judiciaire refusent de l'affronter, parce qu'elle les met en face d'un séparatisme qui excède le basculement d'une minorité de fanatiques dans le djihadisme. Elle manifeste la présence dans notre pays de représentations incompatibles avec notre contrat social, liant la citoyenneté à la reconnaissance de l'égalité des êtres humains et de leur liberté de conscience. Elle témoigne d'un combat idéologique qui refuse les fondamentaux de notre civilisation. Elle exprime la renaissance d'un totalitarisme face auquel les Européens sont désarmés, car ils ne savent plus quels sont les idéaux qui fondent leur civilisation. La mort de Sarah Halimi témoigne de l'incapacité de la justice à prendre la mesure du retour de la violence antisémite et totalitaire; elle témoigne aussi d'un déni politique et social face au retour de la Bête immonde.

> Un acte inscrit dans un imaginaire qui fait de l'exécution des Juifs une eschatologie.

Une incapacité coupable

C'est cette incapacité qui explique pourquoi il était déterminant pour l'institution judiciaire, non seulement de nier le fait que l'assassin ait choisi Sarah Halimi parce qu'elle était juive, mais aussi de nier que les motivations de son geste étaient religieuses et culturelles. Il ne restait donc que la stratégie de la folie pour désarmer la signification politique d'un tel acte et renvoyer celui-ci à une forme d'insignifiance. Les actes d'un fou comptent si peu qu'ils font même disparaître la réalité du crime. À une certaine époque, plaider la folie c'était annihiler l'acte. L'article 64 du Code pénal de 1810 indiquait ainsi : «Il n'y a ni crime ni délit lorsque l'accusé était en état de démence au moment des faits.» Or l'enquête a montré, pour qui se penche sur les délires du meurtrier, qu'ils font référence à un imaginaire précis et que l'assimilation du Juif au diable n'a rien d'extravagant dans le logiciel de ce fanatique.

> Un séparatisme qui excède le basculement d'une minorité de fanatiques dans le djihadisme.

L'assassin n'est pas fou, il n'a pas basculé dans l'incohérence ; son acte s'inscrit dans le cadre d'une représentation où donner la mort à un Juif est un devoir pour un croyant et participe de la future victoire d'Allah.

Un hadith très important du Coran évoque la fin des temps, vue comme la victoire de la foi musulmane. Dans le cadre de cette représentation, l'éradication des Juifs est le signe de cet avènement. «Les Juifs se cachent derrière les rochers et les arbres, et les rochers et les arbres diront : "Ô musulman, ô serviteur d'Allah, il y a un Juif qui se cache derrière moi, viens le tuer".» Ce hadith est un des favoris des islamistes. Il a fait l'objet du prêche d'un imam algérien très influent, Mohamed Tataï. Prêche prononcé dans la ville de Toulouse, celle-là même où Mohamed Merah a massacré des enfants parce qu'ils étaient juifs. Ce hadith est considéré comme authentique. Il est même vu par certains comme une transposition du conflit israélo-palestinien. Et c'est aussi pour cela que ce conflit résonne si fort dans une communauté musulmane que les islamistes s'emploient à réislamiser dans un but politique et identitaire.

Avoir un gouvernement à ses côtés

Le déni de justice dont a été victime Sarah Halimi devrait révolter très au-delà de la communauté juive parce que rien de ce qui est humain ne doit nous être étranger, mais aussi parce que ce déni nous menace tous.

Je m'étonnais il y a quelques années qu'une amie veuille faire son Alya alors que des roquettes envoyées par le Hamas tombaient sur Israël. Il me semblait que malgré *Charlie*, elle était plus en sécurité en France. Elle m'avait répondu : «Peut-être que je serai plus exposée en Israël, mais au moins je me sentirai faire partie d'un peuple et j'aurai mon gouvernement à mes côtés.» Aujourd'hui, je comprends ce qu'elle a voulu me dire. L'affaire Sarah Halimi lui a donné raison. C'est le pire qu'il pouvait nous arriver en tant que peuple et en tant qu'êtres humains.

CÉLINE PINA est essayiste et journaliste à *Causeur* et CNews.
Elle a publié *Ces biens essentiels* aux éditions Bouquins en 2021.

LE PARTICULIER ET L'UNIVERSEL
GUERSHON NDUWA

Le meurtre barbare et antisémite dont a été victime Sarah Halimi a plongé l'opinion dans la consternation. Comment ne pas s'inquiéter de la montée des tensions dans notre pays? L'idéal démocratique français est-il, oui ou non, un impératif catégorique universel valable pour toute société humaine, quels que soient nos héritages culturels et nos particularismes socio-politiques, ou n'est-il qu'un idéal contingent parmi d'autres? Voilà une des questions qui m'est venue à l'esprit à l'aune de cette tragédie.

Comment concilier l'aspiration à l'universel, gage de notre commune humanité, et le respect des particularismes de civilisation qui procèdent d'une histoire particulière? Ces questions sont légitimes, mais en aucun cas elles ne doivent nous amener à relativiser la gravité d'un crime. Un crime reste un crime, quelles que soient l'origine ou la religion du meurtrier. Dans l'affaire Sarah Halimi, il aura fallu huit mois à la justice pour que celle-ci qualifie ce meurtre d'antisémite. Une prise de conscience magistrale de l'ensemble des citoyens français, toutes religions confondues, aurait dû advenir à cette occasion, et il est de notre devoir de la favoriser.

La vérité du judaïsme ne se trouve pas dans l'Histoire, mais dans le profond respect des histoires. Chaque culture a droit à ses traditions singulières. Que reste-t-il après l'éradication des mémoires, si ce n'est une population livrée à un consumérisme dépourvu d'âme? Les populations amputées de leur passé et de leur histoire sont les plus vulnérables. Parmi les facettes multiples d'une nation, les mémoires et narrations fondatrices de chaque peuple doivent être respectées. Il en va de la possibilité même d'un avenir commun.

GUERSHON NDUWA est le président
de la Fédération des Juifs noirs (FJN).

AVONS-NOUS ÉTÉ ENTENDUS ?
CAROLINE YADAN

Elle était juive.
Elle a été assassinée par l'islamisme.
Elle a été sauvagement battue par le totalitarisme.
Elle a été tuée par la haine du Juif.
Elle a été défenestrée au nom d'Allah et nous avons pleuré.

Nous avons pleuré, de nouveau, cet antisémitisme qui porte la détestation en étendard et Israël comme alibi. Nous avons pleuré notre impuissance face à la Bête immonde qui est de retour. Nous avons pleuré, et puis nous avons décidé de nous lever et de dire.

Dire l'indicible. Dire notre indignation face à la lâcheté d'un homme, devenu animal, sous l'emprise de produits stupéfiants administrés de sa propre initiative, que la justice a déclaré irresponsable.

Dire aussi et pointer du doigt les responsabilités d'une classe politique dans son ensemble qui a refusé de nommer les choses, ajoutant au malheur de tous, renvoyant dos-à-dos deux «communautés opposées» et ouvrant la porte, par son ignorance, son silence et son déni, à ces ignominies.

Nous avons aussi crié notre colère à l'extrême gauche, laquelle, par son discours, sa posture, son entourage, ses prises de position, souffle sur les braises de l'antisémitisme et légitime son existence.

Nous avons également dénoncé haut et fort cet antisionisme virulent et haineux, forme réinventée de la judéophobie qui s'exprime sans complexe, qui excuse et dénie la réalité, au nom de «l'antiracisme», de la lutte contre «l'islamophobie», de la «tolérance», du «vivre-ensemble» et du respect de l'Autre.

Nous avons cherché autour de nous des soutiens, des amis, et trop peu ont été au rendez-vous. Nous avons dit, nous avons pleuré, nous avons crié, nous avons dénoncé, nous avons cherché.

Avons-nous été entendus?

Le chemin, semé d'embûches, est encore très long.

Il est de notre devoir à tous, attachés aux valeurs de justice, d'universalisme et de laïcité, de ne jamais baisser les bras face à l'abject et de faire entendre nos voix unies, déterminées, fortes et solidaires.

Afin que cessent nos pleurs, afin que cesse notre peine.

Elle était juive. Elle a été défenestrée et nous avons pleuré. Elle s'appelait Sarah Halimi.

CAROLINE YADAN est députée Renaissance de la troisième circonscription de Paris.

LE TERRIFIANT MESSAGE DE LA COUR DE CASSATION AUX HUMANISTES DU MONDE ENTIER

LUC FERRY

Comme l'a expliqué, arguments forts à l'appui, le grand rabbin de France Haïm Korsia, notre justice ne s'est pas honorée en couvrant d'un voile d'innocence le meurtre atroce et clairement antisémite de Sarah Halimi. À défaut de pouvoir rouvrir un procès qui n'a même pas eu lieu, on peut, par nos mots et nos écrits, tenter de dire ce qui aurait été juste. Dans cette «affaire», trois fautes ont été commises.

Trois fautes dans cette «affaire»

D'abord, en tenant les avis des psychiatres pour «scientifiques», ce qui est une plaisanterie : la psychiatrie, comme la philosophie, n'est pas une science exacte et les biais idéologiques y sont omniprésents. À preuve, le fait qu'un des psychiatres concluait à une simple *altération du discernement* du meurtrier, ce qui permettait un jugement, tandis que les autres parlaient d'*abolition* et plaidaient ainsi pour l'impossibilité de juger Kobili Traoré.

Ensuite, le fait que la prétendue «bouffée délirante» aurait résulté d'une consommation de stupéfiants, dont l'assassin était coutumier, aurait dû constituer non pas une excuse, mais une circonstance aggravante, comme c'est le cas dans de nombreuses autres affaires, en particulier pour les accidents de la route.

> Pour les actes antisémites violents, les données montrent, en Europe, une prédominance des musulmans et la quasi-disparition de l'extrême droite.

Enfin, l'acte commis par l'assassin n'avait rien de «fou». Il était au contraire d'une parfaite cohérence avec les imprécations religieuses qu'il hurlait en massacrant et en défenestrant sa victime, le cannabis n'ayant fait que porter à son point d'incandescence une haine des Juifs omniprésente dans le fondamentalisme islamiste. Fallait-il, dans ces conditions, «comprendre la haine», expliquer par la drogue le geste du salaud qui torture et tue une femme parce qu'elle appartient à la «nation des ennemis» et incarne le «démon»?

Ce qui est certain à tout le moins, c'est que le message envoyé par ce jugement est terrifiant car, qu'on le veuille ou non, il banalise l'antisémitisme le plus violent.

Ce jugement n'avait rien d'obligatoire

C'est dans ce contexte que je me suis rendu, au printemps 2021 place du Trocadéro, à la manifestation organisée en mémoire de Sarah Halimi. D'abord parce qu'il m'a semblé nécessaire de tordre le cou à ce que j'entendais ici ou là depuis quelques jours, à savoir, comme l'a dit un de nos leaders écologistes, que les magistrats de la Cour de cassation n'avaient fait qu'appliquer le droit et qu'ils ne pouvaient pas faire autrement que de déclarer l'assassin de Sarah Halimi non justiciable d'un procès. C'est tout simplement faux. Pas de malentendu. Il ne s'agit pas de céder ici, par un funeste mouvement de balancier, à la démagogie, mais d'être sur ce point délicat tout à fait précis : ce qui est exact, c'est que l'arrêt rendu par les magistrats de la Cour de cassation était bien évidemment possible en fonction de l'état du droit positif et, de ce point de vue, c'est vrai, il n'y a pas eu d'infraction.

Reste que cette décision n'avait rien d'obligatoire. D'abord, comme je l'ai dit plus haut, parce que les psychiatres n'étaient pas d'accord entre eux. Ensuite parce que, en toute hypothèse, les magistrats restent souverains, de sorte que rien ne les oblige à suivre aveuglément le point de vue d'un «expert». Enfin, les juges se sont risqués à une argumentation qui laisse sans voix : ils ont cru bon d'expliquer que l'assassin de Sarah Halimi ne pouvait pas savoir qu'il allait développer une bouffée délirante, étant donné qu'il n'en avait jamais eu auparavant, bien qu'il fût un consommateur régulier de cannabis!

L'argument est sidérant. D'abord, parce que chacun sait que, en buvant une bouteille d'alcool ou en fumant du cannabis, on risque d'altérer son jugement – c'est même en général pour cela qu'on le fait, pour quitter le réel, et c'est du reste aussi pour cette raison que la drogue est interdite. Ensuite, parce que cela prouve que les juges ont ressenti le besoin de s'interroger sur les causes de la «bouffée délirante», alors qu'ils s'abritent derrière des articles de droit selon lesquels on ne doit pas prendre en compte la question de l'origine du trouble psychique. Comprenne qui pourra!

Le vrai scandale, ou le refus d'autoriser un procès

Ceux qui pensent que c'est bien à un déni de justice que nous avons affaire n'ont donc pas tort, et c'est le refus d'autoriser un procès qui a fait scandale. Nul besoin, cela dit au passage, de changer la loi; il suffisait en l'occurrence de l'appliquer autrement que ne l'a fait la Cour. La justice aurait pu passer, et elle eût été d'autant plus nécessaire que ce crime épouvantable prend aussi tout son sens dans un contexte qui n'est pas neutre.

Il y a quatre ans déjà, la une de *L'Express,* consacrée aux nouveaux visages de l'antisémitisme, titrait : «Dans les quartiers, les Juifs sont la cible de l'islam radical», comme si cette vérité allait désormais de soi. Ces analyses furent largement confirmées par une étude de la Fondation pour l'innovation politique. Intitulée «Violence antisémite 2005-2015» et publiée en septembre 2017, elle portait sur sept pays : Allemagne, Danemark, France, Royaume-Uni, Norvège, Suède et Russie. Réalisée par un chercheur suédois, elle concluait que «parmi ces pays, c'est en France que l'exposition des Juifs à la violence antisémite semble la plus forte. Concernant les auteurs des actes antisémites violents, les données disponibles montrent en Europe de l'Ouest la prédominance de personnes de culture musulmane et la quasi-disparition de l'extrême droite, à l'exception de la Russie où, par ailleurs, l'antisémitisme violent semble beaucoup moins répandu que dans les autres pays considérés».

Même si un fond d'antisémitisme reste présent à l'extrême droite, même s'il se développe plus encore dans les milieux de l'islamo-gauchisme, tous les travaux des criminologues montrent que, depuis les années 2000, les crimes de sang et les violences physiques antisémites sont majoritairement, sinon exclusivement, commis en France au nom du fondamentalisme islamiste. Le nier, c'est se mettre volontairement des écailles sur les yeux, c'est refuser de voir la réalité et par conséquent en devenir complice.

Enfin, je vais faire un aveu : contrairement à ce que je lis parfois sur la Toile, je ne suis pas juif.

S'il y a une chose qui atténue l'infinie tristesse que nous ressentons devant cette effroyable affaire, c'est qu'à l'encontre de ce qu'a dit, là encore, notre leader écologiste, ce n'est pas seulement la communauté juive qui est meurtrie et bouleversée par cet assassinat comme par le déni de justice qui s'ensuivit, c'est toute la communauté nationale qui l'est ou qui devrait l'être. À vrai dire, ce sont les humanistes du monde entier qui regrettent que la justice ne puisse pas être rendue, et qui sont en profonde et douloureuse sympathie avec les proches de Sarah Halimi.

LUC FERRY, ancien ministre de la Jeunesse, de l'Éducation nationale et de la Recherche, est philosophe et essayiste. Il a publié en 2021, aux éditions de l'Observatoire, *Les sept écologies : pour une alternative au catastrophisme antimoderne.*

RÉSISTIBLE HAINE : UN DEVOIR DE SURVIE POUR LES DÉMOCRATIES

HENRY ROUSSO

L'antisémitisme a ceci de particulier que c'est une idéologie, une vision du monde, parfois articulée, le plus souvent d'une confusion totale, fondée uniquement sur un rejet, une négation, une volonté d'exclure voire d'annihiler un groupe, et même un peuple tout entier. Le Juif, les Juifs, y sont définis d'abord et avant tout comme des ennemis, quelles que soient les manières de les catégoriser : par la religion, par la biologie, par la position sociale ou par l'attachement à l'existence de l'État d'Israël. Certes, l'antisémitisme n'est parfois qu'une composante d'une doctrine plus englobante, le nationalisme exclusif ou le djihadisme, qui désignent également d'autres cibles, mais il y prend souvent une dimension hors de proportion, jusqu'à en devenir l'élément central, comme ce fut le cas avec le nazisme.

> Dans le djihadisme comme dans le nazisme, la haine des Juifs devient centrale.

L'antisémitisme n'a, la plupart du temps, aucune autre visée sinon l'illusion paranoïaque de purifier un territoire, voire le monde tout entier : c'est le point commun de tous les comportements et pensées d'exclusion, c'est la base de tous les génocides. Il ne prétend rien construire en retour, même sur des ruines; il est l'expression d'une haine à l'état pur.

Toutefois, au regard d'autres «racismes», l'originalité de l'antisémitisme est de s'inscrire dans une tradition plurimillénaire. Il continue de tuer, encore et encore, sous les motifs les plus divers, y compris là où l'on pensait le fléau sinon éteint, du moins atténué.

> Un devoir de mémoire (fidélité), un devoir d'histoire (éducation) et un devoir de résistance (survie).

Il continue d'infecter les esprits les plus sains comme ceux qui manquent de «discernement» – mais qui en ont suffisamment pour ne pas choisir leur cible au hasard.

Cependant, cette longévité, cet éternel retour de la haine du Juif, sont paradoxalement la meilleure preuve de sa pérennité, de la permanence du judaïsme lui-même, quels que soient les contextes historiques. Malgré son caractère ancestral, malgré sa puissance destructrice, inégalée ou presque avec la Shoah, l'antisémitisme n'a réussi à détruire ni le judaïsme, ni le peuple juif – que cette appellation désigne ceux qui s'en réclament ouvertement ou ceux que l'on assigne de gré ou de force à cette identité. L'antisémitisme est donc voué à l'échec ou, pire, à n'exister que par la vitalité de ce qu'il exècre. Mais cet échec n'a évidemment rien de mécanique. Il continue de faire des victimes dont nous ne pouvons continuer d'honorer la mémoire sans imaginer d'autres formes de réaction et de combat. Contre l'antisémitisme, il y a certes un devoir de mémoire, donc de fidélité, et un devoir d'histoire, donc d'éducation, mais il y a aussi un devoir de résistance, donc de survie, non seulement pour les Juifs, mais pour les sociétés démocratiques dans leur ensemble.

HENRY ROUSSO est historien. Il est notamment l'auteur de *Le Syndrome de Vichy. De 1944 à nos jours*, paru au Seuil en 1987 et, avec Éric Conan, de *Vichy, un passé qui ne passe pas*, paru chez Fayard en 1994.

QUAND LE PROGRESSISME INTERDIT DE PENSER LA JUDÉOPHOBIE

JOËL KOTEK

De quoi l'affaire Halimi est-elle le nom? D'abord de la lancinante réalité de l'antisémitisme arabo-musulman et, davantage encore, de l'incapacité de nos élites à en admettre la réalité, comme en témoigne le refus initial des autorités judiciaires de reconnaître, contre toute évidence, le caractère antisémite de l'assassinat de Sarah Halimi.

L'antisémitisme de certains citoyens issus de l'immigration arabo-musulmane fut, jusqu'à tout récemment, un sujet tabou.

> De quoi l'affaire Halimi est-elle le nom? D'abord de l'incapacité de nos élites à admettre l'antisémitisme arabo-musulman.

Comment un «racisé» pourrait-il être raciste?

Un véritable angle mort pour une majorité de nos politiques, de nos journalistes, de nos juges d'instruction comme de nos chercheurs en sciences sociales. En cause : le refus d'affronter le réel, la volonté de ne pas «désespérer la banlieue» comme autrefois on n'osait pas «désespérer Billancourt». En cause aussi ces logiciels progressistes, marxistes et/ou «wokistes» qui interdisent de penser la judéophobie. Non seulement l'antisémitisme ne serait cantonné qu'au seul périmètre de l'extrême droite, mais il serait une relique du passé. L'antisémitisme serait voué à disparaître du fait de l'embourgeoisement (réel) des Juifs, identifiés en Occident à la bourgeoisie libérale, et là-bas, en *Palestine,* au colonialisme blanc. La *blanchité* assignée aux Juifs les rendrait ainsi inéligibles aux discriminations raciales. On songe à la thèse du philosophe marxiste Alain Badiou, pour qui l'antisémitisme ne serait en réalité qu'une construction politique destinée à protéger Israël de toute critique et, davantage encore, à discréditer des élus anticapitalistes, tel Jeremy Corbyn, «stigmatisés» de manière sournoise comme antisémites.

Une conception viciée et démissionnaire du «vivre-ensemble»

Refus d'affronter le réel, volonté de ne pas «désespérer la banlieue».

L'heure, et ce y compris pour l'extrême droite, n'est plus à la détestation des Juifs, mais à celle de ces nouveaux Juifs que sont les musulmans. Le corollaire de cette doxa, qui défie toutes les statistiques relatives aux violences et manifestations racistes, est bien connu : les citoyens issus de l'immigration ne sauraient être racistes et/ou antisémites du fait de leur condition de racisés. De là à s'interdire de qualifier le crime de Kobili Traoré d'antisémite, il n'y a qu'un pas que franchissent allègrement non seulement les adeptes de la doxa progressiste, mais tous ceux qui refusent d'affronter le réel au nom d'une conception viciée et démissionnaire du «vivre-ensemble».

JOËL KOTEK est professeur à l'Université libre de Bruxelles. Il est notamment l'auteur, avec Dan Kotek, de *Au nom de l'antisionisme : l'image des Juifs et d'Israël dans la caricature depuis la seconde Intifada*, paru aux éditions Complexe en 2003, et a codirigé le Dictionnaire de la Shoah paru aux éditions Larousse en 2009.

UN MEURTRE ANTISÉMITE DOUBLÉ D'UN DÉNI DE JUSTICE

PHILIPPE ALLOUCHE

L'assassinat de Sarah Halimi est une tragédie qui a marqué et qui marque encore toutes celles et tous ceux qui y ont été confrontés. Comment comprendre, en effet, que l'on puisse tuer une dame pacifique, d'un certain âge, seule chez elle, sans mobile apparent, en plein Paris, en 2017? Il n'y a pas de réponse à cette question, si ce n'est celle – qu'un esprit rationnel a du mal à appréhender – qui énonce que la haine absolue, la haine gratuite, existe et peut s'exercer contre tout un chacun. Le risque d'y être exposé est toutefois fortement augmenté si on est un «Juif apparent», ce qu'était, dans sa grandeur et sa simplicité, Sarah Halimi.

Rangs clairsemés pour le premier défilé en mémoire de Sarah

À titre personnel, le premier souvenir qui me vient à l'esprit quand je pense à cette tragédie, c'est ce qu'il s'est passé juste après, à savoir la manifestation qui a suivi l'assassinat de Sarah Halimi. Tout de suite, sans tomber dans l'excès de paranoïa ou dans l'obsession de l'antisémitisme, s'imposa l'idée que Sarah Halimi avait été tuée parce qu'elle était juive. Sinon, comment raisonnablement croire que l'assassin l'avait choisie par hasard, elle précisément, qui était la seule habitante juive de l'immeuble?

Les organisations juives ne s'y sont pas trompées, qui ont appelé à un défilé en sa mémoire, dès le dimanche qui a suivi l'assassinat. Certes, il n'y avait malheureusement que quelques centaines de personnes ce jour-là, mais chez tous il y avait cette certitude qu'il s'agissait d'un meurtre à caractère antisémite, et que cette terrible vérité-là, personne ne devait la voler à Sarah et à sa famille.

Le cortège s'avance donc, dans une grande dignité et un profond recueillement, entre la station de métro Belleville et la rue Vaucouleurs, où habitait Sarah Halimi. Quelques centaines de mètres pour prendre conscience et pour dire qu'après avoir tué nos enfants, on tue maintenant nos grands-mères, ici et aujourd'hui, en France.

Un voisinage hostile

Et puis, un nouveau choc : le service de sécurité vient annoncer qu'il faut arrêter d'avancer, car les abords de l'immeuble où habitait Sarah Halimi ne sont pas sûrs. Une partie des habitants du quartier ne veulent pas de cette manifestation et s'opposent physiquement à ce que des fleurs soient déposées au pied de l'immeuble. Le risque d'échauffourées conduit la police à préconiser de suspendre la manifestation et de ne pas aller au terme du parcours. L'émotion monte dans le cortège. Quoi, même cela nous serait refusé?

Le risque d'échauffourées conduit la police à préconiser de suspendre la manifestation. Même cela nous serait refusé?

Finalement, grâce aux efforts des dirigeants des institutions juives présents ce jour-là et du service de sécurité, la zone est dégagée et, en dépit de quelques cris venant des fenêtres, la tête du cortège peut déposer un bouquet de fleurs au pied de l'immeuble où vivait Sarah Halimi et où elle a été assassinée.

Comment ignorer que cet assassinat ne vient pas de nulle part? Comment occulter le fait que ce n'est pas un simple «fait divers», mais un meurtre antisémite commis par un adepte de l'islamisme radical?

Celui qui admet cela comprend aussi qu'énoncer cette terrible vérité dérange certaines «bonnes consciences» et que nous sommes au début d'un combat difficile en faveur de la vérité.

Sans justice, pas de République

Mais la suite allait dépasser de beaucoup nos appréhensions initiales, avec ce qu'il faut malheureusement appeler les palinodies de la procédure judiciaire jusqu'à l'arrêt de la Cour de cassation. Je n'insisterai pas là-dessus, je ne suis pas un expert juridique. Mais je veux souligner que la Fondation pour la Mémoire de la Shoah a publié, de manière exceptionnelle, le texte suivant en avril 2021 : «La Fondation pour la Mémoire de la Shoah exprime son incompréhension suite à l'arrêt rendu par la Cour de cassation dans l'affaire du meurtre de Sarah Halimi en 2017. Alors que le caractère antisémite du crime a été reconnu lors de l'instruction, nous regrettons que cette décision empêche la tenue d'un procès qui juge le meurtrier et rende la justice. Dans un contexte général où l'antisémitisme ne montre aucun signe de faiblesse, dans l'espace public comme sur les réseaux sociaux, la Fondation regrette le mauvais signal envoyé par cette décision. Nous exprimons notre plus vive solidarité avec la famille de Sarah Halimi dont nous partageons le désarroi.»

Que dire de plus? Deux choses encore.

Il faut saluer le courage des intellectuels qui, dès juin 2017, dans un silence médiatique quasi général, ont appelé à faire toute la lumière sur ce crime. Certes, ils n'ont pas été totalement entendus par le monde judiciaire, mais au moins ont-ils œuvré afin que le silence ne soit pas un deuxième tombeau pour Sarah Halimi. Qu'ils en soient remerciés.

Les manifestations de protestation contre cette décision de la Cour de cassation ont été suivies, dans plusieurs villes de France, par plus de vingt mille personnes de toutes confessions et de tous milieux. Quel contraste et quel réconfort, malgré tout, après le sentiment de solitude éprouvé lors de la manifestation du 9 avril 2017! Le mot d'ordre de ces manifestations d'avril 2021 était : «Sans justice, pas de République». On ne saurait mieux dire.

PHILIPPE ALLOUCHE est le directeur général
de la Fondation pour la Mémoire de la Shoah.

QUELLE LEÇON TIRER DE L'HISTOIRE?

SANDRINE SZWARC

Au sortir de la Seconde Guerre mondiale, l'avocat Wladimir Rabi alertait dans la revue *Esprit* : «Non, jamais plus nous ne serons comme les autres. Nous ne pouvons pas oublier. Nous n'oublierons jamais. Nous avons été "la balayure du monde". [...] Et nous sommes aussi les martyrs, c'est-à-dire les témoins de l'abjection humaine.»

Une période de répit dont la page se tourne

La Shoah, plaie béante jamais cautérisée, a hanté la vie des survivants. Pourtant, depuis leur accession à la citoyenneté, les Juifs se disaient «heureux comme Dieu en France». Une expression apparue dans les *shtetl* d'Europe centrale en yiddish (*Men ist azoy wie Gott in Frankreich!*), résumant assez bien, au XIXe siècle, l'état d'esprit des Juifs d'Europe centrale qui idéalisaient la France républicaine et laïque, le premier pays leur ayant accordé l'émancipation en 1791. Élie Wiesel expliquait qu'après Auschwitz, les Juifs auraient pu tout demander, ce qu'ils n'ont pas fait : «En 1945, ou en 1946, je crois qu'on aurait pu faire payer au monde un prix plus élevé. Je parle comme un marchand, mais vraiment je le pense. On aurait pu lui imposer une théorie à nous, une loi à nous. Rien n'a été fait[45]!» Finalement, qu'est-ce que les Juifs de France ont obtenu? Une période de répit dont la page semble se tourner, avec une recrudescence de l'antisémitisme depuis le début du XXIe siècle.

Si l'antijudaïsme d'extrême droite a été une constante, celui d'extrême gauche n'est pas moins virulent.

Si l'antijudaïsme d'extrême droite a été une constante, celui d'extrême gauche n'est pas moins virulent.

45- «Le judaïsme et les visages. Face à face : Élie Wiesel avec Jean Halperin», dans : J. Halperin, É. Amado Lévy-Valensi, *Tentations et actions de la conscience juive*, éd. PUF, 1971.

(Mal)heureux comme un Juif en France ?

> *Quid* du concret? Des décisions politiques fermes sont attendues rapidement. Très rapidement.

Au point que la presse juive a pu titrer encore récemment un dossier à la une[46] : «(Mal)heureux comme un Juif en France?» Si le constat est clair, quelles sont les actions à mener pour l'endiguer? La question est facile à poser, mais *quid* du concret? Au-delà de la reconnaissance du constat, des décisions politiques fermes sont attendues rapidement. Très rapidement.

SANDRINE SZWARC est historienne. Elle est coordinatrice des enseignements et enseignante-chercheuse à l'Institut universitaire d'études juives Élie Wiesel, chargée de cours en histoire juive contemporaine à l'Université Sorbonne Paris-Nord et rattachée également au centre de recherches Judaïsmes contemporains – Groupe Sociétés, Religions, Laïcités au CNRS. Elle a publié *Fascinant Chouchani* en 2022 chez Hermann.

46– *L'Éclaireur–Revue de pensée juive*, juin 2022.

UNE PRISE DE CONSCIENCE URGENTE ET NÉCESSAIRE
KAREN TAÏEB

Je n'oublierai jamais cette marche blanche, roses à la main, veille de Pessah, sur le boulevard de Belleville.

Nous étions silencieux, abasourdis, la colère enfouie tant la sidération, proportionnelle à la monstruosité que venait de subir cette douce septuagénaire, était immense.

On venait de tuer à Paris une femme juive qui n'aspirait qu'au bonheur de sa fraîche retraite après des années de vie au service des autres.

Sarah Halimi était médecin et directrice de crèche.

Ce sombre jour, Sarah Halimi venait d'être assassinée, défenestrée après avoir été brutalisée et brisée.

Les mots de son frère pour décrire l'état de son corps abandonné dans la cour de son petit immeuble de la rue Vaucouleurs sont glaçants.

Devant l'immeuble, des voisins effarés disaient combien Sarah Halimi était une femme exemplaire.

Très vite, au vu de ce qu'il se racontait à propos des mots que son meurtrier avait scandés dans son action macabre, le verdict s'écrivait.

À l'horreur du meurtre s'ajoutait son caractère antisémite.

Paris venait d'être une fois de plus le théâtre d'un crime antisémite.

Un crime antisioniste. Car la haine d'Israël assassine. On l'a vu à Toulouse, on l'a vu à l'Hypercacher de la Porte de Vincennes.

> La haine d'Israël assassine. On l'a vu à Toulouse, on l'a vu à l'Hypercacher.

Cette prise de conscience est une nécessité et une urgence.

Hélas pour Sarah Halimi, victime de la double peine, elle a été sauvagement assassinée et son bourreau n'a pas eu à passer devant un tribunal.

On l'a dit fou, on l'a dit sous l'effet de la drogue.

Ce manque de justice laisse le meurtre impuni et la blessure toujours béante.

Notre colère ne tarit pas, elle n'a pas été entendue.

Ne baissons pas les bras, en son honneur, pour sa mémoire.

Restent notre tendresse et nos larmes pour apaiser, je l'espère, le cœur des siens comme une rivière d'humanité face à un torrent d'horreur.

KAREN TAÏEB est adjointe à la maire de Paris en charge du patrimoine, de l'histoire de Paris et des relations avec les cultes.

UN MEURTRE ANNONCÉ

MAURICE LÉVY

Je n'ai pas connu Sarah Halimi, mais elle aurait pu être ma sœur, ma cousine, une voisine, une amie. Son visage rayonnait de gentillesse, avec un regard doux.

Elle a été assassinée parce qu'elle était juive par un voisin, musulman radicalisé, saisi d'une «bouffée délirante» qui lui a évité un procès. Pire, on a nié le caractère antisémite de cet assassinat. Doublement morte. Et quand on lit les rapports sur ce qu'elle a subi, on est saisi d'horreur.

Je n'ose pas dire «Comment est-ce possible?», parce que, depuis maintenant plus de trente ans, l'antisémitisme ne se cache plus. Il ose s'exprimer de façon odieuse, brutale, aveugle, comme ce fut le cas avec Ilan Halimi, les meurtres à l'école Ozar Hatorah de Toulouse, Muriel Knoll et bien sûr Sarah Halimi.

Ce meurtre n'est pas arrivé par hasard. Lorsque j'ai publié à la une du *Monde* un article[47] dénonçant l'antisémitisme face à la cécité des autorités, il n'a suscité que peu de réactions en dehors de ceux qui considéraient que «décidément, c'était exagéré». Je ne tenterai pas d'interpréter les sous-entendus que cachent ce *décidément*...

Entre pro-palestinisme, chantage à l'islamophobie et apathie

C'est possible parce que l'on n'a pas voulu voir ce mouvement profond qui, sous prétexte d'antisionisme et de soutien à la cause palestinienne, exprime tout simplement une haine du Juif. On n'a pas voulu voir d'antisémitisme dans les cortèges de manifestants de soutien aux Palestiniens depuis les années 1990, malgré les pancartes et les cris qui ne laissaient aucun doute.

La crainte d'être perçu comme «islamophobe» a paralysé les autorités, mais aussi les médias, les partis politiques de gouvernement et les administrations.

Souvenons-nous que dans l'enquête du meurtre de Ilan Halimi, la police ne voulait pas, au début, voir d'acte antisémite. Il a fallu la patience et l'action inlassable de la famille, de l'avocat et des institutions juives pour réveiller les autorités.

47– Voir «Ne pas nommer l'antisémitisme, c'est l'accepter», *Le Monde*, 19 avril 2022.

C'est possible parce que des mouvements politiques, d'abord d'extrême droite, mais aussi et surtout d'extrême gauche pour des raisons que je veux croire être de basse politique et non idéologiques, ont fermé les yeux et parfois, hélas, soutenu ou donné le sentiment de soutenir ces mouvements...

C'est possible parce que l'opinion publique ne se réveille plus, ne s'émeut plus, ne se scandalise plus quand on tue un Juif, fût-il un enfant, que dis-je, fussent-ils trois enfants à l'école Ozar Hatorah de Toulouse. Quelles manifestations, quelles marches pour protester, s'indigner et s'élever contre ces crimes insensés?

> L'opinion ne s'émeut plus, ne se scandalise plus.

Indispensable sursaut

La lutte contre l'antisémitisme a été déclarée par le président Sarkozy et confirmée par ses successeurs François Hollande et Emmanuel Macron. Non, l'État n'est pas antisémite. Je suis d'accord avec Jacques Chirac. Oui, l'État est sincère quand il veut lutter contre le fléau qui frappe les Juifs. Mais les exactions sont quotidiennes, de petites vexations en gestes désagréables, en humiliations ou petites brutalités qui génèrent un sentiment d'insécurité, une peur qui noue l'estomac de jeunes garçons et filles allant à leurs cours dans une école juive... La lutte est, je le sais, difficile, complexe, mais pour l'instant l'action est inefficace et la peur toujours là.

> La peur d'être perçu comme «islamophobe» a paralysé les médias, les politiques et les administrations.

La France de Zola doit créer un sursaut pour que la peur des uns se transforme en indignation de la majorité de la population afin que, oui, il soit possible de mettre un terme aux expressions antisémites dans notre pays.

MAURICE LÉVY, ancien président du directoire de Publicis Groupe pendant trente ans, est depuis 2017 le président du conseil de surveillance de Publicis.

UN ISLAMISTE QUI TUE OU UN «OFFENSÉ» QUI SE VENGE?

PAUL-FRANÇOIS PAOLI

C'est l'impact relativement faible dans l'opinion de ce qu'il est convenu d'appeler «l'affaire Sarah Halimi» qui m'a le plus heurté et stupéfait. Certes, un certain nombre de personnalités non juives ont manifesté leur émotion ou leur colère. J'ai eu néanmoins l'impression d'une sorte de léthargie ou de fatalisme.

Imaginons le cas de figure inverse : une femme musulmane agressée et finalement tuée par un homme dément ou drogué, mais qui ne cache pas sa haine de l'islam. À quoi aurait-on assisté? À une levée en masse du camp «progressiste», celui-là même qui ne manque jamais une occasion de fustiger Israël.

> Imaginons l'inverse : une musulmane visible, tuée par un Blanc drogué et islamophobe. À quoi aurait-on assisté? À une levée en masse du camp «progressiste».

Imaginons maintenant que cet homme ait été considéré par la justice comme partiellement irresponsable. On aurait crié au «racisme d'État»! Ceux-là mêmes qui suggèrent que Kobili Traoré ne peut être condamné pénalement nous auraient expliqué qu'un «islamophobe» n'est jamais innocent, fût-il psychotique.

L'affaire Sarah Halimi est exemplaire à cet égard.

Sophisme des post-coloniaux

Les mêmes qui considèrent qu'un délinquant africain n'est pas tout à fait responsable de ses actes, s'il est perturbé ou s'il a fumé des joints, ne trouvent jamais aucune circonstance atténuante à un «Français de souche» qui commet un acte raciste, fût-il drogué ou mentalement défaillant.

Le sophisme des post-coloniaux est le suivant : un musulman qui tue est moins un tueur qu'une victime qui se venge d'une longue humiliation. Au contraire, un «sioniste», même s'il n'a tué personne, est un criminel par essence.

Sale Juif? Une injure qui m'honore

En 1986, lors d'un cours de français que je donnais à des jeunes issus de l'immigration, une Marocaine à qui j'avais mis une note qui ne lui convenait pas m'avait traité de *sale Juif* et de *sale Français*. Elle fut exclue du cours, mais considérée comme «perturbée». Elle l'était. Naturellement, il ne me serait pas venu à l'esprit de porter plainte. Ces «injures», qui m'honorent, bien que je ne sois pas juif, ne relevaient pourtant pas de la seule pathologie mentale. Elles relevaient d'une idéologie. Et elles témoignaient, déjà à l'époque, d'un climat qui n'a fait qu'empirer depuis.

PAUL-FRANÇOIS PAOLI est journaliste, critique au *Figaro littéraire*, et écrivain. Il a notamment publié *Aux sources du malaise identitaire français : valeurs, identité et instinct de collaboration* en 2020 aux éditions de l'Artilleur.

EN 68, NOUS ÉTIONS TOUS JUIFS !
COLETTE KERBER

Je me souviens, enfant, d'avoir aperçu des numéros tatoués sur certains bras. Je n'ai pas souvenir d'avoir posé de question, mais je savais qu'ils revenaient d'un enfer. Pour préserver les enfants, ils chuchotaient en yiddish. Dans mon adolescence et jeunesse, je pensais que l'univers était débarrassé de la Bête immonde, que l'universalisme avait gagné. Ma génération, en soutien à Daniel Cohn-Bendit, expulsé de France, a crié, en 1968 : «Nous sommes tous des Juifs allemands!» Plus tard, nous avons été nombreux à porter le petit badge jaune «Touche pas à mon pote».

Sarah Halimi, une victime emblématique

> Une certaine gauche estime que l'antisionisme permet tout et que les musulmans sont les nouveaux Juifs.

Mais c'était oublier le conflit israélo-arabe, où les haines se sont exacerbées. Le drapeau israélien brûlait, s'y mêlaient les cris de *Mort aux Juifs*. C'est dans cette ambiance qu'ont commencé les assassinats, les attentats, dont les Juifs étaient très souvent les victimes. Sarah Halimi est l'une d'elles, emblématique. Je trouve absolument essentielle cette publication, car le docteur Sarah Halimi n'a pas eu droit à la justice, qui devrait être intraitable avec ces crimes. Pas plus qu'il n'y a d'excuse à l'endroit d'une certaine gauche, qui estime que l'antisionisme permet tout, que les musulmans sont les nouveaux Juifs, et que le problème vient des sionistes.

COLETTE KERBER est libraire aux Cahiers de Colette, dans le quartier parisien du Marais, qu'elle a fondée en 1986.

FRANCE, MON PAYS, QUE T'ARRIVE-T-IL?

THIBAULT MOREAU

Je rends hommage

à Madame Sarah Halimi,
pour le savoir-vivre dont elle est un visage, elle et son peuple;
contre le bâillon appliqué à son meurtre;

au peuple juif en elle,
dont les membres, en France et dans le monde, dont la nation, Israël, sont attaqués, meurtris, assassinés, sans relâche parce que juifs, pour leur choix de vivre libres et responsables.

Je loue mon pays
lorsqu'il honore son passé et ses alliances et ses descendances en défendant, pour chacun des siens, ses valeurs,
durement conquises de génération en génération; comme je le blâme
lorsqu'il les renie et se renie...

Car, France,
est-ce la seule peur qui te gouverne
lorsque tu laisses, sans agir, sans rien dire, une de tes citoyennes être massacrée parce que juive et l'abandonnes où son meurtrier la jette? lorsque ta justice refuse d'en instruire le procès?
lorsque ta presse dissimule cette abjection?

France,
pays de tous ses citoyens,
est-ce la peur qui te gouverne
lorsque tu réputes fou le criminel, l'excuses forcément, et le prives d'assumer son geste?

France?
N'avoues-tu pas alors ta propre folie?
N'est-ce pas toi que tu détruis quand, excusant le meurtrier tu tolères le meurtre et altères l'un des interdits gardiens de toute civilisation?

Par-delà l'injustice que tu couvres et commets eu égard à la victime et aux siens,
à l'assassin et aux siens, au peuple français,
que tu prives, les uns et les autres, d'un procès et de tout le travail psychique qu'il permet,

quelle différence oses-tu mettre entre les tiens?
le Juif de tes enfants est-il moins digne de protection que les autres?
le musulman de tes enfants est-il moins responsable que les autres?
et celui qui n'est ni l'un ni l'autre est-il assigné à la honte sempiternelle?

La liberté, l'égalité, la fraternité que je professe avec toi et avec les nôtres dont j'hérite refusent que chacun soit esclave d'un destin.

France!
Ne vois-tu pas ce que tu répètes,
lorsque tu esquives le face-à-face avec ton histoire, passée, présente, à venir, avec les Juifs, et Israël,
avec les musulmans, et les pays auxquels tu es liée par l'histoire; lorsque tu trahis
chez toi, une partie des tiens,
et parmi les nations, l'un de tes alliés les plus précieux, les plus proches; Israël?

France? Reviens à toi et aux tiens!

THIBAULT MOREAU, psychanalyste, est vice-président de Schibboleth – *Actualité de Freud*.

LE TOUT PREMIER DÉNI

GEORGES-MARC BENAMOU

Au 26 rue Vaucouleurs, il est 4 heures 30, Sarah Halimi dort. L'assassin enjambe le balcon qui mène chez elle. Son calvaire va commencer. Il fait du bruit, l'intrus; il crie, éructe, bouscule. Très vite, une voisine (la fille Diarra) alerte la police. Il faut très peu de temps pour qu'une première équipe de la BAC soit sur les lieux. À ce moment de la nuit, rue Vaucouleurs, il y a une vingtaine de policiers dans l'immeuble, en bas, autour, selon un avocat de la famille. Et pourtant, rien. Longtemps, la police va rester devant chez Sarah. Sans tenter de la sauver. C'est cette image *d'avant la mort de Sarah* que je retiens, et à laquelle on ne peut se résoudre. Cette possibilité de la vie et ces forces de l'ordre qui pourtant, elles aussi, ont été si lourdement meurtries par l'islamisme, et qui durant une quarantaine d'interminables minutes ne vont pas agir. Ils sont là, si près de Sarah, à deux pas, et en dépit des alertes des voisins, des cris de Sarah, de ses suppliques, de ses prières, qui sait; en dépit aussi des *Allah akbar!* et autres *sheitan* qu'on devait distinctement entendre, compte tenu de la faible isolation phonique de ce genre de bâtiments, ils n'interviennent pas.

Ils entendent, ils ne peuvent pas ne pas entendre; ils savent qu'on insulte haut et fort; ils ne peuvent pas ne pas savoir qu'on épouvante et qu'on bat; ils pourraient forcer la porte; tenter eux aussi d'enjamber le balcon... Enfin, faire quelque chose pour sauver cette malheureuse Sarah que, bientôt, le criminel antisémite, dont je n'ai pas envie d'écrire le nom, va précipiter du haut de ce balcon. Mais non. Elle est encore vivante, et ils ne bougent toujours pas. Ils laissent passer des dizaines de minutes, ces minutes fatales, dans une stupéfiante inertie, où se mêlent une prudence tatillonne et la bureaucratie meurtrière. Attente des ordres du chef? Peur de tomber sur un djihadiste bardé d'explosifs? Attente, comme on l'a dit, «d'une colonne d'assaut»? Ou bien tout simplement déni? Le tout premier déni dans cette affaire Sarah Halimi, où justement le déni va s'inviter avec tant d'insistance. Déni de Sarah Halimi et de sa terrible fin. Déni des faits antisémites, le fameux «pas de vagues». Déni médiatique trop longtemps. Et bien sûr, pour couronner le tout, le déni obstiné des juges. Et si le déni commençait là, par cette attente, ces interminables minutes où les forces de l'ordre refusent de voir l'évidence, d'entendre le martyre de Sarah Halimi, de la sauver du barbare?

GEORGES-MARC BENAMOU est écrivain et producteur de films. Il est notamment l'auteur de *Le Dernier Mitterrand*, paru aux éditions Plon en avril 2011, et des films *Les vies d'Albert Camus* en 2019 et *Les Aventures du jeune Voltaire* en 2021.

QUAND L'ANTISÉMITISME N'EST PLUS LA CAUSE DE L'ANTISÉMITISME

ISABELLE BARBÉRIS

Notre époque ne nie plus l'antisémitisme. Elle a trouvé un subterfuge autre que la négation pour ne pas l'affronter.

Pour notre époque, l'antisémitisme n'est plus la cause de l'antisémitisme.

Comme l'œuf de Colomb, il suffisait d'y penser. L'origine du problème est tantôt la persécution préalable de quelqu'un ou de quelque chose, tantôt l'effet boomerang inévitable d'un péché originel indélébile. Le responsable est l'acharnement du système judiciaire, ou bien tout simplement le hasard. Les fautifs peuvent être les réseaux sociaux, la crise de la puberté, une fête qui tourne mal. Jamais l'antisémitisme.

Une machine à récits déglinguée et folle s'est mise en route, un multivers en constante expansion, dans lequel l'antisémitisme n'est plus responsable de l'antisémitisme. Dans lequel l'antisémitisme n'est plus qu'un mot par défaut, un mot-valise imaginé pour désigner un vide, pointer du doigt un nuage. Un peu comme ces vertiges dont les causes sont multiples et indéfinies, et dont l'étiologie est difficile à établir.

Antisémitisme flottant comme une vapeur de joint

L'antisémitisme à l'état vaporeux, flottant comme une vapeur de joint.

Et puis un jour, la réalité prend forcément le dessus sur ces fictions frelatées. On apprend que Sarah Halimi a été assassinée parce que juive. Explicitement.

Mais que ce n'est toujours pas l'antisémitisme qui est la cause de l'antisémitisme. C'est la prise de cannabis. Et sans doute, également, Facebook, l'islamophobie, la persécution du système judiciaire, la colonisation, l'État d'Israël. Et puis les nuages, les merveilleux nuages de fumée. Mais jamais l'antisémitisme.

L'antisémitisme n'est plus la cause de l'antisémitisme.

Le cannabis : la drogue la plus consommée, la plus populaire. La plus populiste? Et si cela devient si banal, si partagé, comme partager un joint, pourquoi en faire un scandale?

Quand le mensonge collectif devient aussi courant et convenable, plus besoin de prendre de substance. La drogue que toute notre société inhale, et qui a causé la mort de Sarah Halimi, c'est l'antisémitisme.

ISABELLE BARBÉRIS est universitaire, essayiste, co-fondatrice du groupe Culture et Universalisme. Elle a publié en 2022 aux PUF *Panique identitaire. Nouvelles esthétiques de la foire aux identités.*

L'ANGLE MORT

ALEXANDRA LAIGNEL-LAVASTINE

Et si, dans cette affaire, nous baissions *tous* un peu la tête? Tous, Juifs d'en bas, d'en haut, et non-Juifs de tous horizons? Rappelons en effet qu'après l'assassinat à l'évidence antisémite de Sarah Halimi, il aura quand même fallu près de deux mois pour que nous commencions à réagir publiquement. Cinq ans plus tard, ce retard à l'allumage ne va pas de soi et incite à la modestie. Ou l'angle mort de cette commémoration?

> Ce crime tombait singulièrement mal pour tous en plein duel Macron/Le Pen.

Souvenons-nous. Peu après les faits, le procureur de Paris, François Molins, s'était empressé d'expliquer qu'il convenait d'attendre le résultat de l'enquête pour se prononcer sur la nature du crime. Sait-on jamais? Une femme juive «visible», sauvagement massacrée au cri de *Allah akbar!* par un vigoureux islamiste de vingt-sept ans au lourd passé de délinquant, pourrait bien relever d'une simple querelle de voisinage… D'autant que le criminel la traitait régulièrement de *sale Juive* dans leur immeuble, toutes choses que nous savions à ce stade. Pourtant, on ne se l'est pas fait dire deux fois.

Il nous aura fallu sept semaines pour réagir

On a vu les médias nationaux de droite comme de gauche se mettre au garde-à-vous – une première! – devant les appels à la prudence du proc'. Quant à l'envoi *illico* de l'assassin en psychiatrie («Ouf, encore un fou!»), il offrait une fois de plus un prétexte supplémentaire pour se rassurer, s'aveugler ou regarder provisoirement ailleurs, sinon faire le dos rond. Résultat? Hormis la presse juive, seul un journal texan en a parlé pendant toute la durée de la campagne présidentielle en France.

Silence des journalistes. Silence des politiques. Silence des responsables communautaires. Il faut dire que ce crime tombait singulièrement mal pour tous en plein duel Macron/Le Pen, car il ne s'agissait pas, souvenons-nous aussi, de faire «monter les eaux» du Rassemblement national.

Les intellectuels? Rétrospectivement, nous n'avons pas été très brillants non plus, puisqu'il nous a fallu jusqu'à la fin mai pour descendre dans l'arène. Ce sera, le 25 mai, dans Atlantico, une première tribune signée par l'auteur de ces lignes, «D'Ilan à Sarah Halimi : la France indigne» et, presque simultanément, «L'appel de dix-sept intellectuels : "Que la vérité soit dite sur le meurtre de Sarah Halimi"», cette fois dans Figarovox, le 6 juin.

Les intellectuels?
Rétrospectivement,
nous n'avons pas été très brillants
non plus,
puisqu'il nous a fallu
jusqu'à la fin mai
pour descendre dans l'arène.

Mais que s'est-il alors passé? Trois choses : le rapport de police tombait, lequel confirmait le calvaire de la malheureuse et le profil de son meurtrier. D'autre part, le frère de Sarah Halimi déclarait le 21 mai sur la chaîne i24NEWS, en Israël : «J'ai attendu sept semaines avant de m'exprimer : le silence de mort qui continue d'entourer l'assassinat de ma sœur est insupportable.» On avait honte à l'entendre... Enfin, les avocats de la famille tenaient, le lendemain, leur première conférence de presse à Paris pour s'étonner, de leur côté, du «silence de plomb» pesant sur l'affaire.

Ce sont donc ces trois événements conjugués qui ont servi de déclencheur aux premières prises de position publiques. Pas de quoi être excessivement fiers.

ALEXANDRA LAIGNEL-LAVASTINE, docteur en philosophie, est essayiste et universitaire. Sur ce thème, elle a notamment publié, en 2015, *La Pensée égarée. Islamisme, populisme, antisémitisme : essai sur les penchants suicidaires de l'Europe* chez Grasset (Prix de la Licra) et *Pour quoi serions-nous encore prêts à mourir?* aux éditions du Cerf en 2017.

PAS DE PLACE POUR SARAH HALIMI DANS LE THÉÂTRE COMPASSIONNEL

YVES MAMOU

La lente asphyxie infligée au Noir américain George Floyd par un policier blanc de peau a déclenché une indignation médiatique planétaire. Au contraire, la torture mortelle infligée à Sarah Halimi par un islamiste d'origine malienne est passée presque sous silence. Pourquoi ce deux poids, deux mesures? Parce que les médias ont appliqué à l'affaire Halimi les critères qu'ils appliquent au conflit israélo-palestinien.

> Cette fois, les tréteaux du théâtre compassionnel ont été dressés par la justice.

Sarah Halimi ne cochait pas les cases de la «bonne victime»

Règle numéro 1 : pour les médias, le musulman (le Noir, l'Indien...) est assigné d'office à la condition de victime. Seule la victimisation des musulmans ou des Palestiniens mobilise les journalistes.

Règle numéro 2 : dès qu'il s'agit d'islam ou de Palestine, l'information devient compassionnelle. La mission des journalistes n'est plus d'informer, mais d'illustrer la «souffrance» des victimes (palestiniennes, musulmanes...).

Règle numéro 3 : la souffrance palestinienne prime la souffrance juive. Le Djihad islamique a tiré mille roquettes sur la population civile israélienne entre le 5 et le 8 août 2022, mais la compassion médiatique ne s'est adressée qu'aux «victimes» palestiniennes.

Règle numéro 4 : la mise en spectacle de la souffrance palestinienne n'a qu'une finalité : transformer les Juifs d'Israël en nazis. Si Gaza est décrit comme un «camp de concentration à ciel ouvert», c'est parce que cela permet de camper son voisin juif en gardien dudit «camp».

Règle numéro 5 : il est interdit de réintégrer les Juifs, d'Israël ou d'ailleurs, dans la case compassionnelle.

Pour susciter l'émotion, fallait-il un tueur blond aux yeux bleus?

Dans ce théâtre compassionnel, une Sarah Halimi ne pourra jamais être victime d'un nazi islamiste. Quand le tortionnaire islamiste et noir défraie la chronique, il ne sera jamais perçu comme un tortionnaire, mais comme un «déséquilibré». Pour que Sarah Halimi suscite l'émotion, il aurait fallu qu'elle soit assassinée et torturée par un Européen blond aux yeux bleus. Bref, un nazi.

Certains diront que, concernant l'affaire Halimi, les tréteaux d'une telle représentation n'ont pas été dressés par les médias, mais par la justice.

Cela n'interdit pas aux médias de remarquer que la justice a agi comme les médias agissent.

YVES MAMOU est journaliste (ancien journaliste du *Monde* et ancien collaborateur au *Canard enchaîné*, à *Libération* et à *La Tribune*), essayiste et romancier. Il a notamment publié *Le grand abandon. Les élites françaises et l'islamisme* en 2018 et, en 2021, *Dix petits mensonges et leurs grandes conséquences. Auschwitz, Israël, la Palestine et nous*, tous deux chez l'Artilleur.

ALLONS-NOUS VIVRE COMME DES MARRANES?
MARTINE GOZLAN

Lors d'un récent séjour à Jérusalem, on me demandait des nouvelles de Paris et j'ai répondu ce que mon cœur me dictait, là où un cœur juif ne peut mentir : «Nous vivons comme des marranes.» La clameur qui monta tardivement après la torture et l'assassinat de Sarah Halimi, succédant à l'épouvantable silence des lendemains du sang versé, ne modifie en rien mon sentiment. Même s'il y a désormais une loi sur la responsabilité des pseudo-irresponsables, un non-procès de son bourreau l'a précédée, tissé de tous les non-dits hurlés en vain comme les cris de Sarah dans la lâche sidération du voisinage.

Le rassurant mantra de «l'avant-après»

Je ne crois pas non plus au rassurant mantra de «l'avant-après». Je ne crois pas que la moindre leçon ait été tirée. Avant l'horreur subie par Sarah, il y eut l'horreur subie par Ilan, torturé et tué par le gang de Youssouf Fofana, le massacre des enfants Myriam Monsonégo, Gabriel, Arié Sandler, et de leur père Jonathan par Mohamed Merah, puis les victimes de l'Hypercacher. Après, il y eut l'assassinat de Mireille Knoll. Et chaque mois, l'annonce d'une nouvelle agression. Avec cette non-info en bandeau : «un déséquilibré».

Être nous-mêmes : en résistant

La vérité se trouve effectivement déséquilibrée sur la toile de fond d'une France constamment agressée, écrasée, mitraillée et égorgée : les journalistes de *Charlie*, la jeunesse du Bataclan et des terrasses, les badauds de la promenade des Anglais, le professeur Samuel Paty, les policiers de Magnanville et Rambouillet, les prêtres de Saint-Étienne du Rouvray et de Nice, la liste n'en finit pas.

Les hommages, les fleurs et les pleurs dont on recouvre les victimes ne font pas illusion. Juifs et non-Juifs, nous vivons comme des marranes, contraints de faire allégeance à la religion générale du faux-semblant et de la bonne conscience. Ceux qui brisent le silence en paient le prix. L'âme de Sarah nous murmure de rejoindre ces valeureux et d'être nous-mêmes, humblement et fortement : en résistant.

MARTINE GOZLAN, est grand reporter à l'hebdomadaire *Marianne*. Elle a publié de nombreux livres sur l'islamisme et quatre ouvrages sur Israël. Le dernier, *Israël 70 ans. 7 clés pour comprendre*, a été publié en 2018 aux éditions de l'Archipel.

SARAH HALIMI, PORTEUSE DE L'IDÉAL

ILANA CICUREL

Qui fut Sarah Halimi avant de devenir l'une des victimes emblématiques de ce nouvel antisémitisme meurtrier, avant que son nom soit attaché au vide juridique que son histoire tragique a révélé et permis de combler?

Les crimes antisémites nous placent devant cette double injonction qui peut sembler contradictoire : dénoncer les actes dans leur dimension collective en insistant sur l'atteinte qu'ils portent à notre humanité commune, sans jamais oublier qu'ils frappent une personne dans sa singularité, dans son «irremplaçabilité», selon l'expression de la philosophe Cynthia Fleury.

> Dénoncer les actes antisémites dans leur dimension collective, sans jamais oublier qu'ils frappent une personne dans sa singularité.

Autrement dit, se battre pour que l'antisémitisme soit nommé, car c'est la condition de son éradication, et, en même temps, veiller à ce que les personnes qui le subissent ne soient jamais réduites à leur statut de victimes, afin que soit rendu hommage à l'élan vital dont chacune d'entre elles fut porteuse.

C'est tout le sens du travail inlassable de Serge Klarsfeld pour rendre à chaque Juif déporté de France un nom, une adresse, un chemin de vie.

Porteur de vie, le parcours de Sarah Halimi le fut d'un bout à l'autre. Médecin puis directrice d'une école pour jeunes enfants, mère de famille, elle est passée du soin à la transmission.

Est-ce un hasard si la haine à l'égard des soignants, qui s'est développée dans les milieux antivax, a souvent côtoyé le complotisme et l'antisémitisme? Les éducateurs ne sont-ils pas dans le viseur des terroristes islamistes qui savent qui ils ciblent quand ils s'attaquent à des élèves et un enseignant à Toulouse ou assassinent un professeur d'histoire à Conflans-Sainte-Honorine?

Ce qui sous-tend l'antisémitisme, quelle qu'en soit la forme, et qui en fait le problème de tous «et non celui des Juifs», selon Jean-Paul Sartre, tient dans cette vérité : «L'antisémite est un homme qui a peur de lui-même.»

L'antisémite est un homme qui a peur de lui-même. **– Jean-Paul Sartre**

George Steiner, évoquant le nazisme, le disait avec d'autres mots dans *Le Château de Barbe-Bleue*, en parlant d'une Europe qui a cherché à «extirper, de son propre organisme et de son héritage, ces porteurs de l'idéal».

Restons convaincus que nous l'emporterons sur l'antisémitisme, qu'il soit nouveau ou revête des formes plus anciennes, car notre attachement à la vie est plus fort que l'instinct suicidaire qui le nourrit.

Restons fidèles à Sarah Halimi, qui fut et restera une «porteuse de l'idéal».

ILANA CICUREL, ancienne directrice générale de l'Alliance israélite universelle, est avocate et députée européenne. Également membre de la délégation des relations avec Israël, elle participe au groupe de travail du Parlement européen contre l'antisémitisme.

PRIX ILAN HALIMI CONTRE LE RACISME ET L'ANTISÉMITISME

JÉRÔME GUEDJ

Une vieille dame, c'est sacré. Les silhouettes fragiles de nos mères et grands-mères, parfois aidées d'une canne, sont l'expression visible dans nos rues de ce vieillissement de la population et de cette révolution de la longévité qui devrait mobiliser notre pays. C'est cet enjeu qui me passionne depuis tant d'années et que je défends dans le débat public, car notre rapport aux vieux et aux vieilles en dit long sur notre attention aux plus fragiles. Quand une vieille dame est assassinée, c'est notre humanité qui vacille.

Une vieille dame juive, comment ne pas lui souhaiter de «vivre jusqu'à cent vingt ans»? Elle inspire forcément le respect par sa vie de transmission, d'abnégation, de dévouement. Tel était le cas de Sarah Halimi, dont la générosité était appréciée de tous. Halimi, issu de l'arabe *halim*, veut dire Clément, Bienveillant, comme l'était Halima, la mère adoptive et nourrice du Prophète. Le 4 avril 2017, dans le XIe arrondissement de Paris, son meurtrier a pourtant cru tuer *le sheitan du quartier*.

Une vieille dame assassinée, notre humanité vacille

Pas de balles, pas d'explosifs, pas de carnage de masse pour exprimer ce déchaînement de haine. C'est pourtant la plus insidieuse qui soit : celle qui se nourrit du ressentiment. Celle que l'on rumine jusqu'à plus soif et qui se décuple encore sous l'emprise des stupéfiants; ce qui n'excuse en rien le criminel, n'en déplaise à cette justice qui a hésité. Fou, Kobili Traoré? Peut-être. Antisémite, évidemment. Cette haine qui pousse à tuer lâchement la vieille Juive du quartier en la défenestrant est signée. Avec la mort de Sarah Halimi, l'horreur de l'autre côté du palier a débarqué dans nos quotidiens. Face à la violence aveugle, absurde et infinie qu'a subie Sarah Halimi, la seule affirmation en boucle de nos valeurs de liberté, d'égalité, de fraternité et de solidarité apparaît incantatoire, voire, à l'usure, quelque peu désespérante.

> La seule réaffirmation en boucle de nos «valeurs républicaines» apparaît bien incantatoire.

Les Juifs ne doivent pas être seuls dans ce combat

C'était déjà cet état d'esprit qui nous avait animés au lendemain de la mort d'un autre Halimi, Ilan, massacré en 2006 par des individus habités par le même ressentiment et les mêmes stéréotypes judéophobes.

J'avais alors créé en Essonne le prix Ilan Halimi contre le racisme et l'antisémitisme, qu'Édouard Philippe avait rendu national en 2018, pour faire vivre un nom et mobiliser les acteurs éducatifs. L'assassinat de Ilan et Sarah Halimi, comme ceux des enfants de l'école Ozar Hatorah, des clients de l'Hypercacher, ou celui de Mireille Knoll, sont hélas emblématiques de l'ampleur et de la permanence du combat à mener contre l'hydre islamiste et la diffusion des préjugés antisémites dans tous les milieux sociaux, quels qu'ils soient. C'est l'affaire de tout le pays. Les Juifs ne doivent pas se sentir seuls pour le mener.

JÉRÔME GUEDJ est député (PS) de l'Essonne. Il a publié en 2013 *Plaidoyer pour les vieux* aux éditions Jean-Claude Gawsewitch.

CICATRICES NON REFERMÉES

ÉMILIE FRÈCHE

Il y a d'abord ce nom, Halimi, éternellement associé à l'antisémitisme des années 2000 et au travail que je lui ai consacré, deux livres et un scénario sur Ilan. C'est un nom qui revient dans la presse comme un cauchemar. Un nom qui pose à nouveau des questions qui font des chapeaux qui font des titres qui font la une des journaux. Mais ce sont des questions dont nous savons déjà la réponse, et qui creusent des cicatrices non refermées.

Ilan Halimi avait vingt-trois ans lorsqu'il a été repéré, enlevé, séquestré, torturé et assassiné parce qu'il était juif, et que ses tortionnaires pensaient que juif égale riche.

Ilan aurait pu être mon frère, mon cousin, mon ami. Il aurait pu être le fils de toutes les mamans de France.

Sarah, elle, a le visage de nos grands-mères. Elle en a la fragilité, la douceur, et la vie aussi qu'elle menait seule dans cet appartement du XIe arrondissement où elle aurait dû se sentir en sécurité.

Avec Ilan et Sarah, c'est donc notre avenir et notre passé qui ont été assassinés.

Avec Ilan et Sarah, c'est notre avenir et notre passé qui ont été assassinés.

Ces deux crimes nous rendent orphelins de ce qui nous précède comme de ce qui nous suit, de ce qui nous relie au temps, et, sans eux, nous ne sommes plus arrimés mais flottants, inquiets, à nouveau hantés par ces questions vieilles comme le peuple juif : Sommes-nous encore en sécurité dans ce pays? Est-il temps de partir? Et vous, où partiriez-vous?

Au-delà du chagrin et de la peur, les crimes antisémites ayant visé Ilan et Sarah Halimi ont brisé notre confiance en l'autre avec une violence dont je me demande si l'on pourra s'en relever.

Et cette confiance laminée est liée à la réception de ces deux affaires dans l'opinion publique. Concernant Ilan, trop de voix se sont élevées à l'époque pour dire que ce n'était pas de l'antisémitisme mais de la bêtise, comme s'il fallait avoir lu Céline et Rebatet pour nourrir une haine des Juifs, comme si les nazis n'avaient jamais recruté parmi la pègre. Mais pourquoi choisir? Les membres du gang des Barbares étaient évidemment les deux à la fois. Ils étaient *bêtes* et *antisémites*. Avec Sarah, c'est une autre remise en question de l'antisémitisme de l'agresseur qui s'opère, mais qui revient au même : «N'était-il pas plutôt fou?» Eh bien, l'expert psychiatrique Paul Bensussan nous répond : «Oui, le crime était celui d'un fou, mais son crime était antisémite car dans son délire, il assimilait les Juifs aux démons.» Notre État de droit nous commande de ne pas juger les fous, et c'est tout à notre honneur, mais cette folie antisémite qui s'est emparée du tueur de Sarah Halimi, ce passage à l'acte qui a été déclenché par la vision d'un chandelier à sept branches dans l'appartement de la vieille dame, la chambre de l'instruction l'a reconnue. Merci à elle, parce qu'il en va de notre foi en la République.

ÉMILIE FRÈCHE est la présidente du Prix national Ilan Halimi contre le racisme et l'antisémitisme. Scénariste, romancière et réalisatrice de *Les Engagés* (2022), elle a notamment publié, en 2009 aux éditions du Seuil, en collaboration avec Ruth Halimi, *24 jours : la vérité sur la mort d'Ilan Halimi*.

CHOISIR ENTRE LA VALISE ET LE CERCUEIL ?

MICHEL-YVES BOLLORÉ

L'horreur, d'abord : peut-on imaginer deux extrêmes plus opposés que Sarah Halimi et son assassin Kobili Traoré? Sarah Halimi, soixante-cinq ans, pacifique mère de famille de trois enfants, de confession juive, médecin et directrice d'une crèche, exemple même de ce que nous avons de plus positif et en même temps de plus fragile, puisque âgée et vivant seule. Une parmi tant d'autres gens silencieux, inconnus et de valeur qui font notre pays. De l'autre côté : Kobili Traoré, délinquant multirécidiviste de vingt-sept ans, drogué et islamiste radicalisé, condamné puis relâché d'innombrables fois. Un parmi d'autres, aussi, qui est en train de faire de notre pays ce qu'il risque de devenir si nous continuons à laisser faire. Un meurtre qui n'est pas un fait divers à mettre sur le compte de la malchance ou de la folie, mais un acte antisémite revendiqué.

Le poison de l'islamo-gauchisme

L'aveuglement, ensuite, avec une police paralysée, n'osant pas intervenir alors qu'elle est présente sur le lieu du crime avant le meurtre de la victime, puis une justice qui déclare l'assassin irresponsable. Suffit-il désormais de se droguer pour pouvoir tuer? Quel message est envoyé aux délinquants? Combien de morts résulteront de pareilles décisions? Est-ce seulement de la faiblesse ou de l'incompétence? Hélas, non! Tout le monde le sait, le poison de l'islamo-gauchisme est à l'œuvre dans toutes les couches de notre société. Fruit d'idéologies woke, d'Histoire déformée, et de la volonté de détruire une société judéo-chrétienne détestée, mais aussi hélas de sinistres calculs électoraux.

Idéologies wokes et volonté d'autodestruction

Les Juifs français vont-ils devoir choisir, comme les pieds-noirs avant eux, entre la valise et le cercueil? Un flux inquiétant est déjà à l'œuvre, visible dans les statistiques. Il est encore temps de réagir.

MICHEL-YVES BOLLORÉ fut le directeur général de la branche industrielle du groupe Bolloré Technologies jusqu'en 1990, date à laquelle il a fondé le groupe France Essor. Il a publié avec Olivier Bonnassies en 2021, aux éditions Trédaniel, *Dieu, la science, les preuves*.

VII

BLASPHÈME DE L'ANTISÉMITISME

OU COMMENT DÉPLAIRE À DIEU

L'ANTISÉMITISME : UN BLASPHÈME CONTRE L'ISLAM

TAREQ OUBROU

Pourquoi cette contribution ?

Il n'y a pas pire situation pour le théologien musulman que je suis, engagé pour la paix, que de voir sa religion impliquée dans un racisme, alors qu'il s'agit théologiquement du racisme le plus grave qui soit : l'antisémitisme. Je ne parle même pas ici des crimes perpétrés au nom de l'islam. L'antisémitisme est grave car il touche à la dogmatique musulmane, à l'un de ses éléments sacrés : celui de la relation particulière que le Dieu du Coran, commun à celui de la Bible, a établie avec les enfants d'Israël (*banû Isrâ'îl*) au fil de l'histoire, jusqu'à l'avènement de l'islam et bien après.

> L'antisémitisme est grave car il touche à la dogmatique musulmane, à l'un de ses éléments sacrés.

Cette contribution est en premier lieu une alerte pour ces musulmans qui, par ignorance, absolutisent tout ce qui est dans le Coran et dans la vie de Mahomet sans discernement; elle est aussi un avertissement pour ces fanatiques qui utilisent sciemment le Texte comme prétexte pour cracher le venin de la haine des Juifs au nom de l'islam. Il faut absolument et urgemment désamorcer et neutraliser cette lecture belliqueuse, explosive et dangereuse.

Elle répond également, en parallèle, à ces non-musulmans qui pensent sincèrement et honnêtement que l'islam en tant que religion porte le gène même de cette haine. Ils lisent souvent le Coran à travers les yeux des musulmans ignorants, voire fanatiques, en procédant par prélèvements scripturaires sélectifs, isolés de leur contexte.

Bref, il s'agit d'apporter un peu de nuance et de complexité, afin de relativiser les certitudes des uns et des autres concernant cette question grave et épineuse.

L'antisémitisme ou la question dogmatique

Le concile Vatican II, dans sa déclaration *Nostra Ætate*, en 1965, a déclaré que l'antisémitisme serait désormais un péché. Et comment aurait-il pu en être autrement, puisque Jésus, Dieu des chrétiens, était lui-même juif? Il vaut mieux tard que jamais. Pour moi, théologien musulman, l'antisémitisme n'est pas un simple racisme, un simple péché : il est le pire. Un blasphème. Le musulman qui le commet risque de se trouver en dehors du cercle de sa propre religion. L'antisémitisme/l'antijudaïsme est pour l'islam une question grave. C'est ce que nous allons essayer de traiter rapidement dans cette contribution d'ordre théologique.

Le peuple juif, un peuple comme les autres ?

Les *Protocoles des Sages de Sion* sont probablement la plus grande des diffamations à l'égard des Juifs. Ce livre a été écrit par un mystique orthodoxe russe[48]. Il fut traduit du français en arabe par les Arabes catholiques, des maronites ou des membres des autres Églises uniates, selon Bernard Lewis[49]. Les mouvements politiques islamistes comme les institutions officielles, notamment des États arabes de la région du Moyen-Orient, récupérèrent ces traductions après que l'Occident prit de son côté ses distances avec ce texte, une fois la Seconde Guerre mondiale terminée. Il se propagea comme un feu de paille dans le monde musulman dès les premiers moments du conflit israélo-palestinien.

Les *Protocoles des Sages de Sion* sont probablement la plus grande des diffamations à l'égard des Juifs.

Selon ce faux document, les Juifs seraient à l'origine de la franc-maçonnerie, du communisme, de l'athéisme, des divisions dans les sociétés, de la débauche, etc. Ils seraient détenteurs des médias du monde entier, de l'économie, grâce à leurs hommes mystérieux de la finance internationale. Et ainsi de suite.

Ils sont dépeints comme des démons démiurges ou des dieux puissants sur terre. Il est aujourd'hui établi que ce texte n'est pas écrit par des Juifs, y compris même par des auteurs arabo-musulmans, comme le spécialiste du judaïsme et du sionisme Abdelwahab al-Masîrî en a fait

48- Serge Alexandrovitch Nilius.
49- Bernard Lewis, *Juifs en terre d'Islam*, traduit de l'anglais par Jacqueline Carnaud, éd. Flammarion, 1984, p. 210.

la démonstration[50]. Je ne parle même pas ici du remarquable travail scientifique de l'historien Pierre-André Taguieff[51].

Pour une personne normalement constituée, l'énormité des pouvoirs attribués au peuple juif suffit à discréditer cette rumeur dangereuse.

Pour ce qui est des Écritures, il suffit de lire aussi bien la Bible que le Coran pour réfuter ce délire, à condition de lire sans démagogie, ni idéologie, ni fanatisme.

Le Coran comme la Bible décrivent un peuple qui a subi tout au long de son histoire des humiliations, des persécutions, des divisions, de la pauvreté... Ils soulignent aussi qu'il a toujours su se relever grâce au secours des gens justes ou grâce à la Providence divine. Voilà son histoire résumée dans ces passages laconiques du Coran : «Où ils se trouvaient, ils subirent des abaissements et des avilissements, à moins d'un secours providentiel de Dieu ou d'une aide de la part des gens-justes[52]... Ils ne sont pas tous pareils, ces gens du Livre (Juifs). Parmi eux, il y a toute une communauté qui lit – pieusement – les versets de Dieu (les Écritures), commandent le bien, dénoncent le mal, et se pressent pour accomplir les actes de bienfaisance; et ceux-là font partie des justes. Et tout ce qu'ils font de bien sera récompensé par Dieu[53].»

En effet, aucune nation ne fait seule l'Histoire : elles saisissent les opportunités que celle-ci leur offre, ou pas. L'histoire juive ne fait pas exception. Parfois, le peuple juif a pu saisir les opportunités du destin; parfois, il est passé à côté, comme tous les peuples, toutes les nations, les communautés. C'est en ce sens qu'il reste un peuple comme les autres, avec ses hauts et ses bas. Le Coran n'aurait jamais pu attribuer aux Juifs une essence différente du reste de l'humanité, sous peine de perdre toute crédibilité, puisqu'il déclare : «Vous – gens du Livre, notamment juifs – n'êtes que des humains parmi d'autres[54].»

Le Juif métaphysique

On juge souvent des gens que l'on ne connaît pas et que l'on n'a peut-être jamais fréquentés ni rencontrés. Les musulmans eux-mêmes subissent

---

50- Abdelwahab Al-Masîrî, *Mawsû'at al-yahûdiyya wa as-suhyûniyya*, Dar Achurûq, Le Caire, 1999, t. II, p. 371-374.

51- Voir Pierre-André Taguieff, *Les Protocoles des Sages de Sion, faux et usage d'un faux*, éd. Berg International-Fayard, 2004, 508 pages.

52- Ce même verset confirme des passages de la Bible cités plus bas, qui stipulent qu'à un moment donné de son histoire, ce peuple a subi la colère de Dieu pour avoir condamné des prophètes.

53- Coran 3:112-115.

54- Coran 5:18.

des préjugés qu'ils font subir à leur tour aux autres, notamment aux Juifs. Les préjugés sont des deux côtés. Combien de fois les musulmans ont-ils entendu dire de la part des autres : «Ah... Mais toi, tu n'es pas comme les autres!»; ces autres qui n'existent que dans nos fantasmes. Certains musulmans se disent la même chose quand ils rencontrent un Juif : «Ah... Mais celui-là n'est pas comme les autres Juifs. D'ailleurs, il n'est même pas sûr qu'il soit juif. Ou s'il l'est, alors il n'est pas un vrai Juif.»

En effet, cet autre est toujours un autre métaphysique dont on voudrait qu'il soit conforme à nos croyances, à nos préjugés.

C'est quand même navrant que nous pensions ainsi.

Mais là où ces pensées paresseuses se révèlent plus dangereuses, c'est lorsque ces préjugés deviennent des dogmes religieux qui conduisent au fanatisme, voire au crime.

Ici, il ne faut pas s'illusionner : ce danger n'est pas spécifique à ceux que l'on appelle aujourd'hui les islamistes. Cette vision des Juifs n'a pas attendu les *Protocoles des Sages de Sion*. Certains ouvrages de l'exégèse médiévale du Coran sont bourrés de sottises de ce genre.

Je voudrais ici souligner un fait important. Tout au long de l'histoire musulmane, ce n'est pas le Coran qui fait autorité, comme le pensent certains, c'est son commentaire. Ce que certains musulmans prétendent, notamment au sujet des Juifs, n'est pas vraiment ce que disent les sources scripturaires, tellement complexes à lire, mais leurs interprétations, lesquelles furent canonisées, voire divinisées au fil du temps. Ce sont ces interprétations qui contiennent les germes de la haine antisémite.

S'ajoute à cela le fait que, aujourd'hui, de jeunes musulmans manquent de culture doctrinale herméneutique. Leur lecture littéraliste procède par prélèvements scripturaires tendancieusement sélectifs, en isolant les passages relatifs aux Juifs de leur contexte historique, voire du contexte scripturaire général. De tout cela découlent des conclusions monstrueuses.

C'est vraiment très problématique théologiquement, car on peut se demander comment une religion qui originellement aspire à la transcendance peut produire de la haine gratuite.

Le problème serait le Coran, et non pas ces musulmans littéralistes. Moi, je dis le contraire.

C'est ce discours antisémite/antijudaïque tenu au nom de l'islam qui donne raison aux thèses selon lesquelles le mal réside dans le Coran, et non dans les musulmans, qui ne sont que des êtres humains comme les autres, mais victimes de leur religion dont ils doivent par conséquent s'écarter. Le problème serait le Coran, et non pas ces musulmans. Moi, je dis le contraire.

Le sens coranique de la nuance

> Tout n'est donc pas à absolutiser dans le Coran.

À première lecture, dans le Coran, on peut en effet trouver des critiques très sévères, voire violentes à l'égard des enfants d'Israël (*banû Isrâ'îl*). Il n'invente rien. On trouve la même chose dans la Bible[55], parfois reprise à la lettre par le Coran. Il ne viendrait pourtant à l'idée de personne de prétendre que la Bible est antisémite. Ce qu'il est important de rappeler ici, c'est que le Coran apporte toujours des nuances dans ses critiques, qu'il n'essentialise pas. Il est une règle d'exégèse stipulant que «ce qui doit être pris en considération, ce n'est pas le sens général du texte, mais le sens historique et circonstanciel[56]». Cette règle permet de relativiser les assertions du Coran. En effet, lorsqu'il est question des gens du Livre, notamment les Juifs, en général, il s'agit des gens du Livre du «moment coranique» en rapport à une situation ou un fait historique particulier. D'où l'importance de la dimension historique du Coran et de ce que l'on appelle «la pragmatique du langage», qui contextualise les significations du Texte. Tout n'est donc pas à absolutiser dans le Coran. S'il est sacré et divin par son origine, il reste conjoncturel et temporel dans ses significations. Cette règle théologique est importante à connaître.

> Jamais le Coran ne critique le judaïsme en tant que religion, ni les Juifs en tant que peuple.

Jamais le Coran ne critique le judaïsme en tant que religion, ni les Juifs en tant que peuple, pour les raisons que nous allons aborder ci-après.

55- Par exemple, et pour ne citer que ce passage où Dieu dit à Moïse : «Répète aux fils d'Israël : vous êtes un peuple à la nuque raide. Si je montais un seul instant au milieu de toi, je t'exterminerais...» (Exode 33:5).

56- Chihabuddîn Abu Al-Abbas, *Al-muswaddat*, Dar al-kitâb al-arabî, Beyrouth, (s.d.), p. 130-131.

Les blâmes ne concernent qu'une partie des enfants d'Israël, ou un groupe parmi eux : uniquement ceux qui n'ont pas respecté leur alliance avec Dieu, exactement comme le fait la Bible – puisque le Coran s'en revendique. Cependant, il le fait avec nuance, en utilisant quasiment chaque fois deux expressions : «groupe parmi eux» (*tâ'ifat minhum*) ou «partie d'entre eux» (*farîqun minhum*), justement pour ne pas sombrer dans l'essentialisation. En voici un exemple : «Parmi les gens du Livre – juifs, notamment –, il y a ceux à qui, si tu confiais un *quintâr*[57], ils te le rendraient. D'autres, en revanche, si tu leur confiais un seul *dinar*, ils ne te le rendraient qu'après longue insistance[58].» Ils sont donc comme les autres : certains sont honnêtes; d'autres ne le sont pas.

En réalité, lorsque le Coran blâme des enfants d'Israël – qui restent pour lui, malgré ses critiques, un peuple bien particulier, comme nous le verrons –, c'est aux musulmans qu'il s'adresse à travers eux, de manière indirecte. Ce n'est pas pour stigmatiser les Juifs, mais pour avertir les musulmans, afin que ceux-ci ne commettent pas les mêmes erreurs. Et quand il évoque leurs vertus, car le Coran en parle aussi, c'est pour que les musulmans suivent leur exemple.

Dieu se serait-il trompé au sujet des Juifs ?

Dieu est nommé dans le Coran Allah ou Ellah. C'est un mot sémitique, dont la racine étymologique est probablement hébraïque : El ou Elohim[59]. Le nom de Dieu des musulmans serait alors sémitique et hébraïque, et non pas arabe. Rien que pour cette raison, le Dieu du Coran ne saurait être antisémite. L'autre raison est prophétologique. Parlant des prophètes, le Coran affirme que «Dieu sait où déposer ses messages[60]». Or, dans le Coran, seulement quatre prophètes arabes ont reçu la révélation de Dieu[61], parmi vingt-cinq nommés. La majorité sont des enfants d'Israël (Jacob, Joseph, Moïse, David, Salomon, Aaron, Jean et Jésus), des exemples que Mahomet doit suivre, comme le lui intime le Coran.

57- C'est une somme d'argent apparemment très élevée : mille pièces d'or, c'est-à-dire mille *dinars*? On ne la connaît pas avec précision. Nous avons ici l'exemple même d'un contenu du Coran dont le sens nous échappe. Ce *qintar* ne parlait qu'aux gens du moment coranique. Le sens du verset nous suffit : il nous indique l'honnêteté d'une partie des Juifs dans leurs relations économiques avec les autres.

58- Coran 3:75.

59- Pluriel de Eloah. Nous trouvons également dans les textes de l'islam le mot Allâhumma, un autre nom d'Allah. Il ressemble beaucoup, dans sa prononciation, au mot hébreu Elohim.

60- Coran 6:124.

61- Chu'aïb, Salih, Hud et Ismaël. Ce dernier fut arabisé en se mariant avec une femme d'une tribu arabe, Jurhum. Il n'est pas d'origine arabe, puisque son père Abraham et sa mère Agar ne sont pas arabes.

Nous avons dit plus haut que le Coran considère le peuple juif comme les autres. En réalité, ce n'est pas totalement vrai. Dieu le qualifia de peuple élu, selon les mots du Coran lui-même. Cette élection est entendue dans le sens de la responsabilité qu'ils doivent honorer. C'est une élection divine en connaissance de cause. Voilà ce qu'en dit le Coran : «Nous avons fait en sorte qu'il y ait parmi eux des guides qui éclairent les autres selon notre volonté, grâce à leur patience et à leur adhésion ferme à nos enseignements[62]»; «et fîmes d'eux des guides qui éclairent les hommes selon notre volonté. Nous leur avons inspiré des œuvres bonnes; l'accomplissement de la prière et l'aumône. Et ils étaient pour nous de - vrais - serviteurs[63]».

Plus encore, le Coran affirme : «Nous sauvâmes les enfants d'Israël d'un châtiment avilissant, celui de Pharaon, qui était hautain et outrancier; et nous les élûmes parmi toutes les nations en connaissance de cause[64].»

C'est pour cette raison que le Prophète jeûnait spécifiquement le jour[65] où Dieu sauva Moïse et son peuple de Pharaon, et qu'il recommanda aux musulmans de faire de même[66].

Ces arguments démontrent sans équivoque que l'islam ne peut dogmatiquement être générateur d'antisémitisme.

Ces arguments démontrent sans équivoque que l'islam ne peut dogmatiquement être générateur d'antisémitisme, car c'est un racisme interdit, puisque l'humanité a une même origine et que sa diversité est une volonté divine à respecter : «Ô humains, nous vous avons créés à partir d'un homme et d'une femme et nous avons fait de vous des nations et des tribus; le meilleur d'entre vous, ce sont ceux qui ont la vertu de la taqwa.[67]» La *taqwa* est cette capacité à retenir l'agressivité et la pulsion de la transgression (*al-'udwân*). C'est être inoffensif. Ce verset appelant au pacifisme, à la connaissance et la reconnaissance de l'autre qui est différent,

62- Coran 32:24.
63- Coran 21:72.
64- Coran 44:30-32.
65- Il correspond au dixième jour (*'achura*) du premier mois, selon le calendrier lunaire.
66- Boukhârî et Muslim *via* Ibn Abba, *Al-jam'e baïn as-sahîhaïn* d'Omar Al-Mawsily, maktabat al-maarif, Riyad, 1998, t. I, n°1253, p. 432.
67- Coran 49:13.

est confirmé par ce sermon du Prophète : «Ô vous, les gens! Votre Dieu est le même, votre père est le même; il n'y a pas de mérite pour un Arabe sur un non-Arabe, ni de mérite d'un non-Arabe sur un Arabe, comme il n'y a pas de mérite pour un rouge sur un noir, ni un noir sur un rouge, si ce n'est pas par la taqwa. Soyez-en témoins, et que les présents transmettent aux absents[68]!»

Non seulement l'antisémitisme est un racisme interdit, mais c'est un racisme théologiquement encore plus grave, car ce serait accuser Dieu lui-même de s'être trompé ou d'avoir commis une erreur en choisissant les enfants d'Israël (*banû Isrâ'îl*), parmi lesquels figurent pourtant la majorité des prophètes du Coran, et donc de l'islam. Penser un seul instant cela de Dieu mettrait le musulman automatiquement en dehors du cercle de l'islam.

Mahomet et les Juifs, conflit politique ou religieux?

L'histoire des prophètes est une histoire humaine et, en tant que telle, elle recèle des conflits. Il y a la religion, et il y a l'histoire de la religion. Cela signifie que tout n'est pas religieux dans l'histoire religieuse, que tout n'y est pas sacré. Par conséquent, tout n'est pas religieux dans le comportement de Mahomet. Il faut donc distinguer le temporel du spirituel.

En effet, l'islam, comme toute religion naissante, a provoqué un séisme dans le paysage religieux en place. Des raisons politiques, économiques et religieuses ont motivé des alliances de toutes sortes. Des pactes d'hostilité se sont tissés entre les différentes composantes religieuses du contexte de l'Arabie d'alors pour s'opposer à la grande hérésie syncrétique de l'islam, qui se propageait à toute allure. Elle ratissait large en récupérant le judaïsme, le christianisme, et même une part de la religion païenne des Arabes qui se revendiquaient eux aussi d'Abraham[69]. Ce changement de repères, dans le contexte de cet univers religieux, a conduit à une violence prévisible. C'est la tribu des Quraych, celle de Mahomet lui-même, qui lui fut la plus hostile, qui l'aurait tué s'il ne s'était pas exilé, et qui continua à le pourchasser même lorsqu'il s'établit à Médine.

À Médine, contrairement à La Mecque, se trouvaient des Juifs en grand nombre : ils constituaient presque la moitié de la population. Ils étaient

68- Ahmed *via* Abu-Nadrat, *Al-Musnad*, mu'assasatu ar-risâlat, Beyrouth, 2001, t. XXXVIII, n°23489, p. 474.

69- Une religion «associationniste» qui reconnaît le Dieu d'Abraham et d'Ismaël, mais avec un culte voué aux idoles comme médiatrices entre les hommes et le Dieu suprême. Ce qui n'est pas le cas du christianisme, qui n'est pas un associationnisme (*chirk*) car la trinité et l'incarnation sont des dogmes qui reposent sur une économie théologique et une lecture qui se réfère aux Écritures, ce que l'islam réfute, mais pas en tant qu'idolâtrie associationniste païenne. Ce n'est pas le même statut théologique.

organisés en tribus comme les autres Arabes, sur la base d'alliances tribales avec les deux principales tribus médinoises, alors païennes.

Une partie de ces Juifs étaient alliés à la tribu al-Aws; l'autre à al-Khazraj. Les Juifs préférèrent garder leur religion; les païens médinois se convertirent sincèrement à l'islam; d'autres le firent par hypocrisie. Les alliances tribales ne furent pas mises en cause par le Prophète. Celui-ci tenta de les transcender dans les limites des mentalités tribales, qui étaient très ancrées dans la culture de l'époque. Il proposa une grande alliance grâce au pacte (*wathîqa*) de Médine, que tout le monde signa. Ce pacte stipulait, entre autres, que les tribus juives et les tribus converties à l'islam constituaient désormais une seule communauté (*umma wâhida*), laissant aux Juifs leur religion et aux musulmans la leur[70]. La seule obligation commune était de défendre Médine contre toute agression étrangère.

Cette tentative échoua finalement, suite au désengagement successif des trois tribus juives de Médine. Chaque fois qu'il y eut un conflit entre le Prophète et une tribu juive, celui qui tranchait n'était pas le Prophète en personne, mais l'un des chefs de la tribu arabe à laquelle la tribu juive en question était alliée, et ce conformément aux mœurs, aux codes de solidarité (*'asabiyya*) tribales de ce contexte.

L'exil des banû Qaynuqâ fut décidé par un chef de la tribu d'al-Khazraj, 'Abd Allâh b. 'Ubay[71], d'ailleurs considéré comme l'un des «grands hypocrites» qui n'a eu de cesse de causer des ennuis au Prophète et à la communauté musulmane. Le Coran évoque ses complots sans divulguer son nom[72].

L'expulsion de la tribu juive des banû Nadîr de Médine a été décidée par Mohammed b. Maslama, un autre responsable des Khazraj, qui était son allié[73].

Quant à la tribu des banû Quraïda, l'homme qui a tranché son cas était Saad b. Muaadh, le chef de la tribu de Aws, avec laquelle Banû Quraïda était confédérée. Muaadh fut soutenu par les deux parties pour juger de la déloyauté des banû Quraïda et tous durent accepter sa sentence, y compris le Prophète. «Si le Prophète t'a accepté comme juge, c'est pour que tu sois plus clément envers tes alliés», fit-on remarquer à Saad b. Muaadh. Mais son jugement était très sévère. Il prononça une condamnation à mort pour tous les hommes majeurs capables de prendre les armes[74]. Le Prophète

70- Ibn Hishâm, *As-Sîrat an-nabawiyya*, Beyrouth, Turâth al-islâm, (s.d.), t. I, p. 501-504.
71- Ibn Sayyidi Annâs, *'Uyûn al-athar*, Beyrouth, Dâr al-jîl, 1973, t. I, p. 295.
72- Coran 24:11; 63:7-8.
73- Ibn Sayyidi An-nâs, *op. cit.*, t. II, p. 49.
74- Muhammed b. Yûsuf Al-Salihî Al-Shâmî, *Subul al-hudâ wa-l-rashâd*, Égypte, ministère

ne put ni reculer, ni annuler cette sentence, selon les codes tribaux en vigueur. La religion n'est pas ici évoquée comme un argument pour la sentence. Comme nous l'avons soutenu, tout n'est pas religieux dans l'histoire religieuse de l'islam, y compris la vie du Prophète lui-même.

Au fond, le Prophète a eu une tâche très délicate et très inconfortable. Souvent, il fut coincé entre les liens tribaux d'une partie des musulmans et l'attente d'une réponse issue de la Révélation.

Il existe aussi un autre cas, celui des Juifs de Khaybar, non Médinois, qui eurent affaire, cette fois-ci, directement au Prophète. Ils n'avaient pas signé de pacte avec lui et n'avaient d'alliance avec aucune tribu médinoise. Cette tribu juive s'était alliée à La Mecque, en soutenant celle-ci dans sa guerre contre le Prophète. Il y eut une confrontation militaire, puis un compromis, et Khaybar finit par capituler. La sanction fut moins sévère, uniquement d'ordre matériel, sans exécution ni exil, mais toujours appliquée selon les usages tribaux en vigueur à l'époque[75]. Ici, Mahomet agit en tant que chef temporel de Médine, et non en tant que Prophète.

Il n'y a ni guerre sacrée, ni guerre sainte.

Rien, dans cette histoire conflictuelle et temporelle, n'est sacré. Il n'y a ni guerre sacrée, ni guerre sainte. La guerre est toujours sale, même si elle est parfois nécessaire quand il s'agit de légitime défense. Cet épisode de la vie de Mahomet n'a pas à être reproduit, contrairement à ce que voudraient certains littéralistes musulmans.

Mais la relation de Mahomet au judaïsme ne se limite pas à ces faits conflictuels temporels et circonstanciels. De plus, s'il avait été antisémite, il n'aurait pas épousé une femme juive. En outre, il est mort alors qu'il avait nanti un Juif de l'un de ses biens, afin que celui-ci puisse s'acheter de quoi manger[76]. Par fierté, Mahomet aurait pu emprunter de l'argent à un musulman, car les riches musulmans ne manquaient pas à Médine, dont il était aussi le chef temporel. À commencer par le richissime Othman ibn-Affane, son gendre. Il a opéré un autre choix pour marquer, par ce geste symbolique, sa confiance à l'égard des Juifs respectant le pacte de Médine en décidant de vivre pacifiquement avec les musulmans. Ceux-là ne furent inquiétés ni sur leur religion, ni sur leur identité, ni sur leur richesse. Cela signifie aussi qu'il y avait encore à Médine, bien après les conflits que nous venons d'évoquer,

des Awqâf, t. V, p. 19-20.
75- Ibn Hichâm, *As-Sirat an-nabawiyya*, t. II, part. 4, p. 337.
76- Bukhârî via Aïcha, *Al-Fath* d'ibn Hajar, Dar al-fikr, Beyrouth, 1990, t. VIII, n°4467, p. 501.

des Juifs plus riches que les musulmans et plus riches que Mahomet lui-même, lequel est mort, d'ailleurs, dans une pauvreté totale.

> Le Prophète n'a jamais soumis les Juifs aux lois coraniques, puisqu'il reconnaît la loi juive.

Bien que le Coran soit resté critique vis-à-vis de la morale de certains Juifs, jamais il n'a autorisé d'injustice à leur égard. Mahomet étant le chef de Médine, parfois les Juifs venaient à lui pour régler leurs conflits. Le Coran lui dit alors : «Juge entre eux s'ils viennent à toi, sinon tu peux t'en abstenir. Et si tu t'en abstiens, ils ne te nuiront aucunement. Cependant, si tu les juges, fais-le de manière juste. Dieu aime les justes. Or, comment se fait-il qu'ils viennent vers toi pour les juger, alors qu'ils ont la Torah où il y a la Loi de Dieu? [...] En effet, nous avons révélé la Torah, où il y a une guidance et une lumière[77].»

Le Prophète n'a jamais soumis les Juifs aux lois coraniques, puisqu'il reconnaît la loi juive. Par la suite, les Juifs ont toujours vécu dans le monde musulman avec leur propre tribunal rabbinique.

La dhimmitude[78] : protection ou humiliation ?

Commençons tout d'abord par cette parole du Prophète : «Celui [le musulman] qui verse le sang d'une personne non musulmane vivant en paix avec les musulmans (*mu'âhid*) ne verra pas le Paradis[79].» Cette menace met en péril le salut de l'âme d'un musulman s'il touche à un non-musulman innocent.

L'islam fixa le statut juridique médiéval[80] du *dhimmî* (protégé) ou *mu'âhid*[81] dont bénéficiaient les «gens du Livre» (*ahl al-kitâb*), notamment

---

77- Coran 5:42-44.

78- C'est un statut politique donné aux minorités non musulmanes, notamment juive et chrétienne. Elles bénéficient d'une protection en échange d'un impôt (*al-jizia*) dont sont exonérés les individus qui n'ont pas la capacité de prendre les armes.

79- Bukhârî, Ahmed, Nasäi et ibn-Mâjah *via* Abdullah ibn-Amroe, *Al-Jâmi' as-saghîr* de Suyûtî *in Fath al-Qadîr d'Al-Mnâwî*, Dar al-Fikr, Beyrouth [s.d], t. VI, n°8912, p. 193.

80- Une citoyenneté inaccomplie uniquement par rapport à ce qu'est cette notion aujourd'hui, laquelle reste étroitement liée à la notion de l'État-nation, notion politique moderne. Or la dhimmitude était le mode politique le plus approprié pour les minorités et le plus réaliste face au contexte politique mondial de l'époque. Il faudrait éviter, dans ce domaine, de commettre un anachronisme.

81- C'est l'autre nom de *dhimmî*. Il signifie «le pactisant», celui qui s'engage à vivre en paix avec les musulmans.

les Juifs, car ils sont considérés comme faisant partie de la *Umma*, selon les termes mêmes du pacte de Médine sus-évoqué, laquelle *Umma* est ici entendue dans un sens politique. Et c'est aussi pour les mettre à l'abri des conversions forcées, puisque le Coran énonce que «point de contrainte en matière de religion[82]!» Ce dispositif juridique de dhimmitude a été étendu à d'autres communautés dans le sens d'une protection. Le savant médiéval andalou Ibn-Hazm rapporte à cet égard un consensus canonique et juridique établi : «Nous, musulmans, devons mobiliser toutes nos armées, verser tout notre argent jusqu'au dernier sou et notre sang jusqu'à la dernière goutte, pour protéger nos minorités non musulmanes si elles sont attaquées[83].»

En échange de cette protection, les minorités religieuses payaient une capitation appelée la *jizia*, d'une valeur de un dinar selon un hadith[84], mais qui a varié en fonction de l'estimation des pouvoirs publics selon les époques. En tout cas, sa valeur était beaucoup moins importante que la *zakât* (2,5% de la richesse) que donne le musulman et dont les minorités religieuses sont aussi bénéficiaires. Aussi la *jizia* ne concernait-elle que les hommes qui n'étaient pas pauvres et qui étaient en capacité d'accomplir le service militaire. Les femmes, les pauvres, les malades chroniques, les vieillards, les moines, les handicapés, etc., en étaient exemptés[85]. Il faudrait souligner que la *jizia* n'est pas une invention coranique, mais une capitation déjà pratiquée sur les minorités par d'autres empires.

La philosophie de cette capitation est résumée par la règle canonique suivante : «Pour la défense de la nation, les musulmans versent leur sang, et les minorités religieuses versent une capitation.» Cette règle, au fond, vise à ne pas gêner le Juif, le chrétien ou tout autre individu appartenant à une autre minorité religieuse en l'obligeant à participer à la guerre pour défendre, au prix de sa vie, une nation dont la religion majoritaire n'est pas la sienne. Il s'agit d'une sorte d'objection de conscience avant la lettre. Toutefois, une certaine tendance juridique musulmane médiévale se rapproche étroitement de la doctrine moderne de la citoyenneté, qui considère que le Juif, le chrétien ou autre non-musulman participant à la défense de la nation n'a pas à payer la *jizia*[86]. Il s'agit d'une catégorie

---

82- Coran 2:256.

83- Ali Ibn-Hazm *in* Al-Qarâfî Ahmed, *Al-Furûq*, 'Alam al-kutub, Beyrouth, (s.d.), t. II, part. 3, règle n°119, p. 14-15.

84- Abu-Dâwûd, Temidhî, an-Nasâï, Ibn-Majah et Ahmed Via Moadh ibn Jabal *in* Ali Achawkânî, *Nayl al-awtâr*, Dâr al-hadîth, Le Caire, 1993, t. II, part. 3, n°1536, p. 157.

85- Ali Ibn Al-Qattân Al-Fâsî, *Al-iqnâ'e fî masâ'il al-ijmâ'e*, Dar al-qalam, Damas, 2012, t. III, n°2000, p. 1073.

86- Mohammed Rachîd Ridâ, *Al-Manâr*, Dar al-maarifa, Beyrouth, 2e éd., (n.d.), t. X, pp. 289-298.

de citoyenneté, inachevée[87], qu'il faut mettre en perspective avec la culture politique de l'époque, où la notion d'État-nation n'existait pas encore.

Il faut reconnaître que ce concept fut souvent mal interprété et mal appliqué. Des exactions furent commises au cours de l'histoire musulmane à l'encontre de ces minorités. Elles étaient souvent d'ordre économique et politique, rarement motivées par des raisons religieuses.

Le concept de *jizia* est abrogé de fait depuis l'apparition des notions politiques modernes comme l'État-nation, la société civile, la citoyenneté...

Il est donc inutile de convoquer la *dhimmitude* et la *jizia*, qui sont deux notions anachroniques. On n'est plus au Moyen Âge!

Des paroles et des gestes

Les idées c'est bien, encore faut-il des actes.

J'ai été probablement parmi les premiers responsables religieux en France, alors que j'étais encore membre de l'UOIF – l'actuel «Musulmans de France» – à participer à un voyage au camp d'Auschwitz-Birkenau. Intitulé «Mémoire pour la paix», il avait été organisé en 2003 à l'initiative du père Émile Choufani, le «curé de Nazareth». J'ai invité deux associations – EMF (Étudiants musulmans de France) et JMF (Jeunes Musulmans de France) – à faire de même, comme le décrit Jean Muttapa, l'artisan de ce voyage[88], lequel fut pour moi une expérience marquante. Ceci m'a valu des critiques acerbes de la part de certains responsables de l'Organisation, que j'ai quittée depuis un moment déjà. Je me souviens de l'hostilité d'un responsable de la section EMF-Lille et membre de l'UOIF qui s'est fait remarquer particulièrement par sa réaction violente, jusqu'à menacer de dissoudre la section et d'organiser, au sein de l'UOIF, une contestation d'une virulence inouïe pour que l'organisation prenne des mesures disciplinaires sévères à mon encontre. Pour créer plus de pression sur l'organisation, il essaya de décrocher une *fatwa* auprès de figures religieuses du PJD[89] connues pour leur antisionisme, notamment Abouzaïd El Mokrie. Sa tentative a échoué, car cela aurait causé un grand trouble au sein de l'UOIF, sans parler des conséquences médiatiques.

87- Le mot *jizia* est d'origine persane, repris par le Coran. Cela veut dire que tout ce qui est dans le Coran n'est pas à reproduire éternellement, puisque le Coran, dans le domaine de l'éthique, du droit et de la politique, renvoie à la culture du temps. Autrement dit, c'est un Message dont les valeurs morales et juridiques universelles ont été négociées, quant à leur forme, en fonction du contexte de leur énoncé. Par conséquent, ce qui doit nous intéresser, c'est plutôt la méthodologie et l'esprit coranique, et non pas systématiquement l'enveloppe contextuelle et culturelle de ces lois.

88- Voir Jean Muttapa, *Un Arabe face à Auschwitz, la mémoire partagée*, éd. Albin Michel, 2004, pp. 91-94.

89- Parti de la Justice et du Développement (Maroc).

Ce même ex-responsable de la section EMF-Lille et ancien membre de l'UOIF, Mohamed Louizi pour ne pas le nommer, est aujourd'hui connu pour ses nombreuses publications où il traque avec la même énergie les prêcheurs musulmans de la haine et de l'antisémitisme, et particulièrement les Frères musulmans dont il était hier un des membres les plus zélés.

La morale de cette histoire, c'est qu'il ne faut pas désespérer de certains musulmans et de leur antisémitisme d'hier, car ils peuvent devenir aujourd'hui ses farouches ennemis.

J'ai été, très tôt, conscient du risque d'un transfert de l'ancien antisémitisme occidental chrétien puis séculier d'avant l'État d'Israël à un antisémitisme oriental d'après l'État d'Israël. Un transfert que malheureusement certains musulmans et certaines organisations islamiques sont aujourd'hui en train de renforcer.

> Le risque est de passer d'un conflit politique israélo-palestinien géographiquement localisé à un conflit théologique judéo-musulman mondialisé.

Tout est venu de la confusion et du passage subreptice de l'antisionisme à l'antisémitisme, voire l'antijudaïsme. Le risque est de passer d'un conflit politique israélo-palestinien géographiquement localisé à un conflit théologique judéo-musulman mondialisé. Il faut absolument que les musulmans soient conscients de ce risque et qu'ils combattent ce racisme, qui est aussi antimusulman si l'on entend les arguments théologiques susmentionnés.

Il faut dire également que l'antisémitisme, qui se marie toujours avec le totalitarisme, peut surgir dans nos sociétés là où l'on s'y attend le moins, et que peut-être cet antisémitisme des banlieues n'est qu'un arbre qui cache la forêt.

Oui, si le fascisme fut battu en brèche et le nazisme éradiqué, il n'est pas dit que leurs aspects intellectuels et philosophiques aient complètement disparu.

Le modèle bordelais

À Bordeaux, depuis des décennies, il s'est tissé, entre les responsables locaux de la communauté juive et de la communauté musulmane, non seulement une confiance et une amitié, mais aussi une véritable fraternité. Une fraternité sous la coupole de la République.

Le dialogue et les rencontres ne se sont jamais interrompus, même pendant les crises les plus aiguës, comme celle de la guerre de Gaza de l'été 2014 qui, parce qu'asymétrique, avait mis la «communauté musulmane» en ébullition. Nous avons maintenu nos rencontres, raison de plus pour nous; et chaque fois qu'il y a eu un drame frappant la communauté juive de France, nous étions ensemble.

Chaque fois qu'il y a eu un drame frappant la communauté juive de France, nous étions ensemble.

Notre éthique commune est d'aborder ce qui nous unit et de discuter en deuxième lieu de nos différences, voire des choses qui nous divisent. Nous avons toujours su trouver les mots justes pour dire ce que nous pensons dans un esprit civilisé et dans le cadre d'une citoyenneté française commune.

J'ai aussi accueilli au sein de la mosquée de Bordeaux la regrettée Madame Élisabeth Sentuc, une survivante girondine d'Auschwitz, âgée de quatre-vingt-treize ans, pour une rencontre avec les élèves de notre école religieuse. Nous avons également accueilli une exposition sur la Shoah au cœur même de la salle de prière de la mosquée[90]. Une première en France, qui malheureusement n'a pas été assez médiatisée.

Ces expériences bordelaises encouragent d'autres «communautés musulmanes» et d'autres mosquées de France à faire de même. L'idée a séduit beaucoup de responsables associatifs musulmans. Mais de la conviction à l'affirmation et à la pratique, il reste encore un chemin à faire.

En tout cas, le musulman que je suis mène ce combat à double titre. D'abord en tant que citoyen qui tient à la paix civile de son pays à un moment de crises de toutes sortes; et en tant que théologien qui ne veut pas voir un conflit politique, israélo-palestinien, se transformer en conflit religieux, et qui pense que le mariage entre la paix et la justice est la seule réponse universelle qui doit être soutenue par tous.

TAREQ OBROU, théologien et essayiste, est le grand imam de Bordeaux. Il a notamment publié, aux éditions First en 2021, *Quelle place pour l'islam dans la République?*

90– *Le Parisien*, 3 mai 2018.

COMBATTRE LE FLÉAU DE L'ISLAMISME

HASSEN CHALGHOUMI

Encore une fois, le terrorisme islamiste a tué. Sarah Halimi avait survécu à la Shoah; elle s'était construit une vie riche, vouée aux autres, sans haine. L'humanisme était son moteur.

Pourtant, en échappant au nazisme allemand elle fut rattrapée, en plein cœur de Paris, par une autre forme de nazisme, l'islamisme. Il ne faut pas, il ne faut plus, avoir peur des mots pour qualifier l'une des gangrènes du monde. Ce nazisme islamique avait déjà tué à Toulouse, à Nice; il avait tué Ilan Halimi et tant d'autres.

> La maladie de l'antisémitisme est entretenue par des collaborateurs au sein de ma propre famille religieuse et à l'extrême gauche.

J'écris ce modeste hommage un 11 septembre, et alors que je suis à Nice pour les commémorations de l'attentat de New York, au moment où se tient dans la capitale le procès de celui de la Promenade des Anglais. Bien sûr, mes pensées et mes prières vont à ces victimes innombrables, pour qu'elles reposent en paix, et à tous les proches qui doivent entamer un long parcours pour se reconstruire, dans l'incompréhension que l'on puisse tuer des innocents au nom de Dieu, dévoyant une religion qui prône la tolérance et la fraternité. Mais nous comprenons bien qu'il s'agit d'un combat global contre ce fléau qui dénature ma communauté spirituelle. C'est un combat que je mène sans relâche depuis des années, qui a totalement transformé ma vie. C'est un combat profondément juste, contre toutes les formes de violence et de rejet de l'autre. Et l'antisémitisme en est la manifestation la plus répandue, la plus pernicieuse et la plus violente. C'est une maladie qui se répand *via* les réseaux sociaux, qui inonde internet, et qui mène à ces actes innommables, maladie entretenue par ailleurs par beaucoup de collaborateurs dans ma famille religieuse, mais aussi dans les rangs de l'extrême gauche, notamment. Nous devons compter sur la République, sur la justice, sur tous les combattants qui se sont levés ces dernières années et qui paient cher leur engagement, comme Salman Rushdie. C'est un combat pour la liberté de tous, qu'il faudra absolument gagner, pour la mémoire de Sarah Halimi.

HASSEN CHALGOUMI, imam de Drancy, est le président de la Conférence des Imams de France. Il a notamment publié, en 2021 au Cherche-Midi, *Les Combats d'un imam de la République*.

DIEU INTERPELLA CAÏN : «QU'AS-TU FAIT DE TON FRÈRE?»

JOSEPH DORÉ

Chaque fois que nous regardons tant d'images, gravées, peintes ou sculptées, que les chrétiens du Moyen Âge ont voulu donner des Juifs, de ceux du passé comme de ceux qui leur étaient contemporains, nous, chrétiens, sommes assaillis de sentiments divers.

L'étonnement, d'abord : comment des disciples de Jésus ont-ils pu être aveuglés au point de ne plus voir dans les Juifs les frères de sang de celui qu'ils confessent non seulement comme Fils du Très-Haut, mais également comme fils d'Israël, profondément ancré dans la religion de ses pères?

La honte, ensuite : comment des croyants qui ont entendu cet enseignement ultime, «Aimez-vous les uns les autres comme je vous ai aimés», en sont-ils venus à se montrer aussi infidèles à ce commandement de l'amour du prochain, lorsque ce prochain était un Juif?

L'indignation, enfin : non! Nous, chrétiens d'aujourd'hui, nous ne nous reconnaissons pas dans cette façon de voir nos frères juifs; elle nous scandalise, elle nous blesse; et nous ne voulons plus regarder ces images, témoins d'une époque révolue et qui ne nous concerne pas.

Panser les blessures du passé

Mais alors nous viennent à l'esprit les paroles si fortes que n'eut de cesse de proclamer le pape Jean-Paul II durant notre grand Jubilé de l'an 2000, nous appelant à la «purification de la mémoire», nous invitant à «panser les blessures du passé, afin que plus jamais elles ne s'ouvrent» (discours d'arrivée à Tel Aviv).

Pour pouvoir être pansées, ces blessures doivent être regardées avec attention, quel que soit le rejet qu'elles peuvent appeler. Le grand historien Jules Isaac a magistralement résumé le message séculaire des chrétiens, face au peuple juif et au judaïsme, par l'expression «enseignement du mépris». Au concile Vatican II, l'Église catholique a révisé cet enseignement et compris combien il contredisait la Bible elle-même, et d'abord la parole de saint Paul affirmant que «les dons et l'appel de Dieu sont sans repentance».

Aujourd'hui,
c'est au dialogue fraternel
que nous voulons œuvrer.

Théologie de la substitution

Aujourd'hui, c'est à la réconciliation et au dialogue fraternel que nous voulons œuvrer avec nos frères aînés. Mais nous devons avoir l'humilité de reconnaître que l'enseignement du mépris et la «théologie de la substitution», faisant de l'Église le nouvel et unique Israël de Dieu, imprègnent encore bien des esprits.

Seul un long travail d'éducation parviendra à en extirper tout germe d'antijudaïsme.

Monseigneur **JOSEPH DORÉ**, ancien doyen de la Faculté de théologie de la Catho de Paris, est archevêque émérite de Strasbourg.
Il a notamment publié *Le salut de l'Église est dans sa propre conversion* en 2021, aux éditions Salvator.

L'HOMME EST TOUJOURS RESPONSABLE[91]
MICHAËL AZOULAY

Au-delà du mobile antisémite, d'emblée présumé par la consonance juive du prénom et du nom de la victime, enlever la vie à celle qui sauva tant de vies n'a rien d'un «fait divers». Au temps de la sidération succède le temps de la réflexion, ce luxe que peuvent s'autoriser les vivants.

En suivant les débats autour du discernement de l'assassin au moment de son crime, m'est revenu à l'esprit un propos d'Henri Atlan. Interrogé au sujet du libre arbitre, notion chère à la théologie pour fonder la responsabilité du sujet agissant – Maïmonide, par exemple, estimait qu'il ne saurait y avoir de responsabilité sans choix exercé librement –, Atlan répond que la responsabilité juridique doit impérativement en être dissociée.

Pourquoi, argumente-t-il, s'obstiner à traiter différemment la responsabilité pénale de la responsabilité civile et administrative, où l'on peut être responsable sans être coupable? Peu importe que le criminel ait agi alors que son discernement était aboli ou altéré, «sous l'effet de pulsions ou de circonstances qui l'ont déterminé à commettre son crime [...], nous sommes responsables de tout, même de ce que nous n'avons pas choisi[92].»

Une manière juive d'envisager la responsabilité

Outre le fait que la quasi-totalité des sacrifices à l'époque du Temple était apportée pour des péchés involontaires, donc non choisis, une *michnah* semble aller dans le même sens. Elle affirme en effet que «l'homme est toujours responsable, qu'il ait causé un dommage involontaire, à l'état éveillé ou à l'état de sommeil [...] Il est tenu de payer entièrement le préjudice causé».

Est-il concevable que l'on puisse massacrer et défenestrer une innocente et se voir déclaré irresponsable sur le plan pénal?

MICHAËL AZOULAY est le rabbin de la communauté juive de Neuilly-sur-Seine, chargé des affaires sociétales auprès du grand rabbin de France. Il présente l'émission *Judaïca* du dimanche matin sur France 2. Il vient de publier avec Michel Onfray *Dieu? Le philosophe et le rabbin* aux éditions Bouquins.

91– Baba Kama, II, 6.
92– Henri Atlan, *La philosophie dans l'éprouvette. Conversation avec Pascal Goblot*, éd. Bayard, 2010, p. 75-78.

SARAH HALIMI ET LA DESTRUCTION DU TEMPLE

ALAIN KLEINMANN

Pourquoi est-ce aujourd'hui que je ressens le besoin de parler de Sarah Halimi? Nous sommes en août 2022, le jour de Tisha Beav, qui commémore la destruction du premier, puis du second Temple de Jérusalem.

Ce jour est dans la tradition juive le plus triste et le plus terrible de l'année. C'est aussi à cette date qu'ont eu lieu le labour de la ville par Turnus Rufus et l'interdiction de son accès aux Juifs, l'épisode tragique des explorateurs, la chute de la forteresse de Bétar, marquant la fin de la révolte de Bar Kokhba et sa mort, l'expulsion des Juifs d'Angleterre en 1290, celle des Juifs de France en 1306, et encore celle des Juifs d'Espagne en 1492. C'est aussi la date anniversaire du départ du premier train pour Auschwitz et de l'extermination systématique des Juifs d'Europe pendant la Seconde Guerre mondiale, de nombreux pogroms et de bien d'autres catastrophes.

L'assassinat de Sarah Halimi est de la même nature que ces malheurs historiques et provoque un profond écœurement. Mais le déni et le laxisme qui l'ont entouré ajoutent encore à l'horreur. D'autant que ce meurtre fait malheureusement partie d'une longue série d'autres assassinats et attentats antisémites en France.

Je suis né dans une famille décimée par la Shoah et ma jeunesse s'est déroulée dans le lourd silence de l'indicible et de l'incompréhensible. Cependant, je suis aussi l'enfant de Victor Hugo, de Baudelaire, de Delacroix. Et je dois tout au magnifique pays qu'est la France et à sa culture. J'ai confiance en sa justice et en ses institutions, et je veux croire que les valeurs de mon pays auront raison de ces atrocités. Mais je dois avouer que chacun de ces événements m'est une blessure profonde.

Ils s'ajoutent aujourd'hui à ceux qui forment les cicatrices de notre mémoire, tant collective qu'individuelle. Nous avons su ne jamais oublier les malheurs de Tisha Beav. Madame Sarah Halimi, vous non plus, nous ne vous oublierons jamais.

ALAIN KLEINMANN est peintre, sculpteur et écrivain. Il a fait la préface du livre *Mémoire, transmission, création. Art, psychanalyse, pensée juive. L'œuvre d'Alain Kleinmann*, sous la direction de Michel Gad Wolkowicz, publié en 2023 chez David Reinharc Éditions. Avec notamment les contributions de Louis Aragon, Patrick Bantman, Claude Birman, Richard Dembo, Alain Finkielkraut, Élisabeth de Fontenay, Ivry Gitlis, Martin Gray, Vladimir Jankélévitch, Haïm Korsia, Rivon Krygier, Marcel Marceau, Daniel Mesguisch, Charles Mopsik, Thibault Moreau, Georges Moustaki, Marc-Alain Ouaknin, Amos Oz, André Parinaud, Pierre Restani, Daniel Sibony, Steve Suissa, Sandrine Szwarc, Élie Wiesel, Jean-Pierre Winter, *in* Coll. «Makom».

L'ANTISÉMITISME, UN PÉCHÉ CONTRE DIEU ET CONTRE L'HOMME

FRANÇOIS CLAVAIROLY

L'antisémitisme ne connaît pas de frontières. Il touche aussi le christianisme. Il revient à chacun d'en chasser les démons lorsqu'ils nous assaillent, y compris hors de notre propre maison.

Commençons par noter deux citations d'un auteur qui aura beaucoup compté en protestantisme : le théologien Karl Barth. En 1938, lors d'une conférence en Allemagne : «L'antisémitisme est un péché contre Dieu et contre l'homme», phrase qui sera symboliquement reprise après la guerre et la Shoah, dans la déclaration de l'organisation internationale regroupant toutes les Églises du monde : le Conseil œcuménique des Églises, en 1948, à Amsterdam, lors de son assemblée inaugurale. En 1942, il écrira encore ceci : «Une Église qui devient antisémite, ou seulement a-sémite, perd tôt ou tard sa foi, puisqu'elle perd l'objet de sa foi[93].»

Entre détresse et promesse

Pourquoi ces deux citations? Pour signifier que l'antisémitisme trouve aussi ses sources dans le christianisme, lorsque ce dernier oublie d'où il est né, et lorsqu'il décide ou feint d'ignorer grâce à qui et avec qui il est porteur de la Promesse dans ce monde. Jean Calvin, le réformateur et bibliste, au milieu du XVIe siècle, avait déjà compris cela, lorsqu'il écrivait que «les Juifs sont les premiers nés dans l'Alliance[94]», autrement dit qu'ils sont frères aînés dans la foi. Cette attention au message reçu d'Israël, ce souci de lire et relire le texte biblique et le sérieux de son interprétation nous obligent, par conséquent.

Judaïsme et christianisme, une même mémoire

Le combat contre l'antisémitisme est ainsi une lutte pour l'intelligence des textes, contre la faillite de nos mémoires fragiles et oublieuses.

Au cœur de cette lutte se trouvent donc tous ceux qui ont en charge la pédagogie, la catéchèse, la prédication, la recherche exégétique et théologique, l'enseignement, la parole publique, l'ordre public, la responsabilité politique.

93- Dans *Dogmatique*, «La doctrine de Dieu», §34 : «L'élection de la communauté», éd. Labor et Fides, 1958, p. 238.
94- Voir Myriam Yardeni, *Huguenots et Juifs*, éd. Honoré Champion, 2008.

Le christianisme ne «commence» pas, faut-il le redire. Il reçoit, il apprend, il hérite. Il reçoit sa part et poursuit le chemin, mais sa prétention à dire la totalité est vaine et sa tentation de remplacer, de corriger, de compléter, d'accomplir le judaïsme est mortifère.

Le christianisme ne «commence» pas.
Il reçoit, il apprend, il hérite.

Le peuple juif, entre détresse et promesse, poursuit sa route interprétative et vigilante jusqu'à aujourd'hui même, dans une actualité qui nous est commune. La singularité de ce lien entre Juifs et chrétiens doit alors être inlassablement expliquée et commentée, y compris et peut-être surtout au moment où l'antisémitisme, loin de disparaître, réapparaît sous des formes nouvelles, avec ruse, et se banalise, n'épargnant personne.

Porteurs d'une promesse certaine mais encore inaccomplie, judaïsme et christianisme s'enracinent dans une même mémoire. Sarah Halimi aura été témoin, pour nous et pour un grand nombre, de cette mémoire et de cette promesse, autrement dit de cette espérance imprenable en Celui qui conduit nos vies.

Pasteur de l'Église protestante unie de France (EPUdF), **FRANÇOIS CLAVAIROLY**
a été président de la Fédération protestante de France (FPF) de 2013 à 2022.
Il a notamment publié avec Haïm Korsia, en 2011, aux éditions François Bourin,
Paroles d'alliance, Dialogue entre un pasteur et un rabbin sur la société française.

AVEC NOS FRÈRES AÎNÉS

LAURENT ULRICH

Depuis le 4 avril 2017, l'émotion créée par le meurtre de Madame Sarah Halimi ne faiblit pas. Certes, le caractère antisémite du geste de l'assassin est reconnu dans l'acte d'accusation, mais seulement dix mois après l'odieux crime. Et l'émotion redouble lorsque l'on apprend que celui qui est mis en examen ne sera pas jugé en raison de l'irresponsabilité pénale. C'est avec justesse que Monseigneur Thibault Verny, évêque auxiliaire de Paris et chargé, au nom des évêques de France, des relations avec le judaïsme, a déclaré : «Il appartient au législateur de faire en sorte qu'il n'y ait pas d'irresponsabilité pénale lorsque le trouble mental est lié à la consommation récente de stupéfiants.»

Une vie habitée par le souci d'autrui

Madame Sarah Halimi, qui habitait depuis longtemps dans ce quartier parisien, était connue comme une juive pratiquante et une personne engagée au service des autres : médecin puis directrice de crèche, sa vie fut habitée par le souci d'autrui, et les témoignages recueillis dans cet ouvrage le disent mieux que tout. Personne ne peut supporter qu'une femme de bien soit assassinée, seule et sans défense. Ce crime témoigne de la permanence d'un antisémitisme qui continue de sévir dans notre pays, comme à travers le monde. Il n'est nul besoin du crime de sang pour qu'il soit combattu avec énergie : dès qu'il s'immisce dans la conscience et commence de s'exprimer avec des mots, il est déjà honteux.

> Une dignité dont Primo Levi observait que chacun la révèle en l'autre en la respectant en lui-même.

Il s'agit en effet de la dignité de chacun : l'agresseur nie la dignité de sa victime et il nie la sienne propre tout autant. Ne sommes-nous pas pétris de cette même dignité dont Primo Levi observait que chacun la révèle en l'autre en la respectant en lui-même? Il parle de Lorenzo, un ouvrier civil italien qui, à Auschwitz, pendant six mois, l'a aidé discrètement sans attendre de retour : «Mais Lorenzo était un homme : son humanité était pure et intacte, il n'appartenait pas à ce monde de négation. C'est à Lorenzo que je dois de n'avoir pas oublié que moi aussi j'étais un homme[95].»

Le combat contre l'antisémitisme nous incombe

Depuis plus de soixante-dix ans, les relations entre l'Église catholique et le judaïsme se sont fortement transformées. Elles se sont nourries de déclarations solennelles et de rencontres qui, avec le temps, sont devenues naturelles. Depuis le «Nous sommes des sémites» du pape Pie XI, depuis la fin de «l'enseignement du mépris» selon Jules Isaac et sa rencontre avec saint Jean XXIII en 1961, depuis la Déclaration du concile Vatican II en 1965 jusqu'à l'adresse des papes Benoît XVI et François à «nos pères dans la foi», à «nos frères aînés», nous savons que le combat contre l'antisémitisme n'est pas une affaire qui incombe seulement aux Juifs, mais à tous, à nous chrétiens en particulier. En 2021, la Conférence des évêques de France a tenu à s'exprimer sur ce sujet, sans qu'un événement dramatique ne justifie de le faire : «Avec force, les évêques redisent aujourd'hui combien la lutte contre l'antisémitisme doit être l'affaire de tous, et ils affirment leur volonté de travailler avec tous ceux et toutes celles qui sont engagés dans cette lutte[96].»

Puisse ce livre d'hommages et de souvenirs y inviter chacun et tous ensemble.

Monseigneur **LAURENT ULRICH** est archevêque de Paris.

95- *Si c'est un homme*, chapitre XII.
96- Déclaration du 1er février 2021 sur l'antisémitisme.

LES MOTS ET LES ACTES
PHILIPPE FOUSSIER

Si l'affaire Dreyfus a été un révélateur de la permanence de l'antisémitisme dans notre pays, les cent vingt-cinq ans qui nous séparent du *J'accuse* de Zola nous indiquent sa persistance aujourd'hui encore. Au demeurant, même si, depuis quelques années, l'antisémitisme resurgit avec une indéniable intensité, il n'a jamais vraiment cessé de s'exprimer depuis la fin de l'Occupation. Ainsi, à l'aube des années 1980, les quatre victimes de l'attentat de la rue Copernic et les six autres de la rue des Rosiers nous rappellent que l'on pouvait mourir en France parce que juif. Mais l'antisémitisme ne s'exprimait pas ouvertement – hormis dans les cercles de l'extrême droite –, comme c'est le cas désormais. Si ce courant a toujours été particulièrement lié à l'antisémitisme, on sait qu'il n'en eut pas l'apanage et qu'une certaine gauche en a aussi été le vecteur puissant à la fin du XIXe siècle, et à nouveau de nos jours.

Une certaine gauche, vecteur d'antisémitisme

Nous connaissons, en outre, une rupture avec les années 1980 et son terrorisme exogène car, désormais, on ne vient plus de l'étranger pour massacrer des Juifs sur le territoire français. Collectivement, comme à Toulouse en 2012 ou à Paris, le 9 janvier 2015. Individuellement comme pour le jeune Ilan Halimi, séquestré et torturé des semaines durant en 2006. Ou pour Sarah Halimi, soixante-cinq ans, torturée en 2017 pendant des heures avant sa défenestration, ou pour Mireille Knoll, octogénaire tuée de onze coups de couteau en 2018.

Pas d'actes qui n'aient été précédés de mots

Ce qui fait ainsi la nouveauté de la période, c'est ce climat de complaisance dans lequel l'antisémitisme se déploie à nouveau. Or, depuis l'affaire Dreyfus, il s'est produit un fait majeur dans l'histoire de l'humanité : la Shoah. Un génocide dont on aurait pu imaginer que, hissant la barbarie à son paroxysme, il annihile à jamais l'antisémitisme de la surface de la planète. Hélas, le constat s'impose : il n'en est rien.

Si les mots ne conduisent pas nécessairement aux actes, nous savons aujourd'hui qu'il n'y a pas d'actes qui n'aient été précédés par des mots.

PHILIPPE FOUSSIER est ancien grand maître du Grand Orient de France, vice-président d'Unité laïque, et membre du bureau exécutif de la Licra. Il a publié en 2018 *Combats maçonniques* chez Conform Éditions.

FACE À LA BARBARIE

MATTHIEU RICARD

On ne rend pas hommage à Dieu en tuant son prochain. Pour ceux qui croient en Dieu, comment un Créateur qui est dit être tout amour pourrait-il se réjouir de la torture et du meurtre d'un de ses enfants, Sarah Halimi? Le bouddhisme n'envisage pas de Dieu créateur, mais dans un soutra le Bouddha déclare : «Faire du bien aux êtres, c'est me faire du bien; nuire aux êtres, c'est me nuire.»

Que l'on soit croyant ou non, de tous les sentiments humains, la haine est le plus odieux.

Si les religions et tous les citoyens du monde commençaient par pratiquer la règle d'or – «Ne fais pas aux autres ce que tu ne voudrais pas que l'on te fasse» –, l'humanité s'en porterait beaucoup mieux. Notre première tâche est de devenir un meilleur être humain, ce qui passe par la bonté, non par la haine.

Dans un soutra, le Bouddha déclare : «Faire du bien aux êtres, c'est me faire du bien; nuire aux êtres, c'est me nuire.»

Violence aveugle

Face aux actes barbares qui ont ôté la vie à Sarah Halimi, la peine est immense, mais nous devons faire front et envisager ensemble des solutions pour promouvoir les valeurs humaines fondamentales à tous les niveaux de la société. Un enfant ne naît pas avec la volonté de torturer et de tuer son prochain ou, dans d'autres cas aussi tragiques, avec la volonté de se donner la mort pour assassiner des innocents. Parmi les causes qui, au fil des ans, ont mené à cette terrifiante situation, figurent une éducation à rebours, un endoctrinement, une vision déformée du monde et des autres, le sentiment d'être laissé-pour-compte, autant de conditions qui créent des pépinières d'aliénation et conduisent trop souvent à une violence aveugle. On sait également que les inégalités dans le monde sont l'une des principales causes de son insécurité.

Considération de l'autre

Pour prévenir de telles déviances, il est indispensable de favoriser l'accès à l'éducation, à la démocratie, aux droits des femmes, à une laïcité ouverte qui n'exclut pas les religions, mais leur demande de se respecter mutuellement et de respecter ceux qui n'ont aucune inclination religieuse, afin d'éviter les conditions qui permettent le basculement dans l'extrémisme et la haine de l'autre. Il faut oser mettre la considération de l'autre au cœur de l'éducation et de la vie en société.

MATTHIEU RICARD est un docteur en génétique cellulaire devenu moine bouddhiste. Il est humanitaire, auteur et photographe. Il a notamment publié *Le Moine et le Philosophe* (avec son père Jean-François Revel) en 1997 et *Plaidoyer pour l'altruisme* en 2014, tous deux chez Nil Éditions.

UNE TRIPLE PROCLAMATION

GHALEB BENCHEIKH

Tout assassinat est révoltant et moralement inacceptable. Celui qui a été perpétré contre Sarah Halimi nous a particulièrement affligés. Il est triplement injuste : ravir une vie humaine, c'est mutiler l'humanité tout entière; cibler la tradition judaïque, c'est verser dans l'antisémitisme le plus abject; tourner le dos à la victime laisse pour les proches et pour tous ceux qui sont épris de justice une plaie béante.

Le crime commis contre Sarah Halimi nous interpelle, nous engage et nous oblige – dans les deux sens du terme – soit à être les spectateurs d'une judéophobie qui ronge la cité, éteint les consciences et libère les haines enfouies; soit à neutraliser la tectonique des attaques qui ciblent notre âme collective, à sonder les interstices où les bas instincts se tapissent et à examiner les sources des travestissements mus en tumeurs malignes venant consommer le corps national.

Le cri d'une nation qui ne veut pas marcher sans se battre

À ce triple état de fait foncièrement injuste, je voudrais esquisser une réponse qui ne viendra, certes, pas apaiser les douleurs endurées, ni le manque cruel, ni inverser la courbe du temps. Faisons de cette fin de vie tragique le début d'une autre pour que l'effusion du sang, celui de Sarah, ne soit pas vaine. Ce sont trois proclamations que je voudrais audibles, durables et partagées. Qu'elles fusent de cette contribution et de toutes les autres, liées par le cri d'une nation qui ne veut pas marcher sans se battre vers la nuit éternelle.

> Les leaders d'opinion de l'islam doivent assécher le terreau de cet «arbre antisémite» qui pousse aux abords de la maison Islam.

Désacraliser la violence

La première a trait à la désacralisation de la violence. Aucune source, sacrée ou prétendument considérée comme telle, aucune lecture théologique, aucune ascendance ne doit plus jamais être prise pour appui doctrinal ni pour caution morale afin de justifier l'innommable et de consentir à l'irréparable ou garantir une quelconque absolution. Nous nous inscrivons totalement en faux contre l'idée archaïque et mortifère qui ordonne que la violence soit commanditée par la transcendance.

Ne pas laisser les porteurs de haine se parer des fiels du présent

La deuxième est liée à l'antisémitisme, ce mal rampant que les siècles se passent en laissant aux porteurs de haine le soin de le parer des fiels du présent. L'islam, ses leaders d'opinion, ses hiérarques et toute sa sphère de réflexion doivent assécher le terreau de cet «arbre antisémite» qui pousse aux abords de la maison Islam. Aucune considération politique, aucune translation géographique des maux du monde, aucune mystification du passé ne saurait légitimer la détestation antisémite qui est intrinsèquement contraire à la lettre et à l'esprit de l'islam et, *a fortiori*, à la composante sémitique de la *Umma*.

> Aucune mystification du passé ne saurait légitimer la détestation antisémite, intrinsèquement contraire à la lettre et à l'esprit de l'islam.

Dénoncer la production d'une «contre-humanité»

La troisième proclamation se fonde sur une prémisse axiologique : déclarer irrecevables toute idée, assertion ou règle induites de l'interprétation des sources scripturaires qui n'iraient pas dans le sens de l'universalité des droits, du respect de la dignité humaine et de la promotion de l'humanisme. La production d'une «contre-humanité» sur la base de sources religieuses canonisées doit être dénoncée, dirimée et mise en échec. Il en va de la sauvegarde de nos ressources fraternelles et de la consécration de nos solidarités effectives. Rien de grand n'advient de l'abandon de nos lumières communes et de nos repères éblouissants.

Puisse Sarah reposer en paix, et puissions-nous vivre en paix.

GHALEB BENCHEIKH est le président de la Fondation de l'Islam de France. Après avoir été présentateur pendant près de vingt ans de l'émission *Islam* sur France 2, il est, aujourd'hui, producteur et animateur de l'émission *Questions d'islam* sur France Culture. Il a été élu président de la Conférence mondiale des religions pour la paix en 2005. Membre du Conseil des sages de la laïcité, il est l'auteur de nombreux ouvrages ayant trait à la laïcité et au fait islamique. Il a notamment publié, avec Philippe Haddad, *L'islam et le judaïsme en dialogue* aux éditions de l'Atelier en 2002, et *Petit manuel pour un islam à la mesure des hommes* chez Jean-Claude Lattès, en 2018.

SOLIDARITÉ DES PROTESTANTS

CHRISTIAN KRIEGER

La mort de Sarah Halimi marquera la conscience nationale à plus d'un titre. Sarah Halimi restera dans nos mémoires comme une personne dotée d'une rectitude morale rare, refusant dès son jeune âge de consentir au moindre mensonge, même lorsqu'il est arrangeant; une personne qui, médecin de formation, a consacré sa vie aux jeunes enfants; une personne qui fait honneur à cette humanité que le créateur nous a donnée en partage. Nous garderons aussi dans nos mémoires l'insoutenable marque que laissera cet odieux crime perpétré sur une personne âgée, en raison de son identité juive.

Un acte effroyable qui vient une fois encore – une fois de trop – nous rappeler qu'aujourd'hui, en France, on peut mourir d'être juif.

Enfin, nos esprits demeureront dans l'inconfort de ce crime auquel la justice française n'a pas été en mesure d'apporter de réponse appropriée. Et de fait, cet acte dont le caractère antisémite ne fait aucun doute vient nous rappeler l'imperfection de la justice des humains.

«Je suis certaine que toutes les horreurs commises dans ce monde commencent avec de petits actes de lâcheté», disait Adélaïde Hautval, doctoresse protestante déportée à Auschwitz et Ravensbrück pour avoir tenu, en juin 1942, à porter l'étoile jaune par solidarité avec les Juifs. Aussi, l'antisémitisme ne peut être la seule affaire des Juifs. C'est l'affaire de toutes celles et de tous ceux qui portent en leur cœur et en leur esprit la conscience de leur humanité, et qui fondent sur cette conscience leur engagement pour la fraternité.

> Nous sommes nourris d'une même Écriture. Nous partageons une affinité consolidée par notre présence en France à travers l'histoire.

À mes sœurs et frères juifs, je veux affirmer la solidarité des protestants, ainsi que leur détermination à se tenir à leur côté dans cette lutte indéfectible qu'exige l'antisémitisme. Nous sommes nourris d'une même

Écriture. Nous avons chacun développé des sens de l'interprétation biblique qui s'enrichissent mutuellement. Nous partageons une affinité consolidée par notre présence en France à travers l'histoire. Nous sommes mus par un même attachement à la République et à la laïcité. Que cette affinité historique et spirituelle conforte notre fraternité pour, toujours mieux, être ensemble une bénédiction pour cette humanité que Dieu aime tant.

Le pasteur **CHRISTIAN KRIEGER** est le président de la Fédération protestante de France (FPF) depuis juillet 2022 et le co-président du Conseil d'Églises chrétiennes en France (CECEF). Depuis 2018, il préside la Conférence des Églises européennes (CEC). Il est notamment l'auteur avec Alice Faverot du livret paru en 2019 pour l'exposition «Adélaïde Hautval, rester humain (1906-1988) : première femme alsacienne Juste parmi les Nations».

LE CRI DES SANGS S'ÉLÈVE DE LA TERRE JUSQU'À DIEU[97]
RIVON KRYGIER

Sarah Halimi a été sauvagement assassinée. Que son meurtrier ait été en pleine possession de ses moyens ou saisi d'une «bouffée délirante» levant toute responsabilité pénale, que cela change-t-il? En admettant qu'un stupéfiant ait altéré son discernement, la question reste : quel type de personnalité, quelle vision du monde sous-jacente ont-ils pu entraîner «inconsciemment» un tel déferlement de violence? Somme toute, tout le monde ne devient pas sadique et criminel sous l'effet d'une substance psychotrope. Où commence et où s'arrête la responsabilité?

Un stupéfiant stupéfiant

Cette question hante l'humanité depuis l'Antiquité. On se souvient de la formule de Socrate, le maître de Platon : «Il n'est pas un seul homme qui commette des fautes de plein gré.» Chacun tend vers le bien absolu, croit-il, mais se laisse parfois abuser par des biens illusoires. Aristote s'élève contre le risque de dévoiement d'une telle conception : «Si chacun tend vers ce qui lui apparaît comme un bien, sans être maître de cette représentation, personne n'est responsable de ses mauvaises actions.» En d'autres termes, chacun se forge sa représentation du bien, son échelle de valeurs qui dicte sa conduite en situation. La vertu ou le vice sont le fruit de l'éducation que l'on a reçue et que l'on s'est donnée. C'est *en amont* de toute action que se situe le cœur battant de la responsabilité. Le Talmud ne dit pas autre chose quand il juge de la conduite du roi Abimelech qui avait enlevé Sarah, épouse d'Abraham. Mis en cause, le roi argue avoir été berné par Abraham, qui lui a fait croire que Sarah était sa sœur. Mais, pour le Talmud, le roi est coupable. Il n'aurait pas dû s'en tenir à la rumeur, mais enquêter au lieu de n'écouter que sa pulsion.

Le cœur battant de la responsabilité

Quand Caïn a assassiné Abel, le verset dit que «le cri des sangs s'élève de la terre jusqu'à Dieu». Onkelos, le traducteur araméen, explique le curieux pluriel du mot *sangs* en disant que c'est aussi celui de tous les descendants. Et au fond : celui de tous les innocents qui ont péri atrocement, sans que justice ne leur soit jamais rendue.

RIVON KRYGIER est le rabbin de la synagogue Adath Shalom, communauté affiliée au judaïsme Massorti (conservateur). Il est notamment l'auteur de *L'homme face à la Révélation* publié en 2011 chez Albin Michel, en complément de l'ouvrage de Louis Jacobs *La Religion sans déraison.*

97- Genèse 4:10.

TIKVA APRÈS SARAH

RICHARD ODIER

Ce n'est pas l'excès de confiance qui nous fait parler d'espoir, *tikva* en hébreu, après le meurtre barbare de Sarah Halimi. Nous évoquons ce mot, car nous savons que seuls le combat et l'engagement permettent d'agir face à l'antisémitisme.

Contrairement au racisme, tout aussi ignoble, ce fléau est par nature génocidaire puisqu'il veut la disparition du Juif : soit de son corps (nazis ou islamistes), soit de son âme (Inquisition), soit de son culte (Antiochos IV, le roi grec). La présence d'un Juif est vécue par l'antisémite comme une sorte d'empêchement existentiel.

> *Celui qui désespère des événements*
> *est un lâche, mais celui qui espère*
> *en la condition humaine est un fou.*
> – Albert Camus

Le fléau antisémite, par nature génocidaire

Nous savons aussi, comme ne cessait de le répéter Simon Wiesenthal, que «ce qui commence avec les Juifs se poursuit avec les autres». L'Autre est un jour l'esclave, la femme, telle ou telle minorité; en tout état de cause le «mauvais» a toujours besoin d'un tiers dans lequel déverser sa haine.

«Celui qui désespère des événements est un lâche, écrit Albert Camus dans ses *Carnets*, mais celui qui espère en la condition humaine est un fou.» L'acharnement contre Sarah nous oblige à nous battre contre la lâcheté et la folie.

> Lutter contre une tumeur
> qui ne cesse de se réinventer.

Notre espoir n'est pas mort

Od lo avdah tikvatenu... Notre espoir n'est donc pas mort, dit l'hymne national israélien, car à la haine antisémite, loin de tout abandon, les Juifs opposent l'optimisme de la vie et une détermination chaque fois redoublée à lutter contre la tumeur de l'antisémitisme qui ne cesse de se réinventer.

Les engagements et le martyre de Sarah Halimi nous obligent à rester combatifs et à garantir à nos enfants le meilleur avenir possible, dans la paix et la sécurité.

Dans le cas de Sarah Halimi, le crime antisémite nous horrifie d'autant plus qu'il trouva son prolongement dans une justice qui n'a pas su être *juste*. Ni la police ni les tribunaux n'ont été à la hauteur dans cette affaire. Si, dans ses Codes, la République s'est dotée des moyens juridiques pour lutter contre la judéophobie, elle ne peut s'exonérer de son obligation de résultat : en l'occurrence, protéger les Juifs français quand ils sont une cible, que ce soit dans leur vie collective ou privée.

RICHARD ODIER est le directeur général du Fonds social juif unifié (FSJU) et le président du Centre Simon Wiesenthal France.

LE TOMBEAU DES HÉROS EST LE CŒUR DES VIVANTS[98]
FRANCIS SZPINER

Sarah Halimi est devenue un symbole. Celui de la victime d'un crime antisémite dont l'auteur ne sera pas jugé en France. Mais derrière un nom, il y avait une femme, avec sa trajectoire de vie.
Je trouve heureuse l'initiative de rappeler que derrière l'affaire, il y avait un être humain pétri de générosité, ouvert aux autres, avec une vie familiale et professionnelle riche d'affection, de dévouement, de générosité. Trop souvent, la victime devient une abstraction, un personnage figé par le crime. André Malraux a écrit : «Le tombeau des héros est le cœur des vivants.» Que par la grâce de ce livre, Sarah Halimi reste dans nos cœurs.

FRANCIS SZPINER est avocat et maire du XVIe arrondissement de Paris. Il a publié, au Cherche-Midi en 2020, *Une affaire si facile*.

98- André Malraux, *Oraisons funèbres*, éd. Gallimard, 1971.

VIII

SURVIVRE-ENSEMBLE

QUEL AVENIR ?

LA LAÏCITÉ : UN OUTIL POUR CONSTRUIRE DU COMMUN

JEAN-LOUIS BIANCO

J'ai accepté de contribuer à cet ouvrage collectif parce que je suis convaincu, comme tant d'autres, que le combat contre l'antisémitisme concerne chacun d'entre nous et doit être mené sans relâche.

Je redis ici ce que j'ai indiqué aux organisateurs : j'ai de profonds désaccords avec certains des contributeurs ici présents. Ma participation ne vaut évidemment pas approbation de telle ou telle thèse énoncée dans cet ouvrage.

La laïcité est un outil pour construire du commun. Elle exclut les appels à la discrimination, à la haine, à la violence. La liberté d'expression n'est pas un alibi. Les actes et les paroles racistes ou antisémites sont et doivent être sanctionnés pénalement, qu'ils soient visibles ou insidieux.

Un acte raciste ou antisémite n'est jamais anodin et ne doit pas être laissé sans réponse, particulièrement en milieu scolaire.

Le président de la République a eu raison de lancer un appel aux «forces républicaines de notre pays pour qu'elles redoublent de vigilance».

L'antisémitisme est toujours là, quelles que soient les formes qu'il prend. Le combat doit être global, c'est-à-dire qu'il implique à la fois éducation, prévention et répression. Il doit mobiliser les institutions dans leur diversité, et les citoyens en tant qu'ils sont porteurs des valeurs de la République.

JEAN-LOUIS BIANCO est ancien ministre et ancien président de l'Observatoire de la laïcité.

POUR EN FINIR AVEC L'ANTISÉMITISME DE «PROGRÈS»

VALÉRIE TORANIAN

La tragédie de Sarah Halimi est un impensé du nouvel antisémitisme en France. Ce n'est pas le seul. Que trente-huit députés (communistes, France insoumise, EELV, Nupes), nouvellement élus en juin 2022, aient jugé de la plus haute urgence de pondre une résolution contre l'État d'Israël, accusé d'être raciste, de pratiquer l'apartheid, et demandent sa mise au ban de la communauté internationale, en est une autre.

> La tragédie de Sarah Halimi, un impensé du nouvel antisémitisme.

Aveuglement politique et faute morale

Kobili Traoré a été jugé pénalement irresponsable, car il aurait agi sous l'effet d'une bouffée délirante due au cannabis. Mais d'où lui vient son obsession du *sheitan* juif? Ce n'est pas un délire schizophrène construit à partir d'un monde parallèle incompréhensible aux sains d'esprit. Cette obsession du Juif, haï et maudit, surtout depuis qu'il a eu l'arrogance de fonder un État, est un standard de la culture de masse dans nombre de pays d'obédience musulmane. Et qui existe bel et bien en France. Tareq Oubrou, l'imam de Bordeaux, a dit avoir consacré plusieurs prêches aux meurtres commis au sein de l'école juive Ozar Hatorah de Toulouse, car il avait perçu l'empathie ressentie par un certain nombre de ses fidèles envers Mohamed Merah.

Ne pas percevoir que le danger de l'antisémitisme aujourd'hui en France n'a plus grand-chose à voir avec l'héritage antisémite maurrassien du Front national de Jean-Marie Le Pen (dont il faut évidemment combattre toutes les potentielles résurgences) n'est pas seulement une erreur historique, c'est un aveuglement politique et une faute morale.

On peut plaider l'irresponsabilité pénale du meurtrier de Sarah Halimi. Elle n'efface pas le terreau qui a nourri la haine de Kobili Traoré, avec ou sans cannabis.

L'antisionisme, faux nez d'un antisémitisme de « progrès »

On peut plaider «l'antisionisme» comme combat de la nouvelle gauche radicale. Mais ce n'est que le faux nez d'un antisémitisme de «progrès». L'antisionisme, écrivait Jankélévitch, «est une incroyable aubaine, car il nous donne la permission – et même le droit, et même le devoir – d'être antisémites au nom de la démocratie!» En France, on tue des Juifs, mais l'urgence est de «tuer» toute légitimité à l'État d'Israël. Et tout cela au nom du «camp du bien». Les compromissions de la Nupes sont répugnantes.

En France, on tue des Juifs, mais l'urgence est de «tuer» toute légitimité à l'État d'Israël. Les compromissions de la Nupes sont répugnantes.

Proclamer que l'antisémitisme est abject tout en ne cessant de souffler sur les braises de ce qui le nourrit, nier l'existence d'une spécificité contemporaine arabo-musulmane à cette haine, c'est, comme disait Albert Camus, mal nommer les choses et donc ajouter au malheur du monde. Et surtout, hélas, au malheur des Juifs.

VALÉRIE TORANIAN, directrice de la rédaction du *Point* après avoir dirigé le magazine *Elle* et la *Revue des deux mondes*, est journaliste et écrivain. Elle est notamment l'auteure de *L'Étrangère* (2015) et d'*Une fille bien* (2018), tous deux parus chez Flammarion.

L'ÉLÉPHANT DOIT SORTIR DE LA PIÈCE

PHILIPPE RUSZNIEWSKI

L'horreur devient quotidienne et presque banale.

Le Monde, 2 septembre 2022 : «Des instances juives n'écartent pas la piste antisémite pour expliquer le meurtre de Eliahou Haddad, en Seine-et-Marne, le 19 août.»

«Antisémitisme d'atmosphère?», s'interroge le CRIF.

Difficile de faire part des sentiments que l'on éprouve face à cette litanie. Ilan Halimi en janvier 2006, Ozar Hatorah en mars 2012, Hypercacher en mars 2015, Sarah Halimi en avril 2017, Mireille Knoll en mars 2018... La nausée et la tristesse se mêlent à la colère et la honte.

La République continue de perdre ses territoires, tous regardent ailleurs. Inquiétude aussi, bien sûr, devant l'impuissance de nos dirigeants. Jamais nous ne nous sommes autant posé la question de «où aller après», source d'énumérations géographiques sans fin. Résonance étrange avec les interrogations formulées en Pologne, en Russie, en Allemagne, deux générations plus tôt.

L'antisémitisme islamiste est dans la cité. Il est urgent que la cécité des politiques cesse. L'éléphant doit sortir de la pièce.

PHILIPPE RUSZNIEWSKI, médecin des Hôpitaux de Paris, est professeur de gastro-entérologie à l'Université Paris Cité et doyen de l'UFR de médecine de l'Université Paris Cité.

REPRENDRE NOTRE DESTIN EN MAIN

SIMONE RODAN-BENZAQUEN

Lorsque l'on évoque la mémoire de Sarah Halimi, on pense à cette femme médecin, dévouée aux autres et violemment arrachée à la vie et à tous ceux qui l'aimaient, dans l'intimité de son appartement. Elle faisait partie de ceux qui œuvrent pour le bien commun et a été lâchement assassinée sans pouvoir se défendre. Parce que juive.

Un antisémitisme polymorphe

Comme elle, de trop nombreux Juifs ont été victimes de l'antisémitisme en France au cours des deux dernières décennies. Et toutes celles et ceux qui se battent pour que notre pays regarde en face la violence antisémite se sont retrouvés trop souvent dans la position de Sisyphe, ce héros mythologique cher à Albert Camus, condamné à ployer éternellement sous le poids d'un rocher trop lourd à déplacer; condamné en quelque sorte au recommencement sans fin d'une tâche insurmontable.

> Sisyphe... On ne compte plus les années pour faire réagir les pouvoirs publics.

On ne compte plus les années de combat pour tenter de faire réagir les pouvoirs publics et la société française dans son ensemble face à la montée des actes antisémites, qu'ils touchent des citoyens, des commerces juifs, ou encore des synagogues. Combien d'enseignants dans l'incapacité d'évoquer la Shoah dans leurs classes? On ne compte plus les tentatives de relativisation expliquant qu'il n'y avait pas de «nouvel antisémitisme», ainsi que la difficulté à faire comprendre que des victimes de racisme pouvaient, elles aussi, être racistes, et que l'antisémitisme est polymorphe. Comment ne pas penser à Ilan Halimi et au chemin parcouru depuis? On ne compte plus les années de souffrance et d'abandon pour ces Français juifs attachés depuis si longtemps à la France et à ses valeurs républicaines et qui, pour certains, ont fait le choix douloureux et radical de quitter leur pays.

Et puis l'assassinat de Sarah est devenu «l'affaire Halimi». D'abord, il y eut la frustration face au retard pour retenir le caractère antisémite du meurtre. Ensuite, il y eut la colère face au verdict et à l'absence d'un procès qui aurait pu être un moyen pour la société de se confronter à la réalité de l'antisémitisme.

Un élan de protestation collective

Cette colère, telle une vague soulevant la communauté juive et tous les combattants contre l'antisémitisme et le racisme, s'est transmise à l'ensemble de la société. On l'a vu lors des rassemblements d'avril 2021. On le voit également quand on interroge les Français. La radiographie de l'antisémitisme de l'AJC de 2019 a montré que 73% d'entre eux ne voient pas l'antisémitisme comme le seul problème des Juifs, mais comme celui de la société tout entière. Et en 2022, quand on leur demande leur opinion sur l'affaire Halimi, 72% d'entre eux ne comprennent pas le jugement et le désapprouvent.

> Plus de sept Français sur dix n'ont pas compris le refus de juger le meurtrier.

Nous avons, tous ensemble, réclamé justice pour Sarah à travers un élan de protestation collective. Alors pour ceux qui désespèrent parfois d'être comme Sisyphe, on se dit qu'il y a peut-être de l'espoir. Car la solution viendra de nous tous.

Il appartient à la société française de transformer cette colère, de partager la volonté de faire avancer la pierre de Sisyphe, et de faire en sorte que le nom de Sarah Halimi sonne enfin comme un sursaut.

SIMONE RODAN-BENZAQUEN est directrice de l'American Jewish Committee (AJC) Europe.

«ET QUI, SI JE CRIAIS, M'ENTENDRAIT?»

AURÉLIE JULIA

Qui donc, depuis les ordres des anges, laisserait un cri sans réponse?, se demande Rilke dans la première élégie de Duino. La désespérance du poète est tout entière dans la question : il sait qu'un cri poussé en plein jour ou au cœur de la nuit n'aura aucun écho. L'appel suscitera indifférence, détachement, peut-être même dédain. Les hommes s'en détourneront et personne ne sera à l'écoute : le son, balayé par le vent, se perdra dans le vide et le silence régnera à nouveau. Rilke l'affirme : seuls les morts et les saints réagiront à la tristesse venue des profondeurs de l'être.

Et pourtant, de ce désespoir naît l'obligation de dire, soutiennent Hannah Arendt et Günther Anders dans une réflexion croisée sur les *Élégies*. Parce que la parole ne sera pas entendue et qu'elle restera sans réponse, Rilke s'exprime et écrit le poème. C'est pour lui un devoir, une urgence. Sa voix perce les ténèbres, vive et puissante. Elle habite la terre, donne aux roses «la signification d'un avenir humain», «n'abandonne pas là son propre nom comme on laisse un jouet démoli». Rilke ne se tait pas.

Peut-on avoir meilleur guide que le poète pour traverser cette nuit du 4 avril 2017 et apercevoir l'aube?

Une femme, coupable de vivre, est morte assassinée. Son meurtre nous a plongés dans un état de sidération et d'hébétude : qui, et surtout pourquoi? Le silence laissa place à la colère et aux larmes. Le visage de Sarah Halimi est apparu sur des affiches, doux et rayonnant. Son magnifique sourire rendait impossible l'assassinat : comment vouloir faire disparaître une telle incarnation de la bonté? Ce même sourire est toujours là, cinq ans plus tard. Il nous invite à regarder vers la lumière. Celle-ci continuera à briller si nous continuons à crier comme le poète, sans relâche, sans renoncement, sans jamais perdre le fol espoir d'une écoute universelle. Seul ce cri nous maintiendra éveillés et unis par des liens inextinguibles face à des gestes fous.

Nous pourrons alors, avec Rilke, voir le vide se mettre à vibrer, «de cette vibration qui maintenant nous emporte, nous console, nous aide».

AURÉLIE JULIA est la directrice de la *Revue des Deux Mondes.*

ÉCLAIRAGE 2

L'ÉCOLE FACE À L'ANTISÉMITISME

L'ÉDUCATION NATIONALE ENTRE DÉNI ET INDIFFÉRENCE

JEAN-PIERRE OBIN

En 2004[99], j'écrivais : «Il est en effet sous nos yeux une stupéfiante et cruelle réalité : en France, les enfants juifs – et ils sont les seuls dans ce cas – ne peuvent plus, de nos jours, être scolarisés dans n'importe quel établissement scolaire.»

Lors de la première Intifada, entre 1988 et 1993, un certain nombre de remontées firent état d'incidents dans les cours de récréation.

Personnellement, je pris conscience d'une mutation de la vie scolaire en 1991, lorsque des chefs d'établissement m'alertèrent, à l'occasion de la guerre du Golfe, sur le fait que des élèves devenaient extrêmement violents et contestaient la politique française en s'identifiant à Saddam Hussein.

Une rupture sur le plan théologico-politique

Il y avait là une rupture, sur le plan théologico-politique, jamais constatée auparavant.

En 1996, à l'occasion de l'enquête qui deviendrait le rapport Moisan-Simon, le principal d'un établissement d'un quartier lyonnais socialement très mixte m'annonça que les deux derniers élèves juifs – dont les familles étaient très attachées à l'école publique – venaient de partir sans qu'il pût les retenir, ne pouvant pas assurer leur sécurité. Ils subissaient des violences physiques dans la cour et la salle de classe. Malgré des conseils de discipline sanctionnant leurs agresseurs, ils étaient toujours l'objet de harcèlements et de violences sur le chemin de l'école.

Je fis un rapport très circonstancié sur cette situation, qui ne donna lieu à aucune réaction : ce n'était pas un sujet, tout se passait très bien dans les ZEP.

La seconde Intifada se déroula entre 2000 et 2005, année de la parution du livre de Georges Bensoussan, *Les Territoires perdus de la République*, qui me donna l'idée de l'enquête qui deviendrait le «Rapport Obin». Le constat était le même partout dans les départements représentatifs de la diversité nationale : les élèves juifs partaient vers d'autres établissements, soit publics en centres-villes, soit privés (catholiques et juifs).

99- Jean-Pierre Obin, «Les signes et les manifestations d'appartenance religieuse dans les établissements scolaires», 2004.

Les élèves juifs partent

Autre phénomène : la dissimulation de la judéité de certains élèves. En 2004, une principale de collège en Ardèche me signala la présence de deux élèves dont elle était la seule à savoir qu'ils étaient juifs, sans quoi ils n'auraient pas pu rester. Des professeurs également étaient moqués et harcelés par les élèves sur la base d'une judéité présumée (en général due à leur patronyme), et demandaient leur mutation.

> Une sorte de complot du silence, qui touche jusqu'aux parents eux-mêmes.

Je recense quatre réactions face à ces réalités : le déni des faits; la banalisation, le relativisme autour des insultes à caractère raciste ou antisémite; l'indifférence; la pusillanimité générale et habituelle de l'Institution afin de préserver l'image positive des ZEP. Une sorte de complot du silence touchant jusqu'aux parents eux-mêmes, qui ne souhaitent pas être mis en danger dans leur quartier.

JEAN-PIERRE OBIN est enseignant, formateur et inspecteur général de l'Éducation natio- nale. Il est l'auteur de plusieurs rapports officiels sur le système éducatif français. Il a publié en 2020, aux éditions Hermann, *Comment on a laissé l'islamisme pénétrer l'école*.
Ce texte est un extrait verbatim d'une intervention donnée le 12 mars 2016 lors d'une conférence intitulée : «Comment répondre à l'antisémitisme?»

UN ÉLÈVE JUIF PERSÉCUTÉ DANS UN COLLÈGE PUBLIC

HENRI RACZYMOW

Alors que je m'apprête à écrire quelques mots sur ce crime antisémite qui causa la mort de Lucie-Sarah Halimi, me revient un souvenir, apparemment sans rapport et disproportionné. Au début des années 2000, j'enseignais dans une école juive parisienne. Au milieu de l'année arriva dans ma classe de quatrième un nouveau, Jérémie Cohen. Quand, à la réunion des parents, j'interrogeai son père, celui-ci m'expliqua que son fils, dans le collège de banlieue qu'il fréquentait, était *persécuté* par tous les élèves de sa classe. *Persécuté*, j'y insiste, le mot m'avait frappé, m'avait fait frémir. C'était un bon élève, et il s'appelait Cohen. Deux titres intolérables pour ceux qui, jour après jour, le couvraient d'injures, voire de coups. Le père alla trouver la directrice de l'établissement, qui lui dit qu'elle était désarmée, qu'elle en était la première désolée et qu'il devait se résoudre à inscrire Jérémie dans une école juive. Voilà une anecdote qui ne mérite sans doute pas qu'on la mentionne dans un livre. Un élève juif *persécuté* dans son collège (public). Une femme juive «*exterminée* en tant que femme juive» (Wolkowicz). Persécuté. Exterminée. C'est ma propre terreur, alors, qui m'envahit, qui continue de m'envahir.

> Jérémie Cohen *persécuté*.
> Sarah Halimi *exterminée*.

Quand on est né, comme c'est mon cas et celui de Sarah, après la guerre et la Shoah, même si par définition on n'a été ni victime ni témoin, on est né, du même coup, *dans* la guerre et la Shoah. Jérémie Cohen *persécuté*. Sarah Halimi *exterminée*.

Même si ces deux événements sont incommensurables, je ne peux pas ne pas les mettre en rapport. Ils engendrent à jamais pour moi – et pour beaucoup d'autres – ce sentiment de terreur devant le nazisme, celui d'hier et celui d'aujourd'hui.

HENRI RACZYMOW est écrivain. Il a publié en 2022 *Une saison avec Luce* aux éditions du Canoë et en mars 2023 *L'arrière-saison des lucioles* aux éditions de l'Antilope.

POUR SARAH HALIMI ET POUR SAMUEL PATY

ANDRÉ SENIK

Il est nécessaire et vital que le caractère d'un tel crime commis par Kobili Traoré soit appelé par son nom exact. Le nom exact du crime dont a été victime Sarah Halimi est l'islamisme terroriste. Puisque l'on ne fait pas de procès pénal à une idéologie criminelle, l'État doit s'autoriser à mener contre elle une guerre culturelle, et d'abord dans l'école de la République.

Il faut mener la bataille culturelle contre l'islamisme conquérant et terroriste.

Le soutien des musulmans de France qui se sont intégrés, c'est-à-dire qui ont choisi d'adopter les règles de vie, les principes et les valeurs de notre pays, est indispensable pour gagner cette bataille contre la séduction du crime auprès de leurs jeunes.

La bataille culturelle qu'il nous faut mener publiquement contre l'islamisme qui a assassiné Sarah Halimi et Samuel Paty sera notre façon d'honorer leurs visages.

La cohésion nationale est l'enjeu de cette bataille culturelle.

ANDRÉ SENIK est enseignant et agrégé de philosophie. Il a publié en 2011, aux éditions Denoël, *Marx, les Juifs et les droits de l'homme. À l'origine de la catastrophe communiste.*

CINQ MENSONGES, C'EST DÉJÀ UNE POLITIQUE

GEORGES-ÉLIA SARFATI

Après la Seconde Guerre mondiale, Jacob Gordin (1896-1947), qui fut l'artisan de la renaissance des études juives sur le sol de France, prédit qu'après le grand massacre, le peuple juif connaîtrait un répit d'un demi-siècle.

Il aura fallu à peine cinq décennies pour que, avec l'essor de l'antisionisme, la pathologie judéophobe se donne de nouveau libre cours à travers cinq mensonges idéologiques incessamment distillés qui ont contribué à criminaliser l'existence même de l'État d'Israël.

1) L'école républicaine a occulté l'histoire pluriséculaire de la présence juive en France et en Europe, garantissant ainsi l'ignorance du fait juif, égale au moins à celle des médiévaux empoisonnés par les stéréotypes de l'Église.

2) L'intérêt économique a conduit les gouvernements à favoriser le faux narratif palestinien, laissant prospérer l'idée de l'illégitimité coloniale d'Israël.

3) La communication médiatique, en phase avec les orientations du Quai d'Orsay (dont le citoyen français est tenu à l'écart), a mis la France au diapason de la rue gazaouie, justifiant tacitement le terrorisme.

4) La démagogie, qui s'est substituée à la nécessité de défendre la laïcité, a fait le lit du relativisme.

5) L'islamo-gauchisme, qui procède du double dévoiement de l'islam et de la philosophie sociale de la gauche, s'affiche désormais comme le dernier horizon en date d'un grand soir révolutionnaire. Cette entité pseudo-critique inculque la grisaille de sa vision morbide du monde, usant du combustible idéologique «antisioniste». Sa propre pertinence n'est jamais questionnée. Les contes et légendes de Palestine définissent le murmure identitaire d'une large fraction de l'opinion.

Le cumul de ces cinq facteurs a donné corps à une petite tératologie opérationnelle. Un mensonge est un mensonge; cinq mensonges, c'est déjà une politique.

GEORGES-ÉLIA SARFATI est psychanalyste, philosophe, linguiste, traducteur, poète Lauréat du Prix Louise Labé, fondateur de l'Université populaire de Jérusalem. Il a publié, en 1989 chez Bernard de Fallois, *L'envers du destin. Entretiens avec Léon Poliakov.*

L'IMAGE DES JUIFS DANS LES MANUELS D'HISTOIRE

FRANÇOIS HEILBRONN

Dans l'imaginaire antisémite en France, les Juifs sont, pour l'extrême droite, des étrangers à la nation et, pour des minorités engagées dans une concurrence victimaire, des immigrés qui ont trop bien réussi.

Et pourtant, la présence des Juifs en France est plus que bimillénaire. Israël Bédarride écrivait, en 1859 : «La Gaule narbonnaise, la celtique, l'aquitaine, avaient des Juifs plus de cent ans avant l'ère chrétienne.» Le premier Juif célèbre ayant vécu en Gaule fut Hérode Archélaos, tétrarque de Judée, exilé avec sa cour par Auguste à Vienne, en l'an 6. Son frère, Hérode Antipas, fut exilé en 39 à Lugdunum avec sa femme Hérodiade et sa belle-fille, la princesse Salomé (celle de la danse dans l'Évangile). Ils moururent tous en Gaule.

Divers vestiges attestent de la présence juive au Ier siècle, parmi lesquels une lampe à huile ornée d'une menorah découverte à Orgon, près de Arles.

Présents sans presque discontinuer depuis deux mille ans, en Gaule puis en France, les Juifs sont pourtant une «tache aveugle» dans le récit national. Ils n'y sont évoqués que sporadiquement et en persécutés (croisades, affaire Dreyfus, Shoah).

Présents depuis deux mille ans, en Gaule puis en France, les Juifs sont une «tache aveugle» dans le récit national.

Ils ont pourtant participé à chaque époque à la construction de la France par leur apport politique, économique, religieux et culturel. C'est une histoire politique longue d'une minorité constituée en nation, puis d'une intégration réussie de citoyens à partir de leur émancipation de 1791. C'est aussi une histoire sociale, culturelle, religieuse et économique. C'est une histoire de l'apport des Juifs à la France, de la cour de Charlemagne à la Vᵉ République, de Rachi à Modiano, de la Révolution à la Résistance.

Ces deux mille ans de relation, riche et mouvementée, alternant des phases de grandeur, de réussite, d'intégration, suivies de persécutions et d'expulsions puis de reconstruction, doivent être enseignés aux jeunes Français pour combattre les préjugés, les clichés et la haine antisémite dont a été victime le docteur Sarah Halimi, une, hélas, parmi tant d'autres.

FRANÇOIS HEILBRONN est professeur des universités associé à Sciences Po, vice-président du Mémorial de la Shoah et président des Amis français de l'université de Tel Aviv. Il publie en 2023, chez Stock, *Deux étés 44*.

MON ENGAGEMENT
PAP NDIAYE

Sarah Halimi habitait Belleville, elle était médecin à la retraite, âgée de soixante-cinq ans. Elle avait trois enfants. Elle habitait le quartier où Romain Gary situe *La Vie devant soi*, qui raconte l'amitié entre Madame Rosa, rescapée d'Auschwitz, et le petit Mohammed, *alias* Momo, orphelin – une amitié symbole de paix et de partage entre les mondes culturels et sociaux. En 2017, Sarah Halimi fut assassinée. Elle fut séquestrée dans son appartement et tuée par un voisin, musulman fanatique qui avait pris sa judéité pour preuve de «satanisme». Ce meurtre eut lieu cinq ans après les assassinats d'enfants à l'école Ozar Hatorah de Toulouse. Deux ans avant la vandalisation du visage de Simone Veil à Paris, et la profanation de cimetières juifs en Alsace. Deux ans après les meurtres à l'Hypercacher de la porte de Vincennes.

L'antisémitisme tue, en France, aujourd'hui. Il prend aussi quotidiennement la forme de propos de haine sur les réseaux sociaux, et de tentatives de falsification de l'histoire portées par des aventuriers politiques sans scrupule. Prenons la peine de voir, de nommer l'antisémitisme.

L'école est un des lieux pour cela, et je m'engage à ce que la place de l'enseignement de la Shoah, l'enseignement de l'histoire de la haine antisémite soient confortés, pour sensibiliser les nouvelles générations et les prévenir contre l'intolérance et la volonté de destruction de l'autre. Bientôt il n'y aura plus de témoins de la Shoah, plus de femmes et d'hommes comme Madame Rosa, pour dire l'horreur qu'ils ont vécue et l'école a d'autant plus un rôle à jouer dans ce moment critique pour la transmission. Et de même que «pour vivre, il faut s'y prendre très jeune», comme dit le héros de *La Vie devant soi* pour parler d'appétence et de courage, je pense que nous devons très tôt apprendre aux enfants à reconnaître et à combattre la haine, c'est aussi le rôle de l'école.

PAP NDIAYE est ministre de l'Éducation nationale et de la Jeunesse.

PRÉSERVER LE TRÉSOR DE LA CIVILISATION JUDÉO-MUSULMANE

BENJAMIN STORA

Le crime antisémite dont a été victime Sarah Halimi nous enseigne qu'il ne faut pas baisser la garde contre le fanatisme, l'islamisme. Il est nécessaire de désigner le fait lui-même : un acte commis par un homme sous l'emprise des doctrines les plus violentes, pour qui la haine des Juifs est la matrice principale. Contre l'obscurantisme, il ne faut pas être dans le déni, le refus de nommer; et il apparaît plus que jamais nécessaire de poursuivre la bataille pour la connaissance de l'histoire. Pour éviter, par l'enseignement et la culture, que ne se propagent de tels actes criminels.

L'histoire des rapports entre Juifs et musulmans, pendant plus de quinze siècles, n'est pas seulement celle des affrontements et des massacres.

Elle est également faite de liens tissés par la langue commune ou les sonorités des chants liturgiques, des cultures où se sont côtoyés des écrivains et des philosophes. Cette «convivance» dont a parlé le regretté Abdelwahab Meddeb. Ne laissons pas s'engloutir ce trésor mémoriel sous les coups répétés de ceux que dérange la préservation de cette civilisation judéo-musulmane, si riche. Ce qu'ils veulent : l'avènement de la barbarie qui disloque et détruit les liens entre les hommes.

BENJAMIN STORA est universitaire et historien. Il est l'ancien président du Musée de l'histoire de l'immigration (2014-2020). Il fut le Commissaire général de l'exposition *Juifs d'Orient* à l'Institut du monde arabe en 2021. Il vient de publier *Histoire dessinée des Juifs d'Algérie* aux éditions La Découverte.

IL EST URGENT DE RÉFORMER L'ISLAM

NAJWA EL HAÏTÉ

C'est un monstre froid, sous les traits d'un Malien âgé de trente-deux ans, qui s'est introduit dans l'appartement du docteur Sarah Halimi pour lui ôter la vie dans des conditions atroces, sous le regard horrifié de voisins sortis sur leur balcon pour assister, impuissants, à la scène. D'autres voisins ont préféré prolonger leur sommeil comme si de rien n'était, symptôme révélateur d'une société rongée par l'individualisme et la lâcheté.

Le meurtrier ne connaissait pas Sarah Halimi. Il vivait au-dessus de chez elle. Il savait tout au plus qu'elle était de confession juive, le judaïsme prenant une place très importante dans sa vie quotidienne. Ce voisin de confession musulmane ne le supportait pas.

Je n'admettrai jamais que l'on tue au nom de ma religion

Je n'admettrai jamais que l'on tue au nom de ma religion, l'islam, et pourtant combien de familles endeuillées le sont au nom de cette phrase, *Allah akbar!*, cri de guerre contre les Juifs, les homosexuels, les femmes non voilées, les mécréants.

> Un islam traversé de courants rigoristes qui haïssent les Juifs.

Des Français de confession musulmane diront que l'assassinat de Sarah Halimi est celui d'un fou éloigné de la religion. C'est nier l'existence d'un islam traversé de courants rigoristes qui haïssent les Juifs. Il suffit d'écouter les prêches antijuifs d'imams détachés en France pour s'en convaincre.

Leurs discours diffusés sur les réseaux sociaux ont un impact désastreux auprès de jeunes de confession musulmane en mal de repères.

Meïr M. Bar-Asher, islamologue, donne une explication à cette diabolisation des Juifs. L'intellectuel explique le tiraillement qui existe, dans le Coran, entre l'attachement sans faille à la Torah, aux prophètes et à leurs paroles en tant que Révélation divine (verset 94 de la sourate 10) et, de l'autre, le fait que le Coran mette «en doute les Écritures des Juifs de son temps et accuse ces derniers de les avoir falsifiées».

L'islamisme, « maladie de l'islam »

Mais, à aucun moment, le texte sacré n'appelle à tuer les Juifs. Seul l'islamisme, «maladie de l'islam», invite à le faire.

Abroger les versets du Coran incitant à l'antisémitisme.

Dans ce contexte, la réforme de l'islam est indispensable. Il est urgent d'abroger les versets incitant à l'antisémitisme et de mettre en lumière ceux ayant une portée universelle, reconnaissant la liberté de conscience, la dignité humaine, l'égalité entre les hommes et les femmes.

Je fais partie de ces musulmans qui appellent de leurs vœux cette réforme séparant le religieux du politique, afin qu'il n'y ait plus d'autres victimes de l'islamisme.

NAJWA EL HAÏTÉ est avocate. Elle a notamment publié avec Yves Azéroual, en 2011, *L'arnaque. Le programme du Front national enfin décrypté*, aux éditions David Reinharc.

NON À LA FRANCE DE LA VICTIMOCRATIE

RACHEL KHAN

Nom de famille : Halimi...

Encore l'inhumanité, encore la violence et la haine, encore l'injustice, encore l'antisémitisme, encore nos larmes, encore la peur de ce que nous sommes, encore cette douleur qui ne passera jamais.

Douleur pour elle, seule, face à l'immonde.

Douleur pour la France

Douleur pour sa famille, évidemment. Mais aussi douleur pour la France. Notre pays imparfait, peut-être, celui où il faut grogner et se plaindre, mais celui aussi des Lumières et d'un humanisme puissant qui a su offrir, grâce à mille batailles, une devise à ses enfants : Liberté, Égalité, Fraternité.

Une France comme un bastion contre l'infamie internationale, et qui porte avec humanité les bouleversements du monde.

Notre France, c'est celle qui se bat contre l'ignominie que sont l'antisémitisme, le racisme et toutes les formes de discrimination.

Celle qui garde en mémoire les drames de l'histoire pour vivre au présent, et prépare l'avenir de nos enfants.

Celle qui laisse une place au doute aussi, et se remet en question comme une manière ultime de préparer les enjeux de demain.

Celle qui permet la réalisation de soi et de tous ceux qui se donnent la peine de se retrousser les manches.

Celle de la démocratie, de la méritocratie, non pas celle de la victimocratie et des victimophiles qui tentent, au nom de l'offense et du passé, de déchirer en mille morceaux notre pays.

> La France de la méritocratie, non pas celle qui, au nom de l'offense passée, déchire le pays en morceaux.

Contre les identités carcérales ou mortelles

Notre France, c'est celle qui fait front, qui fait face, et surtout celle qui fait des vagues contre les eaux troubles des dogmes victimaires, séparatistes, communautaristes et racistes qui, conjugués ensemble, souhaitent déboulonner les piliers de nos vies en commun.

C'est celle qui nous protège tous, Français, Noirs et Juifs, main dans la main, sous notre drapeau commun pour faire battre le cœur de la fraternité.

Celle qui se lève contre toutes les stigmatisations, assignations, contre toutes les identités carcérales ou mortelles.

Ce drame ne peut pas être la France. Et pourtant, sous les coups de l'immonde, c'est encore elle qui s'appelait Sarah… Sarah Halimi.

RACHEL KHAN est actrice, écrivain et juriste.
Elle a publié *Racée* en 2021 aux éditions de l'Observatoire.

NI OUBLI NI PARDON !
ROBERT NAMIAS

Ils s'appelaient Ilan, Mireille, Jonathan, Sarah, Gabriel, Myriam, Arié. Pour certains, c'était encore l'innocence de l'enfance; pour d'autres, l'âge de tous les possibles; pour les plus anciens, l'heure du retour sur soi et du travail de mémoire bousculé par le chaos du dehors. Tous étaient différents. À Toulouse, dans le Sud parisien, au cœur de la capitale, ils n'avaient rien de commun. Sauf l'essentiel. Ilan, Mireille, Jonathan, Sarah, Gabriel, Myriam, Arié étaient juifs. Et sont morts parce que juifs. Torturés, assassinés comme aux heures les plus sombres du siècle dernier. Cinq ans, dix ans, quinze ans plus tard, comment se taire? Qui que nous soyons, il faut continuer de dire, raconter, témoigner. Et refuser cette lâcheté camouflée derrière la prétendue sagesse de ceux qui affirment que dénoncer trop bruyamment l'antisémitisme ne fait qu'exacerber la haine des antisémites.

> La mémoire des camps s'estompe et la Bête immonde en profite.

Lutter contre l'antisémitisme, c'est inlassablement dénoncer ce concentré d'inhumanité qui allie la bêtise à l'ignorance en faisant des Juifs les boucs émissaires universels et millénaires des malheurs planétaires nés de la folie des hommes. La mémoire des camps s'estompe et la Bête immonde en profite. Elle a pris d'autres noms, d'autres visages, mais elle est toujours là, visible ou cachée, silencieuse ou bruyante, à l'affût de ses proies : l'autre, l'étranger, celui venu d'ailleurs ou qui pense différemment.

Se battre sans relâche contre l'antisémitisme, cela n'est pas seulement défendre les millions de Juifs qui, dans le monde, sont les victimes expiatoires de fautes qu'ils n'ont pas commises, mais c'est aussi, c'est d'abord, se battre contre tous les racismes. En disant haut et fort que, face à la barbarie, il ne peut y avoir ni oubli ni pardon.

ROBERT NAMIAS est journaliste et écrivain. Il fut notamment rédacteur en chef à Europe 1, directeur général adjoint chargé de l'information à TF1, président et directeur de la rédaction de *Nice-Matin*. Il a publié en 2022 *Mortelles Comédies* aux éditions de l'Observatoire.

CINQUANTE NUANCES D'ANTISÉMITISME

SIGALIT LAVON

Sarah Halimi est rouée de coups puis jetée par la fenêtre par un fou, un antisémite, un fou antisémite… Mais si le crime est celui d'un fou, l'acte en lui-même est-il réellement fou, ou ne s'inscrit-il pas dans une longue histoire? Lors des pogroms, des hommes, des femmes, des enfants juifs sont jetés par les fenêtres… On assiste ici, avec l'assassinat de Sarah Halimi, à un acte certes individuel, mais qui s'inscrit dans une longue tradition collective : tuer ses voisins juifs. Dans son ouvrage *Les Voisins*, l'historien américain Jan T. Gross décrit le massacre des habitants juifs d'une petite ville par leurs voisins polonais en 1941 et témoigne du rôle des «voisins» dans la Shoah.

> On assiste ici à un acte qui s'inscrit dans une longue tradition collective : tuer ses voisins juifs.

Le rôle des «voisins» dans la Shoah

Cette longue tradition de haine antijuive a d'abord été d'ordre théologique. L'Église chrétienne est devenue religion officielle de l'Empire romain et s'est proclamée *Verus Israël*. Ainsi, durant dix-huit siècles, les Juifs sont spoliés, expulsés, massacrés pour leur entêtement coupable à rester juifs. Au XVIIIe siècle, la haine des Juifs quitte le terrain de la théologie pour prendre une expression scientifique, et s'incarne dans la haine d'une supposée race juive. Il n'y a alors plus de place pour les Juifs dans l'Humanité, avec la Shoah comme aboutissement. Ensuite, va être mise en cause la relation des Juifs à leur terre, avec un dernier avatar qui n'est plus théologique ni biologique, mais géopolitique. Ici, les Juifs sont tués parce qu'ils sont revenus sur la terre de leurs ancêtres.

En tuant Sarah Halimi, son meurtrier répond à une logique qui le dépasse. En ne jugeant pas le coupable parce qu'il est fou, la justice française le déresponsabilise sans pour autant responsabiliser la société.

La faute de l'histoire

C'est comme si la justice française avouait : «Oui, il est antisémite, oui il s'agit d'un acte antisémite, mais on ne peut pas juger le meurtrier, car ce n'est pas lui le coupable. Ce qui agit en lui, cette voix qui l'a poussé à commettre ce crime, c'est la continuité d'une histoire longue de trois mille ans.»

> Être juif, c'est être toujours sur le qui-vive.

C'est la faute de l'histoire donc, de cette longue histoire de haine des Juifs qui ne peut s'arrêter parce qu'on ne peut en soigner que le symptôme, les causes, profondément ancrées, faisant partie de l'inconscient collectif. La maladie antisémite agit comme un virus qui aurait ses mutations, ses variants. Le meurtre de Sarah Halimi nous rappelle que la haine des Juifs est là, toujours, irrémédiablement. Il nous ramène au réel de l'être juif. Chaque acte vient nous rappeler que la «normalité» juive n'existe pas. Qu'on vive en Israël ou en diaspora, être juif, c'est être menacé, c'est être sur le qui-vive; être juif, c'est être potentiellement assassiné.

SIGALIT LAVON a travaillé au Mémorial de la Shoah de 2002 à 2006.
Elle a rejoint Akadem en 2006 en tant que directrice éditoriale.

ÉCLAIRAGE 3

LA DERNIÈRE VAGUE ANTISÉMITE EN FRANCE (2000-2023). RÉFLEXIONS ET ÉTAT DES LIEUX

RÉFLEXIONS SUR LA DERNIÈRE VAGUE ANTIJUIVE. ANTISIONISME RADICAL ET ISLAMISME

PIERRE-ANDRÉ TAGUIEFF

En France, depuis le début des années 2000, des Juifs sont assassinés en tant que juifs. Ces meurtres ne sont pas commis par des extrémistes de gauche ou de droite, mais par de jeunes musulmans, souvent des délinquants ou d'ex-délinquants, se réclamant de l'islam, qu'ils soient ou non des djihadistes en mission – comme Mohamed Merah ou Amedy Coulibaly. Rappelons le cas de Sébastien Selam, DJ âgé de vingt-trois ans, massacré le 20 novembre 2003 par Adel Amastaibou, qui déclare aussitôt après le meurtre : *J'ai tué un Juif! J'irai au paradis*, et précise ensuite aux policiers : *C'est Allah qui le voulait.* Rappelons le massacre commis le 19 mars 2012 dans l'école juive Ozar Hatorah de Toulouse par Mohamed Merah qui, en assassinant des enfants juifs, a déclaré vouloir *venger les enfants palestiniens.* Rappelons les quatre victimes juives de la folie meurtrière d'Amedy Coulibaly dans l'épicerie Hypercacher à Paris, le 9 janvier 2015, le tueur ayant déclaré qu'il voulait *venger ses frères musulmans*, et plus précisément *les musulmans opprimés*, notamment *en Palestine.* Rappelons que Sarah Halimi (soixante-cinq ans) fut torturée pendant plus d'une heure dans sa chambre, puis défenestrée par l'islamiste Kobili Traoré (vingt-sept ans), d'origine malienne, dans la nuit du 3 au 4 avril 2017, à Belleville. Pendant qu'il massacrait sa victime juive à coups de poings, Traoré hurlait *Allah akbar!*, traitait sa victime juive de *sheitan* (démon, en arabe) et récitait des sourates du Coran. Rappelons enfin l'assassinat de Mireille Knoll, âgée de quatre-vingt-cinq ans, malade et handicapée, dont le corps a été découvert chez elle, à Paris, dans la soirée du 23 mars 2018, lardé de onze coups de couteau et en partie brûlé. Le meurtrier de cette rescapée de la Shoah est encore un jeune délinquant musulman, Yacine Mihoub (vingt-huit ans), qui, selon son comparse, aurait crié *Allah akbar!* en poignardant sa victime.

Des passions antijuives progressivement islamisées à travers l'islamisation de la «cause palestinienne».

Il faut y voir les indices les plus récents d'un grand phénomène idéologique observable depuis les années 1960 : l'islamisation progressive des représentations et des passions antijuives à travers l'islamisation de la «cause palestinienne», érigée en «cause universelle».

L'effet radicalisateur d'Internet et des réseaux sociaux

On observe parallèlement le rôle déterminant d'Internet et des réseaux sociaux dans l'intensification, l'accessibilité croissante et la globalisation des incitations à la haine et à la violence contre les Juifs. Les prédicateurs islamistes médiatiques, tel Hassan Iquioussen, sont au premier rang dans ces opérations d'endoctrinement et de propagande. Or, face à cette flambée antijuive multiforme et persistante, la mobilisation des citoyens français a pu paraître aussi faible que timide. Alors même que d'excellents travaux universitaires et des enquêtes sérieuses ont été consacrés au phénomène, les pouvoirs publics réagissent avec un temps de retard. Tout se passe comme si, confrontée à cette vague antijuive ponctuée par des attaques terroristes, la société française ne voulait rien voir ni savoir.

L'indifférence à la propagande et à la violence antijuives se rencontre notamment à l'extrême gauche et dans les milieux antiracistes qui privilégient la lutte contre «l'islamophobie» en présupposant que l'antisémitisme est une chose du passé.

De nombreuses études critiques ont montré comment, avec la banalisation d'Internet entre le milieu des années 1990 et la fin des années 2000, s'est produite une grande transformation des discours de propagande structurés par des thèmes d'accusation visant les Juifs.

> Les diffuseurs de stéréotypes antijuifs se rencontrent dans trois groupes : extrême droite plurielle, extrême gauche anticapitaliste et nébuleuse islamiste.

Désormais, en France comme dans la plupart des démocraties occidentales, les producteurs, les entrepreneurs et les propagateurs du discours antijuif globalisé forment trois groupes relativement distincts, mais nullement clos sur eux-mêmes : l'extrême droite plurielle, l'extrême gauche anticapitaliste et la nébuleuse islamiste (Frères musulmans, salafistes, djihadistes). Des ponts sont jetés entre certaines mouvances d'extrême droite et certains courants de l'islamisme, leur ennemi commun étant un «sionisme mondial» fantasmé. Le site de l'association Égalité et Réconciliation d'Alain Soral en offre une frappante illustration. Des convergences ou des alliances sont également observables entre milieux d'extrême gauche et milieux islamistes, notamment sur la base d'un antisionisme radical, niant le droit à l'existence de l'État d'Israël. En témoignent par exemple les islamo-gauchistes du Parti des Indigènes de la République, ainsi que de nombreux réseaux qui se réclament de la «pensée décoloniale». Si le mythe du «complot sioniste mondial» est l'objet de croyance le mieux partagé par les trois principales populations antijuives, le négationnisme joue parallèlement le rôle d'un drapeau et d'un signe de ralliement pour la plupart des courants judéophobes. Mais, encore une fois, seuls des musulmans endoctrinés par des prédicateurs islamistes passent à l'acte et deviennent des tueurs de Juifs.

Après la Seconde Guerre mondiale et le grand massacre nazi des Juifs d'Europe, nombreux sont ceux qui ont cru que la page de l'antisémitisme était tournée. Il n'en est rien.

Les trois grands mythes antijuifs, celui du complot juif mondial, celui du Juif meurtrier rituel et celui du Juif riche, reformulés de diverses manières, hantent toujours l'imaginaire social et se traduisent par la circulation de stéréotypes criminalisants dans les nouveaux discours antijuifs prenant pour cibles privilégiées Israël, «le sionisme» et «les sionistes», ces derniers étant stigmatisés comme racistes, comploteurs, manipulateurs et sanguinaires.

Un ennemi commun : le «sionisme mondial»

La métamorphose des composantes de ces mythes est toujours en cours, faisant surgir un nouveau paysage antijuif international dont l'évolution est largement due à l'importance croissante des réseaux sociaux dans le processus de formation de l'opinion, ainsi que dans la transmission des représentations et des croyances. La globalisation des accusations antijuives favorise autant la circulation à grande vitesse des rumeurs, des légendes et des *fake news* que leur adaptation à divers publics, selon les objectifs des propagandistes.

L'hostilité moderne et contemporaine envers les Juifs présuppose que ces derniers sont puissants et solidaires, que leur puissance est liée à l'argent, qu'ils forment un groupe caractérisé par son ubiquité et qu'ils exercent une influence illégitime et maléfique sur la marche du monde. C'est en tant que tels qu'ils suscitent méfiance, haine ou peur, et non pas une simple agressivité.

Il faut noter cependant que, depuis environ cent quarante ans, quelles que soient les passions dont elles dérivent, toutes les formes de l'hostilité ou de l'aversion envers les Juifs sont caractérisées comme antisémites, alors qu'elles devraient être qualifiées, d'une façon plus claire, d'antijuives ou de judéophobes.

Ce dernier qualificatif combine les références à la haine et à la peur, sur le modèle du néologisme *xénophobe* (1903), qui signifie «hostile aux étrangers, à ce qui vient de l'étranger». Les peurs se colorent de haine : point de *phóbos* (peur) sans *mîsos* (haine), comme dans la xénophobie ou la misoxénie faisant de l'étranger un objet de peur et de haine mêlées. Les peurs se traduisent souvent par des haines qui les fixent sur des ennemis.

L'hostilité envers les étrangers, dite xénophobie, se compose principalement de haine et de crainte : le sens étymologique du suffixe *phobie* ne doit pas empêcher d'y comprendre la haine. Il en va de même pour l'hostilité envers les Juifs, dite judéophobie, qui se traduit par un jeu de passions dans lequel prévalent la haine et la peur, indissociables.

Les *Protocoles des Sages de Sion*, censés révéler les secrets des «sionistes»

Pour désigner cette haine mêlée de crainte dont les Juifs sont la cible, j'ai forgé le néologisme *judéomisie*. Vus par leurs ennemis, les Juifs constituent une menace contre laquelle il convient de se défendre : «le Juif», c'est l'ennemi. Il s'ensuit qu'il est légitime de haïr les Juifs, qui sont supposés «nous» haïr. Ce mode de légitimation récurrent de la haine des Juifs constitue le premier des grands récits antijuifs, fondé sur l'accusation de «haine du genre humain», dont dérive le stéréotype de la «cruauté juive». C'est ainsi qu'au début du IIe siècle après J.-C., Tacite impute aux Juifs une haine hostile (*hostile odium*) à l'endroit des autres peuples (*adversus omnes*).

Depuis plus de deux siècles, la figure répulsive par excellence du Juif est celle d'une puissance internationale criminelle qui complote contre le genre humain. On la trouve au centre des *Protocoles des Sages de Sion*, ce célèbre faux antijuif qui, fabriqué au début du XXe siècle, fournit une sorte de résumé de la vision conspirationniste du Juif, laquelle s'était largement diffusée durant les trente dernières années du XIXe siècle en Europe. Encore faut-il ne pas négliger le fait que les *Protocoles* visent deux cibles : d'une part, les francs-maçons, supposés dirigés ou manipulés par les Juifs, et, d'autre part, les «sionistes», fantasmés comme les représentants de la puissance juive internationale dont l'objectif est de dominer le monde, pour instaurer un gouvernement juif mondial. On doit souligner le fait que la première publication des *Protocoles*, fin août 1903, par Krouchevan, l'organisateur du pogrom de Kichinev (21 avril 1903), suivait de peu l'ouverture, le 23 août de la même année, du VIe Congrès sioniste, tenu à Bâle. Publié dans une version courte dans le journal *Znamia* (Le Drapeau) sous le titre *Programme de la conquête du monde par les Juifs*, le document, structuré en vingt-deux séances, est présenté par le «traducteur» comme étant les «Protocoles des séances de l'Union [ou de l'Alliance] mondiale des francs-maçons et des Sages de Sion». Il s'agissait de laisser entendre que le document provenait de la direction du mouvement sioniste. Il s'ensuit que les *Protocoles* constituent un document censé révéler les secrets des «sionistes», ces derniers, créatures chimériques, n'ayant rien à voir avec les sionistes réels qui, comme on le sait, se définissent fondamentalement par leur engagement dans le mouvement de libération du peuple juif, impliquant la création d'un État pour les Juifs. Les *Protocoles* constituent un texte antisioniste majeur, tant par leurs visées originelles que par leurs usages politiques ultérieurs.

Formes dérivées des récits accusatoires

Parmi les formes dérivées de ces récits accusatoires, qui prolifèrent notamment dans des contextes de crise sanitaire, on trouve des énoncés selon lesquels «les Juifs» auraient créé le virus du sida, le virus H1N1 (responsable de la grippe A) ou le coronavirus Covid-19 pour réaliser tel ou tel objectif criminel. Il en va ainsi de l'accusation, lancée le 26 février 2020, au moment de l'épidémie de coronavirus, par un «analyste politique» irakien, Muhammad Sadeq al-Hashemi : «Le coronavirus est un complot juif américain financé par Rothschild pour réduire la population mondiale.» Il y a là une condensation de quatre stéréotypes antijuifs majeurs : les Juifs sont riches, puissants, conspirateurs et criminels. Ils sont capables de créer et de propager un «tueur de masse» tel qu'un virus.

En France comme dans d'autres démocraties occidentales, nombreux sont ceux, parmi les élites intellectuelles et politiques, le regard fixé autant sur l'«islamophobie» que sur les nouvelles mobilisations nationalistes dites «d'extrême droite» ou «populistes», qui ont largement ignoré, négligé ou sous-estimé l'islamisme radical, en même temps qu'ils détournaient le regard de la dernière vague antijuive qui, commencée à l'automne 2000, est portée principalement par la propagande islamiste et ses relais politico-culturels. Ce qui fait écran, c'est l'idée fausse selon laquelle la haine des Juifs serait exclusivement fixée à «l'extrême droite» (néofasciste, néonazie, etc.) ou localisée dans les milieux «réactionnaires», par exemple chez certaines tendances catholiques traditionalistes, ou encore dans les mouvances nationalistes.

L'œil rivé sur le «péril islamophobe», les élites ont négligé la menace islamiste.

L'antisionisme radical, dernier avatar de la haine antijuive

Depuis les années 1950, dans la période post-nazie, on a donc assisté à la lente réinvention d'une vision antijuive du monde. La rediabolisation des Juifs s'est opérée principalement sur la base de la diabolisation d'Israël et du «sionisme», fantasmé comme «sionisme mondial», puissance occulte censée diriger la marche du monde. Cette diabolisation complotiste est diffusée par un grand récit qui se présente comme un savoir qui éclaire et qui sauve, c'est-à-dire une gnose. Chez les Modernes, cette gnose consiste à offrir une nouvelle clé de l'histoire. L'antisionisme gnostique est au cœur de ce que j'ai appelé en 1989 la «nouvelle judéophobie», et qui est aussi bien une nouvelle «judéomisie». Cette réinvention n'est pas réductible à un recyclage des traditionnels schèmes d'accusation visant les Juifs, empruntés au corpus antijuif européen, qu'ils relèvent de la judéophobie antique, de l'antijudaïsme chrétien médiéval, de la judéophobie moderne antichrétienne (Voltaire, d'Holbach), de la judéophobie anticapitaliste (socialiste et révolutionnaire), de l'antisémitisme d'État des milieux nationalistes ou de l'antisémitisme raciste et exterminateur de type hitlérien. Elle s'opère sur de nouvelles bases idéologiques, dont certaines sont étrangères à l'héritage antijuif occidental et puisent dans la culture musulmane.

Le négationnisme, signe de ralliement des courants antijuifs

Mais il ne faut pas sous-estimer l'importance du négationnisme tel qu'il s'est développé à partir des écrits de Maurice Bardèche et de Paul Rassinier publiés entre 1948 et 1950, avant d'être largement diffusé par Robert Faurisson à partir du milieu des années 1970. Désormais, la thématique négationniste, fondée sur le dogme de l'inexistence des chambres à gaz homicides et la négation du génocide nazi des Juifs d'Europe, joue le rôle d'un drapeau et d'un signe de ralliement pour la plupart des courants antijuifs, qu'ils soient d'extrême droite, d'ultra-gauche ou d'obédience islamiste. Elle permet d'accuser mensongèrement les Juifs ou «les sionistes» de mensonge.

S'il est vrai que les passions antijuives se sont mondialisées, c'est avant tout parce qu'elles se sont islamisées. Avec cette transformation, impliquant une refonte doctrinale en même temps qu'un déplacement du principal foyer de l'hostilité antijuive, s'est opéré un «retour à la théologie comme justification, puis comme source de la haine des Juifs», comme l'a noté l'historienne Rivka Yadlin. Il s'agit désormais d'une théologie non plus chrétienne, mais musulmane. Pour comprendre la récente vague judéophobe mondiale, il faut commencer par reconnaître cette matrice théologico-politique islamique. C'est principalement sur cette nouvelle base politico-culturelle que s'accomplit et se légitime désormais la démonisation des Juifs.

À l'islamisation de la judéophobie s'ajoutent la criminalisation des «sionistes», voire leur nazification, et le retournement contre les Juifs de la rhétorique antiraciste. Dans et par la propagande «antisioniste», l'État d'Israël est diabolisé en tant qu'«État d'apartheid» ou «raciste» et l'amalgame polémique «sionisme égale racisme» est devenu un lieu commun.

Le retournement de la rhétorique antiraciste contre les Juifs

L'antisionisme radical représente la plus récente forme historique prise par la haine des Juifs. Son objectif est de légitimer la destruction d'Israël. C'est ainsi que la haine idéologisée envers les Juifs a été globalisée. Mais il faut souligner la spécificité de l'antisionisme radical : l'État d'Israël est critiqué et condamné non pas pour ce qu'il fait, mais pour ce qu'il est. C'est la définition même du racisme. Il faut donc combattre l'antisionisme radical comme une forme de racisme, d'autant plus redoutable qu'elle n'est pas reconnue d'une façon consensuelle.

Spécificité de l'antisionisme radical :
l'État d'Israël est condamné
non pour ce qu'il fait,
mais pour ce qu'il est.
C'est la définition du racisme.

Contrairement à une idée reçue, la haine antijuive qui explose sur les réseaux sociaux – qu'il faudrait dire asociaux, voire antisociaux – ne dérive pas de la simple intolérance, attitude ethnocentrique universellement observable. Elle est inséparable d'une passion d'accuser, de dénigrer, de salir et de diaboliser qui confine au délire et prend la figure d'un récit mythologique d'inspiration complotiste, qui constitue une nouvelle démonologie. Elle possède donc une dimension pathologique. La haine attire et attise la haine, elle est pour ainsi dire contagieuse. Encore faut-il ne pas oublier les représentations et les croyances associées, qui se propagent selon divers mécanismes mis en évidence par la psychologie sociale. D'abord les cascades informationnelles, fondées sur la propension des individus humains à prendre en compte ce que disent ou font les autres, ce qui favorise le ralliement à l'opinion majoritaire. Les initiateurs d'un message attractif sont suivis par une série indéfinie d'imitateurs qui le propagent. Ensuite, la polarisation de groupe, fondée sur la radicalisation ou l'extrémisation des opinions au sein d'un groupe de discussion. À ces mécanismes s'ajoutent divers biais cognitifs, à commencer par le biais de confirmation d'hypothèse et celui de disponibilité, le premier nous incitant à chercher ou retenir les informations confirmant nos convictions et à écarter les autres, le second consistant à privilégier et à surestimer les informations immédiatement disponibles à la mémoire, à s'en tenir aux faits qui nous viennent le plus facilement à l'esprit ou aux données qui circulent sur les réseaux sociaux que nous fréquentons habituellement.

Au sein du cyberespace, l'incitation à la violence

Derrière les dénonciations et les accusations qui se répandent par un effet «boule de neige», et qui se présentent souvent sous les couleurs de la critique des «vérités officielles» et de la démystification, on discerne une totale indifférence à la vérité des faits et une passion du faux, voire un goût du mensonge. Le relativisme cognitif autorise ce mélange du «vrai et faux» qui, selon le mot de Paul Valéry, est «pire que le faux». Au sein du cyber- espace, on observe en même temps un auto-accroissement des passions négatives, faisant du village global un espace de guerre civile discursive sans frontières intérieures. En témoigne cette montée aux extrêmes qu'on rencontre dans les échanges sur Internet : sur Twitter notamment, les propos diffamatoires, les dénonciations calomnieuses, les injures et les menaces se reproduisent à l'infini, comme par l'effet d'une rivalité mimétique suscitant un mutuel renforcement. Cette synergie dans l'expression de la haine et de la volonté de nuire suscite quelque chose comme une incitation permanente à la violence.

Rassurer, c'est toujours contribuer au pire – René Girard

Depuis la fin du XXe siècle, les Juifs sont traités une nouvelle fois, sur des bases idéologiques et rhétoriques en partie inédites, comme des ennemis du genre humain auxquels on tend à imputer les événements jugés négatifs.

> Les «rassuristes» offrent un confort idéologique en affirmant que la judéophobie est une survivance du passé.

Face à ces accusations mensongères diffusées par divers canaux de propagande, il importe de ne pas baisser la garde, en dénonçant l'indifférence et la fuite dans le confort idéologique offert par les «rassuristes» de toutes obédiences, qui ne cessent d'affirmer que les passions antijuives ne sont plus que des survivances vouées à une prochaine disparition. Comme l'a noté René Girard, «vouloir rassurer, c'est toujours contribuer au pire». Certes, l'indignation morale ne suffit pas, mais elle doit accompagner le nécessaire travail d'analyse critique de la dernière vague antijuive alimentée autant par les divers courants de l'islamisme que par les mouvances d'extrême gauche professant un antisionisme démonologique et éradicateur. Sans une forte impulsion morale, la pensée critique peut convaincre une poignée d'intellectuels, mais non pas mobiliser les esprits et les inciter à s'engager dans un combat aussi difficile qu'incertain.

PIERRE-ANDRÉ TAGUIEFF, philosophe, politiste et historien des idées, directeur de recherche au CNRS, est l'auteur de plus d'une cinquantaine d'ouvrages. Il a notamment publié *Hitler, les Protocoles des Sages de Sion et Mein Kampf. Antisémitisme apocalyptique et conspirationnisme* aux éditions PUF/Humensis en 2020, *Liaisons dangereuses : islamo-nazisme, islamo-gauchisme*, aux éditions Hermann en 2021 et, en 2022, *Sortir de l'antisémitisme? Le philosémitisme en question* aux éditions Odile Jacob, ainsi que *Le grand remplacement ou la politique du mythe. Généalogie d'une représentation polémique* aux éditions de l'Observatoire.

NOUVEAUX LOGICIELS JUDÉOPHOBES ET DJIHADISME D'AMBIANCE

ALEXANDRE DEL VALLE

L'assassinat barbare de Sarah Halimi restera à jamais comme une tache honteuse dans l'histoire de la République et de sa justice. Après ce crime d'une atrocité qui n'a d'égale que celle d'un SS, nos médias ont diffusé les affirmations orwelliennes du bourreau de Sarah, Kobili Traoré, qui a eu le culot de déclarer au juge d'instruction : «Je ne suis pas antisémite [...], je n'ai jamais eu de problèmes avec des Juifs auparavant [...], je ne sais pas ce qui m'a pris, je l'ai soulevée et jetée par la fenêtre.» Comme Dieudonné ou Meklat, mais en plus tragique, voilà un nouveau judéophobe qui refuse d'être considéré antisémite, alors que, avant de massacrer sa victime en la traitant de *sale Juive satanique*, il l'insultait régulièrement et publiquement en la traitant de *sale Juive* lorsqu'il la rencontrait. Rappelons que, la veille de l'assassinat, Kobili Traoré avait passé sa journée à la mosquée de la rue Jean-Pierre-Timbaud, connue pour son intégrisme islamiste.

Malgré tout cela, la qualification d'acte terroriste criminel aggravé d'antisémitisme n'a pas été retenue par le juge. L'état d'esprit dominant commandait de ne pas faire de vagues dans le contexte politiquement sismique de l'entre-deux-tours de l'élection présidentielle opposant Emmanuel Macron à Marine Le Pen. D'où la thèse du «fou», qui rappelle l'omerta des pays islamistes, où la justice ne peut incriminer la violence légale de la charia dont s'inspirent les tueurs de mécréants, qui, les rares fois où ils sont condamnés, sont qualifiés de «malades mentaux».

Une continuité dans l'horreur

On se souvient qu'avant Sarah, le 13 février 2006, c'est son homonyme, Ilan Halimi, qui avait été kidnappé, torturé, rackett é et massacré, parce que juif – et supposément «riche» de ce simple fait – par le gang des Barbares, dont le chef franco-ivoirien, Fofana, se convertira peu après en prison à l'islamisme djihadiste d'Al-Qaïda. Le 19 mars 2012, on se rappelle les assassinats d'enfants juifs tués à l'école juive Ozar Hatorah par Mohamed Merah, puis, le 9 janvier 2015, des attentats de l'Hypercacher, revendiqués par Al-Qaïda. Sans oublier, le 23 mars 2018, l'assassinat d'une autre retraitée juive, Mireille Knoll, rescapée de la Shoah, massacrée, elle aussi parce que juive, par son voisin Yacine Mihoub. Plus récemment, le 20 août 2022, c'est Eliahou Eyal Haddad, juif handicapé de trente-quatre ans, qui a été assassiné sauvagement à coups de couteau et de hache à Longperrier par le Tunisien Mohammed Dridi, dont le compte Facebook a révélé le pro-palestinisme radical, la judéophobie islamiste-djihadiste, la haine viscérale envers la France et ses institutions, et la volonté de punir le «blasphème» («syndrome Samuel Paty»).

Ce mix de mobiles meurtriers met en lumière le lien inextricable entre violence antijuive des cités, antisémitisme complotiste, islamisme fréro-salafiste enseigné dans maintes mosquées et djihadisme, tant celui «d'ambiance» à la Traoré que celui labellisé Al-Qaïda/Daech.

Lien entre violence antijuive des cités et djihadisme

Concernant le cas des Juifs de France et d'Occident, l'impunité dont bénéficient leurs nouveaux bourreaux islamo-exotiques n'est pas étrangère à la mutation de l'antisémitisme – qui reposait jadis sur le postulat que les Juifs, «peuple d'apatrides sans État», étaient la cause des malheurs du monde entier – en une judéophobie rouge-verte prétendument «antiraciste», exprimée au nom de la critique d'Israël, des victimes palestiniennes et de la «défense de l'islam». L'idée force est que les Juifs sont tous les représentants d'une nation maléfique, l'État juif, qui est le «pire des États» tant pour les islamistes, pour les complotistes rouges-bruns, que pour la gauche radicale. Ainsi est-il devenu «le Juif des États», pire que tout autre et dont l'opprobre rejaillit sur l'ensemble des Juifs.

ALEXANDRE DEL VALLE est politologue et essayiste. Il vient de publier avec Leslie Shaw *L'islamisme à la conquête des entreprises. Stratégies, réseaux, connivences* chez David Reinharc Éditions, et avec Jacques Soppelsa *La mondialisation dangereuse. Vers le déclassement de l'Occident* aux éditions de l'Artilleur.

UN PÉCHÉ ORIGINEL
MICHEL GURFINKIEL

Sarah Halimi a été assassinée le 4 avril 2017, entre les deux tours de la première présidentielle gagnée par Emmanuel Macron. Rétrospectivement, ce meurtre – ou plutôt les circonstances dans lesquelles il a été perpétré, le silence qui l'a entouré dans un premier temps, l'obstination avec laquelle, semble-t-il, certains ont voulu différer ou empêcher un procès public – a acquis la densité d'un *péché originel*, d'une faute qui peu à peu mine toutes les institutions. On saura un jour pourquoi, par quels enchaînements, par quelle accumulation d'erreurs ou mauvais calculs, on en est arrivé là. Mais redoutons que ce jour ne vienne trop tard.

Ce qui est compromis, à travers cette affaire, c'est en effet le contrat tacite qui préexiste à tous les contrats sociaux et les rend possibles : l'engagement de préserver et de protéger toutes les vies individuelles ; ou, du moins, de venger celles qui n'ont pu l'être. Tant que l'État assure la sûreté des personnes ou, à défaut, poursuit agresseurs et assassins à travers les procédures et les rituels de la justice, il existe. Quand il ne le fait pas, il n'existe plus.

D'abord dissimulé, occulté, le meurtre de Sarah Halimi a finalement été révélé à la France entière. Les médias ont fait leur devoir à cet égard, les intellectuels aussi.

Chose rare, des foules énormes ont manifesté pour que justice soit faite. Le président Macron a exprimé, avec force, le même souhait. Mais certains, pour quelles motivations ou à la suite de quelles suggestions, se sont obstinés dans le déni. Tel magistrat ne voulant pas admettre le caractère antisémite – donc aggravant au regard de la loi – de l'assassinat. Tel expert se refusant à tenir le meurtrier pour mentalement responsable de ses actes. Telles cours enfin, y compris la plus auguste, verrouillant hermétiquement l'affaire.

Certes, il y a une séparation des pouvoirs, une indépendance du troisième face aux deux premiers et au quatrième. Mais il y a aussi le sang des victimes. Plus il crie, plus la notion même de pouvoir légitime s'affaiblit. Inexorablement.

MICHEL GURFINKIEL est un journaliste et essayiste franco-américain. Il est le président de l'Institut Jean-Jacques Rousseau. Il a notamment publié *Le roman d'Israël* en 2008 et *On ne vit que deux fois* en 2014, tous deux aux éditions du Rocher.

DEPUIS CARPENTRAS, LA SOLIDARITÉ EST PARTIE FAIRE UN TOUR AILLEURS

MARC GAD DRILLECH

13 mai 1990. Une date à retenir, disait-on alors. Une date historique qui devait rester dans la mémoire collective. Des centaines de milliers de Français, de toutes religions et de toutes opinions, manifestaient contre l'antisémitisme et la profanation d'un corps exhumé dans le cimetière de Carpentras.

Depuis, on a tiré le rideau. Trop à faire avec les corridas, les abattoirs et les effets désastreux du dérèglement climatique, alors un crime en plus...

Et nous nous retrouvons bien seuls, comme l'histoire nous a habitués à l'être.

À partir de quand avons-nous perdu la tête?

Quand ceux qui se mobilisaient contre l'antisémitisme ont-ils décidé que d'autres priorités primaient?

Comment oublier ces attentats, ces meurtres, ces violences, et continuer de parler d'éducation, de formation, d'un futur qui nous réunit au-delà de nos appartenances?

En tuant des gens parce qu'ils sont juifs, on a fait grandir en nous une haine qui nous fait devenir ce que nous n'aurions jamais voulu être. Je continuerai à combattre cette haine, mais je ne cultiverai pas un simulacre de pardon.

MARC GAD DRILLECH, dirigeant du Dror dans sa jeunesse, ancien dirigeant de Publicis, est le directeur général de Ionis Education Group, premier groupe de l'enseignement supérieur privé en France.

ALYA POST-MORTEM

DEBBORAH ABITBOL

Les publications successives du *Nouvel Antisémitisme en France* (Albin Michel, 2018) et de *L'Affaire Sarah Halimi ou l'éradication du Sujet* (David Reinharc Éditions, 2022) auraient dû alerter les consciences sur la banalisation d'actes antisémites témoignant d'une haine obsessionnelle au sein d'une société française tétanisée et, par-dessus tout, désireuse de préserver le sacro-saint politiquement correct. D'où l'urgence d'une nouvelle réflexion. Cette haine dont témoigne la prétendue folie du tueur de Sarah Halimi ne trouve visiblement plus de qualification juridique adaptée, ce qui conduit nos tribunaux à des aberrations juridiques.

Aussi, vouloir expliquer le non-sens de cette décision de la Cour de cassation ayant acté l'absence totale de responsabilité pénale de l'assassin du docteur Sarah Halimi me paraît relever d'une gageure, car comment qualifier l'inqualifiable?

Ilan Halimi inhumé en Israël

Il est des prises de conscience qui prennent soudain la force de l'évidence. Depuis toujours, les Juifs français ont exprimé leur gratitude envers la France. Mais quel que soit cet attachement, force est de constater que l'insécurité concerne désormais toutes les franges de la communauté juive.

Que les meurtres antisémites soient de plus en plus barbares, la mère de Ilan Halimi en avait pris conscience. Elle avait anticipé le fait que, même après la mort de son fils, la haine serait toujours aussi vive. Craignant que sa tombe soit profanée, elle décida de le faire inhumer en Israël.

Nous sommes donc confrontés à un dilemme entre la volonté de lutter pour éradiquer l'antisémitisme en France et le sentiment que cela pourrait constituer une illusion fatale et que même les morts ne seront pas tranquilles.

Même les morts ne seront pas tranquilles

Cette vague d'antisémitisme ne peut que renforcer la croyance de la communauté juive en l'idée que la terre de leurs ancêtres est finalement la seule à être en mesure de protéger non seulement leur identité en tant que juif, mais aussi, plus tristement, le droit des morts à reposer en paix.

Ces dernières années, la majorité des victimes, quel que soit leur lien à la terre d'Israël, ont été enterrées en Israël, comme s'il s'agissait d'un retour aux sources.

Les familles des défunts dont les morts reposent en paix en Israël participent ainsi à une sorte d'Alya *post-mortem*.

Une réflexion s'impose : devons-nous accepter de vivre dans une insécurité croissante, alors que nombre des nôtres sont déjà convaincus que la pérennité de leur existence ne se joue plus en diaspora? L'Alya devra reprendre sa place si nous voulons nous préserver. Il en va de notre droit vital à la sécurité et à l'identité.

Docteur en Droit, **DEBBORAH ABITBOL** est avocate et experte en droit international. Elle est membre des barreaux de Paris et Jérusalem.

LE NOUVEL ANTISÉMITISME FAIT LE CRIME

FABRICE D'ALMEIDA

Il fut un temps où être antisémite était à la mode. À la fin du XIXe siècle, la haine des Juifs était même justifiée par la théorie de la lutte des races. L'affaire Dreyfus a illustré cette pensée délétère. Un accusé innocent dans les faits, mais jugé coupable par les nationalistes français à cause de sa naissance. Encore dans les années 1930, l'antisémitisme fascine. Des écrivains comme Céline s'en réclament. Des auteurs tels le vieux Charles Maurras ou le jeune Robert Brasillach y puisent une part de leur inspiration. Et quand on interdit en 1939, enfin, les articles de presse contre les Juifs, Brasillach ruse encore en faisant un éditorial sur l'omniprésence des «singes» et la nécessité d'un «antisémiétisme» pour s'en débarrasser. Ce trait de plume faisait rire dans la bonne société.

Hitler « déshonore » l'antisémitisme

La Seconde Guerre mondiale change tout. L'antisémitisme, déjà virulent en Allemagne, atteint des sommets en Europe. Le nazisme impose la politique d'extermination avec des soutiens locaux dans les différents pays. Le bilan du génocide est terrible. Six millions de morts. Assassinés simplement parce qu'ils étaient inscrits sur les listes de communautés religieuses. Parce qu'ils existaient. Le crime contre l'humanité, ce crime sans nom pour lequel le juriste Raphael Lemkin crée, en 1943, le mot *génocide*, est d'autant plus terrible qu'il donne lieu à la création de camps spécifiquement destinés à l'extermination. Toute une chaîne logistique conduit les Juifs d'Europe de leur domicile jusqu'à la chambre à gaz où ils sont tués, avant que leur corps ne soit incinéré dans un four crématoire. Les cendres sont ensuite dispersées dans la nature. Outre les Juifs, Tziganes et Slaves sont aussi l'objet de tueries systématiques.

Ces actes monstrueux, voulus par Hitler, condamnent durablement l'antisémitisme. La haine des Juifs est désormais considérée comme le premier pas vers le massacre universel. En ce sens, le mot de Georges Bernanos selon qui «Hitler a déshonoré l'antisémitisme» n'est pas seulement ironique.

La judéophobie galopante

Après 1945, progressivement, le monde voit revenir ce discours contre les Juifs sous des formes discrètes, d'abord, puis explicites. L'antisionisme des pays arabes et musulmans en pousse une majorité à rejeter puis détruire les communautés juives qui s'y trouvent : en Algérie, en Syrie, au Liban, en Égypte, en Irak, en Iran… Même dans le monde occidental, la critique d'Israël et de ses habitants retient souvent de façon maladive des commentateurs extrémistes. Cette judéophobie travaille malheureusement la société française. Un nouvel antisémitisme s'affirme, qui justifie l'assassinat des enfants de l'école Ozar Hatorah ou le meurtre de Sarah Halimi. Il est même accentué par la pandémie de Covid. Cette dynamique honteuse doit être brisée. Faute de quoi on pleurera bientôt d'autres massacres des innocents.

FABRICE D'ALMEIDA est professeur d'histoire contemporaine
et vice-président de l'Université Paris Panthéon-Assas.
Il a publié en 2022 *Histoire mondiale des riches* aux éditions Plon.

ACTUALITÉ DES QUATRE EMPIRES

ANTOINE MERCIER

Le Maharal de Prague a développé une conception de l'histoire de l'humanité qui place Israël devant une succession de quatre empires : la Babylonie, la Perse, la Grèce et Rome.

Le rav Raphaël Sadin a attribué à chacun de ces empires une forme spécifique d'antisémitisme. Quatre grands types de rejet d'Israël sont ainsi identifiés. Ils se combinent à chaque époque pour donner une couleur particulière à l'antisémitisme du moment.

Allergie grecque et croyance perse

Le premier des empires, celui de Babylone, rejette le Juif comme un élément structurellement inassimilable. C'est l'antisémitisme classique de l'extrême droite : «Jamais un Juif ne pourra comprendre un vers de Racine.»

Le deuxième empire, la Perse, se sent existentiellement menacé par le fait juif, qu'elle perçoit comme un ennemi à éliminer physiquement. Il fut dominant dans le nazisme : «*Die Juden sind unser Unglück.*»

Le troisième empire, la Grèce, voit dans la conception juive du monde une atteinte à l'universalité de la pensée rationnelle. Il cherche à effacer la spécificité juive au nom d'un universalisme conceptuel : «Il n'y a plus ni Juifs ni Grecs.»

Rome, enfin, le quatrième empire, représenté dans la vision de Daniel par la quatrième bête aux dents de fer qui broie et écrase toute opposition, n'a de cesse d'araser toute transcendance afin de livrer le monde à l'uniformité de l'immanence sous l'emprise du marché et du droit.

L'antisémitisme que nous connaissons aujourd'hui en France est un mix de ces quatre formes principielles, avec toutefois une nette dominante gréco-perse.

Une double offensive

L'antisémitisme caractéristique du premier empire, raciste et xénophobe, a tendance à s'estomper (sans toutefois disparaître complètement) pour laisser place à une alliance - *a priori* contre-nature - entre l'allergie intellectuelle grecque à la spécificité d'Israël et la croyance perse à l'irrémédiable nocivité de la nation juive. Ces deux mouvances idéologiques, malgré leurs différences originelles, conjoignent aujourd'hui leurs forces pour tenter de délégitimer Israël. Elles ont en commun de revendiquer un droit à la substitution.

Le gauchisme antisioniste d'origine grecque, revivifié par le christianisme, professe qu'Israël a perverti l'idée juive de la morale universelle et se comporte, en tant qu'État, à la manière de ses anciens persécuteurs. Par un incroyable renversement, l'hostilité à Israël devient «morale».

De son côté, l'antisionisme perse dans sa variante islamique soutient que les Juifs ont détourné à leur profit la révélation faite à Moïse/Moussa et que les «faussaires» installés sur une terre d'Islam doivent en être chassés.

Cette double offensive a pour toile de fond le dernier avatar du quatrième empire, lancé dans une entreprise de déconstruction généralisée. Le capitalisme occidental prône ainsi la disparition de toutes les frontières (nationales, de genres, d'espèces…), afin de répandre un consumérisme uniformisé. Israël apparaît alors comme une source de conflit, un grain de sable dans la mondialisation.

Les violences que cette nouvelle configuration pourrait générer risquent de n'avoir rien à envier à celles dont le peuple juif fut victime tout au long de son histoire.

Sauf que, cette fois, Israël est souverain.

ANTOINE MERCIER est journaliste et essayiste. Il a publié en 2022 aux éditions du Cerf, avec Raphaël Sadin, *L'antisémitisme ou le dragon à quatre têtes*.

DIX, CENT, MILLE MAUTHAUSEN!

MYRIAM ANISSIMOV

Lorsqu'une équipe israélienne vint disputer un match de basket à Varese, les spectateurs réunis dans le gymnase se levèrent et scandèrent : *Dix, cent, mille Mauthausen!* La Fédération des jeunes Juifs italiens organisa un congrès national où furent invités Umberto Terracini, Primo Levi et un groupe d'ex-déportés, dont la romancière Edith Bruck, auteure du *Pain perdu*. Levi déclara : «Souhaiter, comme cela a été fait à Varese, "dix, cent, mille Mauthausen" aux athlètes israéliens, atteste en soi un fait consolant : le néonazisme ou le néo-antisémitisme, pour des raisons difficiles à élucider, semble enclin à trouver de nouvelles recrues parmi les imbéciles.»

Le néo-antisémitisme semble enclin à trouver de nouvelles recrues parmi les imbéciles.

Vision prophétique de Primo Levi

Vision prophétique! Depuis 1984, le nombre des «imbéciles» a connu une croissance exponentielle. En 2006, Ilan Halimi fut torturé à mort par des voyous qui se disaient «barbares». En 2012, trois enfants juifs furent abattus à bout portant avec leur professeur dans la cour de l'école

Ozar Hatorah de Toulouse. Partout en France, les enfants juifs furent humiliés, battus dans les écoles de la République. Il n'y a presque plus d'enfants juifs scolarisés dans les écoles de la «patrie des Droits de l'homme». En 2014, un couple fut sauvagement agressé à Créteil, et la jeune femme violée. En 2015, les journalistes de *Charlie Hebdo* furent assassinés dans leurs bureaux. Porte de Vincennes, les employés et les clients furent pris en otage dans le supermarché Hypercacher.

> Il n'est plus irraisonnable d'imaginer une France et une Europe sans Juifs.

Mireille Knoll, survivante du Vel' d'Hiv', assassinée

Comment s'étonner que Sarah Halimi fut torturée et défenestrée par son voisin qui, en la défigurant, hurlait *Allah akbar*? Comment s'étonner que, en 2018, Mireille Knoll, survivante de la rafle du Vel' d'Hiv', fut assassinée et brûlée? Qu'aurait pensé Primo Levi du nouvel antisémitisme qui se répand en France, en Europe et aux États-Unis? Est-il déraisonnable d'imaginer, dans un avenir pas si lointain, une France et une Europe sans Juifs?

MYRIAM ANISSIMOV, journaliste et écrivain, est l'auteur de biographies de référence (Primo Levi, Romain Gary, Vassili Grossman et Daniel Barenboïm) et de plusieurs récits autobiographiques.

CEUX QUI ONT ASSASSINÉ LES MIENS
SAMUEL SANDLER

Limoges, 1942. La petite fille que j'étais avait huit ans et n'avait pas de la vie une idée très rose. Elle aimait lire et achetait, dans une librairie voisine, un journal pour enfants qui s'intitulait Les Belles Aventures. *Elle dévorait celle des «trois mousquetaires», les palpitantes aventures de ces cadets de Gascogne. Mais nous... Et c'est là, dans la rue, ce magazine à la main, et en pensant, sans doute, à des nouvelles – peut-être d'arrestations, avec ce mot étrange, «rafles» – qu'elle venait d'entendre à la maison, qu'elle se dit : «Tout ça n'arriverait pas si on avait un pays à nous.»*
– Léa Marcou, née Sandler

Née à Mannheim dans le Bade-Wurtemberg, ma sœur Léa, avec nos parents, avait fui en 1937 l'Allemagne nazie pour la France, d'abord au Havre, puis à Limoges en zone libre. En cette année 1942, où elle rêvait d'«un pays à nous», elle ne savait pas encore que, quelque temps plus tard, en mars 1943, la police du Havre, sur ordre des nazis, arrêterait notre grand-mère Pauline, notre oncle André, notre tante Mina, et notre cousin Jeannot sur les bancs de sa classe. Ils furent déportés et assassinés.

Elle ne pouvait pas savoir non plus que, soixante-dix ans plus tard, à Toulouse, devant l'école Ozar Hatorah, son neveu Jonathan et ses deux fils seraient assassinés par un islamiste qui voulait «venger la mort des enfants palestiniens». Elle ne savait pas qu'un autre islamiste, après avoir assassiné la policière Clarissa Jean-Philippe à Montrouge, avait l'intention de s'en prendre à une école juive, celle où les enfants de notre fille Jennifer étaient scolarisés.

> En juillet 2022, des députés français de la Nupes s'associent en écho subliminal à ceux qui ont assassiné les miens.

La même haine antisémite, nazie ou islamiste, a décimé notre famille. *Tout cela ne serait pas arrivé si on avait «un pays à nous».* Depuis 1948, nous avons «notre pays à nous» et, au premier jour de sa retraite en 1991, ma sœur s'installa à Jérusalem. Mon fils Jonathan la rejoignit, jeune étudiant. Il y rencontra sa future épouse, Eva. Après une dizaine d'années d'études en théologie à Jérusalem, Jonathan a souhaité rendre, à Ozar Hatorah et à Toulouse, ce que ceux-ci lui avaient donné jeune lycéen.

En cet été 2022, plusieurs députés de la Nupes ont signé une proposition de résolution visant à faire condamner l'État hébreu par la France pour «apartheid». Ainsi, en ce mois de juillet 2022, des députés français s'associent en écho subliminal à ceux qui ont assassiné les miens.

Comment ne pas se souvenir des écrits prémonitoires de Jean-Christophe Rufin en 2004, dans son rapport adressé au ministre de l'Intérieur : «Ce qu'il s'agit de sanctionner, c'est le retournement pervers et diffamatoire du racisme contre ceux-là même qui en ont été victimes à un degré inégalé. Les accusations de racisme, d'apartheid, de nazisme portent des implications morales extrêmement graves. Elles ont, dans la situation où nous nous trouvons aujourd'hui, des conséquences majeures qui peuvent, par contagion, mettre en danger la vie de nos concitoyens juifs.»

SAMUEL SANDLER est ingénieur aéronautique à la retraite et ancien président du Consistoire de Versailles. Il est le père de Jonathan Sandler et grand-père de Gabriel et Arié Sandler, assassinés avec Myriam Monsonégo par un terroriste islamiste le 19 mars 2012.

TOUS LES FLAMBEAUX DE LA HAINE

ISABELLE KERSIMON

Le doux visage de Madame Halimi s'est inscrit ce jour-là en nos souvenirs, au côté de tous ceux que les assassins nourris à la haine des Juifs ont soustraits au monde des vivants.

« Plus jamais ça » ?

Il y eut les vexations, les humiliations, les discriminations, les persécutions, les expulsions et les pogroms millénaires, en Europe occidentale, à l'Est, au Maghreb et au Machrek, orchestrés par les pouvoirs, exécutés par leurs sbires, perpétrés par des populaces nourries du fiel de la superstition, des préjugés et des rumeurs, de l'ignorance et de la peur, les évictions, les épurations, les massacres de masse, la tentative de l'extermination dans l'horreur mécanique de la Shoah, les crimes d'État soviétiques. Il y eut les écrits antijuifs de Drumont, Maurras, Céline, ceux des négationnistes Bardèche, Rassinier, Faurisson... dont le fantasme d'éradiquer jusqu'à la mémoire des victimes compte d'actifs héritiers. Leurs mots s'exportèrent sur le continent américain et dans les pays arabes avec les nazis en fuite, avec *Mein Kampf*, le faux des *Protocoles des Sages de Sion*, le faux Talmud de Pranaitis. Puis avec Internet.

Toujours ces mots, préludes aux actes

Il y eut le primo-terrorisme palestinien, les bombes à Munich, à Orly, rue Copernic, rue des Rosiers, et l'avènement de l'antisionisme éradicateur prisé tant des leaders de l'extrême droite que des révolutionnaires d'ultra-gauche. Il y eut, assourdies autant qu'incessantes, des agressions, des tentatives de meurtre, des profanations. Il y eut la montée en puissance de Soral et Dieudonné, répandant durablement, auprès de publics très hétéroclites, des discours construits comme de puissants leviers pour un antisémitisme obsessionnel et protéiforme. Toujours ces mots, préludes aux actes.

> Soral et Dieudonné ont répandu durablement un antisémitisme obsessionnel et protéiforme.

« Fou » *et* antisémite

Il y eut, depuis 2003, les crimes perpétrés au nom de l'islam. Sébastien Selam, mutilé et assassiné par son meilleur ami, persuadé de gagner le paradis s'il tuait un Juif. Ilan Halimi, kidnappé et supplicié par un gang dont le chef se revendiqua plus tard d'Al-Qaïda. L'assassin de Sébastien, comme le meurtrier de Sarah Halimi, ne fut pas jugé, car diagnostiqué irresponsable au moment des faits. Il n'est pourtant pas impossible d'être «fou» ou «crapuleux» *et* antisémite. Il fallut expliquer longtemps que les tortionnaires de Ilan n'étaient pas de simples délinquants, que leur motivation relevait d'un préjugé antijuif et que c'était un Juif qu'ils avaient ciblé pour cette raison. En 2012, il fallut longtemps expliquer que le tueur de l'école Ozar Hatorah de Toulouse n'était pas un «loup solitaire» atteint d'une démence hasardeuse, mais un terroriste djihadiste aguerri abreuvé de haine antisémite par des prédicateurs millénaristes. J'alertais depuis toutes ces années sur l'antisémitisme furieux, teinté d'eschatologie et mêlé d'antisionisme éradicateur, des tenants de l'islamisme radical comme de ceux de l'islam politique, dont j'analysai dans mon premier essai les ressorts de la propagande[100].

Des silences assourdissants furent déflagrés en 2015 par les attentats de janvier qui visèrent l'équipe de *Charlie Hebdo* pour «venger le Prophète» et des Juifs faisant leurs courses à l'Hypercacher de Vincennes parce qu'ils étaient juifs.

L'antisémitisme furieux, teinté d'eschatologie et mêlé d'antisionisme éradicateur, des tenants de l'islamisme radical.

Antisémitisme d'extrême droite

Les assassins se revendiquant de l'islam, affiliés à Al-Qaïda ou Daech, ne doivent cependant pas nous faire oublier l'antisémitisme de l'extrême droite, extrêmement virulent aujourd'hui – songeons aux crimes antijuifs de Halle, Pittsburgh, Poway, et à l'ignominie du carnaval d'Alost[101].

100– *Islamophobie, la contre-enquête*, éd. Plein Jour, 2014, présente l'histoire détaillée de la notion d'islamophobie, analyse ses usages contemporains ainsi que les narratifs de sa militance, et décrypte les discours et statistiques du (feu) CCIF.

101– Au carnaval traditionnel d'Alost, en Belgique, défilèrent des personnages portant costumes religieux juifs, représentés en insectes nuisibles pour amuser les foules.

Ils ne doivent pas nous faire oublier que le Rassemblement national (ex-Front national) fut fondé par des antisémites radicaux et que certains leaders et militants d'extrême droite, de nos jours, chérissent plus ou moins secrètement le flambeau de la haine antijuive.

N'oublions pas non plus que le Front national fut fondé par des antisémites radicaux.

Au nom de Sarah Halimi, au nom de Mireille Knoll, au nom de toutes les Juives et de tous les Juifs victimes de l'antisémitisme, n'oublions rien.

ISABELLE KERSIMON est journaliste. Elle a publié en 2014 chez Plein Jour, *Islamophobie. La contre-enquête*, et en 2023, aux éditions Rue de Seine, *Les mots de la haine. Glossaire des mots de l'extrême droite*.

Voir I. Kersimon, J.-Y. Pranchère *et al.* : «Au carnaval d'Alost, l'antisémitisme en fête», *Libération*, 25 février 2020.

TÉMOIGNER
PATRICK HADDAD

Quand je regarde les photos de Sarah Halimi, je vois, sans pourtant la connaître, un visage familier. Je crois discerner une de ces femmes que je croise, quotidiennement et depuis toujours, dans ma ville, à Sarcelles. Une de ces personnes qui respirent l'altruisme et l'humilité, qui inspirent le respect et la bienveillance. Elles peuvent être enseignantes, soignantes, travailleuses sociales, travailleuses tout court, souvent mères ou grands-mères. Leur faire du mal est la dernière des choses qui viendrait à l'esprit de tout être empreint d'un minimum d'humanité. Et pourtant...

Nul besoin d'être engagé dans la vie publique pour ressentir toute la colère et la tristesse que suscite ce meurtre. Mais quand on exerce des responsabilités politiques, on a un devoir supplémentaire, celui d'utiliser son pouvoir pour que toutes les Sarah Halimi encore de ce monde puissent vivre en paix. Chacun seul peut difficilement y arriver. Mais un ouvrage comme celui-ci, par sa force collective, donne un peu d'espoir.

L'assassin n'a pas été jugé car considéré irresponsable pénalement. C'est révoltant, mais conforme à l'état actuel du droit français. En revanche, les motivations antisémites ont été reconnues par la justice. Il le fallait. Cela signifie que, même si le tueur a agi seul, ses motivations ne sont pas isolées. Car on ne devient pas raciste ou antisémite en solitaire, mais dans un contexte, un environnement, une culture. Autant d'éléments sur lesquels il faut agir, fermement, urgemment.

> On ne devient pas antisémite en solitaire, mais dans un contexte, un environnement, une culture.

Si l'affaire Sarah Halimi a révélé des failles dans les interventions de la police et suscité un questionnement profond sur la notion d'irresponsabilité pénale, on aurait tort de résumer la vie d'une personne et l'héritage qu'elle nous laisse à ce débat. Chérir la vie, c'est aimer les personnes, les connaître, les comprendre, apprendre d'elles. Cela rend d'autant plus précieux les témoignages sur Sarah Halimi, qui permettront de faire perdurer longtemps sa mémoire, pour combattre les racines du mal et transmettre le bien.

PATRICK HADDAD est le maire de Sarcelles.

LA CULTURE NOUS RENDRA JUSTICE

FRANK TAPIRO

Pourquoi cette gêne quand il s'agit de la mort d'un Juif?

Comme si les six millions de morts de la Shoah avaient rendue irrationnelle la notion de nombre, banalisant ainsi la mort d'un seul d'entre eux. Un plus un, plus un, plus une. Sur l'échelle de l'horreur, un mort juif n'a pas la même valeur qu'un autre. Macabre constat qui ne fait que s'ajouter aux réactions gênées de l'opinion publique, médiatique et politique dès qu'un attentat terroriste fait une nouvelle victime juive. «Cet attentat odieux voulait frapper les Israélites qui se rendaient à la synagogue et a frappé des Français innocents qui traversaient la rue Copernic», déclarait Raymond Barre le 3 octobre 1980, inaugurant ainsi sa nouvelle fonction de Premier sinistre.

Les terroristes se transforment en «loups solitaires» dès qu'ils commettent des «actes de folie» sur des Juifs. Depuis le Vel' d'Hiv', l'antisémitisme français, jadis cultuel, culturel et intellectuel, est devenu meurtrier. Cinquante années de déni jusqu'au discours de Jacques Chirac en 1995 ont plongé les Français juifs dans une peur permanente. À cela s'ajoute l'importation du conflit entre Israéliens et Palestiniens, instrumentalisé par des politiciens ayant trouvé un bon moyen de recruter dans les quartiers populaires en désignant les Juifs comme les coupables de leur condition sociale. Pendant ce temps, la nouvelle vague d'antisémitisme initiée en 2000 continue et les victimes juives s'accumulent. Un plus un, plus un, plus une. Sarah Halimi était l'une d'elles. Victime sans procès, sans jugement, sans coupable. Crime sans reconstitution, sans instruction. Pas de révision possible. Sidération. Prise d'une bouffée délirante aiguë, la justice nous livre son plus beau non-lieu, une décision inconsciente et stupéfiante qui rend cette mort banale, normale. Nous ne pouvons pas en rester là. Si la reconstitution n'a pas pu avoir lieu sur les lieux du crime, elle pourra un jour se produire sur une scène de théâtre, pour offrir aux Français et à la famille de Sarah un dernier acte de résistance face à la barbarie. La culture nous sauvera toujours. Demain, elle nous rendra justice.

FRANK TAPIRO est publicitaire. Il fut le co-organisateur du rassemblement pour Sarah Halimi du 25 avril 2021.

L'URGENCE D'AGIR

MARIO STASI

Dans les années 1930, la Ligue internationale contre l'antisémitisme (Lica, ancêtre de la Licra) ne cessait d'alerter l'opinion sur l'emprise du phénomène sur la société française. La propagande nazie rencontrait alors de vieux préjugés qui avaient cours sur le territoire national et dans les colonies. L'association collectait les plaintes dues à des injures prononcées dans des lieux publics, des violences, des comportements discriminatoires, des propos haineux disséminés dans la presse ou tenus dans les réunions publiques. La Lica était saisie du déni de citoyenneté dont étaient victimes des Français ou des étrangers, dont le seul tort était d'être nés juifs. Ses militants recueillaient des témoignages terribles, la parole meurtrie de proscrits qui fuyaient la persécution en vigueur dans l'Allemagne nazie ou dans les États d'Europe centrale et orientale.

Une récurrence mortifère

Certains percevaient ce fléau comme un ensemble de faits divers, isolés et finalement anecdotiques, tandis que nos aînés en avaient saisi la récurrence mortifère, comprenant que cette réalité n'avait rien d'un épiphénomène.

Aujourd'hui comme hier, la gravité des faits, leur récurrence, commande de condamner toute forme de dilettantisme. Une attitude militante permet de saisir au plus près cette haine qui humilie, meurtrit ou assassine. Elle permet de triompher des ambiguïtés, de nommer les faits, de les inscrire dans une généalogie, d'en comprendre la nature et les dynamiques.

Le militant sait que la lutte dans ce domaine ne peut souffrir d'interruptions, de discontinuités, d'amateurisme ou de négligence. Il sait que l'une des ruses de l'antisémitisme consiste précisément à faire oublier sa singularité, sa destructivité intrinsèque et son action souterraine.

L'oubli est, en la matière, l'une de ces ruses qui conduisent les citoyens à perdre le sens et la mesure, à ne plus discerner la gravité de la situation et l'urgence d'agir. Or il faut agir. Agir pour mener un combat résolu et sans faiblesse contre tous ceux qui ont intérêt à ce que la mémoire des victimes, celle de Sarah Halimi et des autres, qui ont eu à souffrir dans leur chair de la plus vieille haine du monde, se noie dans les méandres du confusionnisme, du relativisme et de la négation.

Une routine destructrice des liens sociaux

La République ne doit jamais être spectatrice. La question antijuive n'est pas l'affaire des seuls Juifs ou des seuls militants. Elle n'existe pas le temps d'un «fait divers» ou l'espace d'un discours officiel qui fait entendre l'indignation et la condamnation. Elle ne vit pas qu'à travers la mémoire des drames passés ou le temps d'une commémoration. Elle doit au contraire être un impératif moral, une préoccupation constante mobilisant les institutions et l'ensemble de la société civile.

La République ne doit jamais être spectatrice.

La Licra continuera à alerter la société civile comme les responsables politiques, pour que chacun prenne la mesure du danger. Pour que chacun refuse, en son for intérieur comme dans l'action collective, que cette haine s'installe sous la forme d'une routine destructrice des liens sociaux, de nos valeurs et de notre commune aspiration à la justice.

MARIO STASI est avocat. Il est le président de la Licra (Ligue internationale contre le racisme et l'antisémitisme).

IX

RENDRE JUSTICE

RENDRE JUSTICE

MANUEL VALLS

Nous assistons à ce spectacle infâme, des hommes perdus de dettes et de crimes dont on proclame l'innocence, tandis qu'on frappe l'honneur même, un homme à la vie sans tache! Quand une société en est là, elle tombe en décomposition. – Émile Zola, *J'accuse*, 1898

Rendre justice, voilà ce qui devrait nous guider depuis l'aube du 4 avril 2017.

Rendre justice à une femme à laquelle les pires tortures ont été infligées, et dont le sommeil pour l'éternité a été précipité.

Rendre justice à une famille contrainte d'accepter l'inacceptable.

Rendre justice à une communauté endeuillée, celle de mes compatriotes juifs, une fois de plus, une fois de trop, dont le seul crime historique est d'exister, de traverser les âges en gardant son âme vivante et resplendissante.

Rendre justice et réveiller une société à la dérive, travaillée sans cesse par ses plus vieux démons.

L'affaire Sarah Halimi, récit du crime d'un fou sous emprise du cannabis, sur fond d'antisémitisme. C'est du moins ce qu'il se répète, lorsque l'on cherche à lui donner un sens. Moi, je n'y vois qu'un crime antisémite dans son habit le plus simple, le plus effrayant, sans aucun effort de dissimulation.

Un islamisme lancinant, dont la matrice est la haine des Juifs

C'est l'affaire d'une sexagénaire vivant dans le XIe arrondissement de la capitale et craignant pour sa sécurité depuis qu'elle fut la cible de propos antisémites. Rien d'extraordinaire, me direz-vous! Combien d'histoires semblables sont-elles parvenues à nos oreilles? En toile de fond de cette affaire, un islamisme lancinant dont la matrice est la haine des Juifs et de la France, progressant depuis trop longtemps et mettant à la porte des familles entières, contraintes de quitter leur maison, leur quartier, leur ville et parfois leur pays de toujours, pour retrouver tranquillité et sécurité.

Mais cette fois, l'histoire ne s'arrête pas là et ne cessera jamais de nous hanter.

Rouée de coups, défenestrée après de longues minutes de souffrance, celui qui infligera ces sévices à Sarah Halimi sera jugé irresponsable pénalement pour abolition du discernement après la prise volontaire de stupéfiants.

C'est là que le bât blesse. Comment s'étonner d'une absence totale de discernement lorsque le mobile antisémite du crime est reconnu? Sartre s'emploierait davantage à dénoncer cette «passion», visage de la haine de l'altérité au cœur de l'identité personnelle, du «malaise du semblable vis-à-vis du presque semblable». Je serais donc surpris d'apprendre que l'expression de la haine des Juifs, doublée d'un acte de violence extrême ayant conduit à la mort, serait une affaire d'homme responsable. Ce serait alors considérer l'antisémitisme comme une opinion valable, la violence et la prise de substances illicites comme un simple travers, et la mort d'une femme française et juive comme un fait divers éloigné de nos propres considérations. C'est pourtant exactement ce que la justice a déterminé, en excusant le meurtre par une privation momentanée du libre arbitre de l'accusé.

L'antisémitisme est un choix

Le bourreau serait donc aussi la victime. Je crains à mon tour que cette conclusion manque de discernement. Ou peut-on alors, en France, se prévaloir de sa propre faute?

L'antisémitisme est un choix. Il est à la lâcheté morale ce que la prison devrait être aux criminels. En chercher les causes reviendrait à ne pas croire au libre arbitre dans son entièreté, dont l'abolition constitue vraisemblablement un laissez-passer pour commettre des délits. Haïr ou aimer? Céder au fanatisme ou cultiver la tolérance? S'octroyer le droit de vie ou de mort sur autrui, ou respecter à chaque instant l'autre comme si sa propre vie en dépendait? Vivre en société nous soumet à ces questionnements. Seules l'humanité, la conscience et la morale guident nos décisions. Dans un pays qui se perd dans la haine de l'autre, chacun est responsable du visage qu'il veut lui donner, du message qu'il veut transmettre aux générations futures.

> L'antisionisme ou le prétexte inespéré d'avoir le droit, et même le devoir, de haïr Israël impunément, des bancs de l'Assemblée nationale jusqu'aux cris de *Mort aux Juifs*.

Comment accepter en France, terre d'émancipation des Juifs il y a deux siècles, mais aussi l'une des terres de son martyre, que des citoyens soient assassinés parce qu'ils sont juifs? Ayons le courage de poser le vrai diagnostic. Celui d'un antisémitisme historique qui se nourrit de nouvelles théories complotistes ou de l'islam radical, et dont le nouveau visage puise ses forces dans la détestation de l'État d'Israël. La réincarnation de la haine des Juifs dans l'antisionisme en est le camouflage le plus dangereux. Le prétexte inespéré d'avoir le droit, et même le devoir, de haïr Israël impunément, des bancs de l'Assemblée nationale jusqu'aux rues de Paris où résonnent encore les hurlements écœurants de manifestants à coups de *Mort aux Juifs*. L'Histoire n'est bonne à comprendre que lorsque nous en tirons les conséquences nécessaires. Combien avons-nous été à alerter sur les dangers de cette vieille passion mortifère et ce, dans un silence assourdissant?

Rien n'a été épargné aux Juifs de France

Rien n'a été épargné aux Juifs de France. Peut-être en sommes-nous tous responsables.

Et si, par hasard, les humiliations répétées, les persécutions historiques, les accusations injustes et les assassinats résultaient de notre silence, notre conscience serait marquée par la honte, salie du plus misérable déshonneur. Fermer les yeux et ne pas se faire garant de la place de chacun dans notre pays nous rend complices et conduit à rejeter ce que nous sommes : une terre de valeurs universelles, une terre républicaine, une terre laïque, une terre d'accueil à d'autres confessions, une terre dont les racines chrétiennes sont profondes et dont le destin est inexorablement lié au judaïsme et aux Juifs de France. Un jour comprendrons-nous peut-être qu'il faut lutter pour les Juifs ni plus ni moins que pour nous-mêmes.

> Ce que nous sommes : une terre de valeurs universelles, républicaine, laïque, d'accueil, une terre dont les racines chrétiennes sont profondes et dont le destin est inexorablement lié aux Juifs de France.

Que ces mots soient inscrits en signe de profond respect pour Sarah Halimi, tragiquement entrée dans l'histoire, et pour sa famille dont la douleur ne saurait trouver réparation sans que justice ne soit rendue.

Chaque blessure marquée du sceau de la haine des Juifs sous toutes ses formes est ma blessure. Chaque larme que cette haine fait couler est ma douleur.

Juives et Juifs de France, les étapes de mon parcours politique m'ont amené à comprendre vos souffrances, à partager vos difficultés à exercer votre culte et à affirmer votre identité. Chaque blessure marquée du sceau de la haine des Juifs sous toutes ses formes est ma blessure. Chaque larme que cette haine fait couler est ma douleur. Aucune résignation ni indifférence, votre combat est et sera à jamais le mien jusqu'à ce qu'il n'y ait plus à craindre d'être juif en France.

MANUEL VALLS est ancien Premier ministre. Il publie en 2023 *Le courage guidait leurs pas* aux éditions Tallandier.

AUTRES AUTEURS AYANT PAR AILLEURS CONTRIBUÉ À CET HOMMAGE

Tous les textes sont accessibles sur le site dédié au livre :
https://linvisibledelaruevaucouleurs.dr-editions.fr

André Aboulkheir, Sabine Aiache, Jean-Pierre Allali, Jacques Amar, Cyril Aslanov, Paul Atlan, Louis Bachoud, Philippe Banquet, Laurence Benaïm, Jean-François Bensahel, Claude Birman, Isabelle Boccon-Gibod, Claude Bochurberg, Nicolas Cadène, Jacqueline Chekler, Huguette Chomski Magnis, Marc Cohen, Serge Dahan, Daniel Dayan, Emmanuel Debono, Danielle Delmaire, Olivier Douville, Jean-Dominique Durand, Roger Fajnzylberg, Christiane Galili, Ariel Goldman, Évelyne Gougenheim, Michel Granek, Yana Grinshpun, Laurent Hassid, Carol Iancu, Maurice Ifergan, Christian Jean, Bernard Kahane, Francine Kaufmann, Gérard Kleczewski, Adriana Langer, Philippe Lefebvre, Lili Leignel, Franck Lévy, Pierre Lurçat, Sylvie Méhaudel, Adeline Metten, Charles Meyer, Henri Mojon, Jean-Jacques Moscovitz, Marc Nacht, Didier Nebot, Haïm Nisenbaum, Édith Ochs, Esther Orner, Françoise Ouzan, Nidra Poller, Didier Rappaport, Serge Raymond, Jean-Louis Repelski, Jan Albert Roetman, Myriam Rusznievski Dahan, Michelle Sabann, Laurent Sagalovitsch, Georges Salines, Josiane Sberro, Jérôme Segal, Ivan Segré, Michel Serfaty, Leslie Shaw, Charles Sulman, Jean Szlamowicz, Maud Tabachnik, Christine Taieb, Gil Taieb, Monette Vacquin, Hélène Waysbord, Jacques Wrobel, Sonya Zadig, Nathalie Zajde, Paul Zawadzki, Karim Zeribi.

BRÈVE BIBLIOGRAPHIE SUR L'AFFAIRE

L'Affaire Sarah Halimi, Noémie Halioua, éditions du Cerf, 2018.

Le Nouvel Antisémitisme en France, collectif, avec une préface d'Élisabeth de Fontenay, éditions Albin Michel, 2018.

L'Affaire Sarah Halimi ou l'éradication du Sujet, collectif, sous la direction de Michel Gad Wolkowicz, David Reinharc Éditions, collection «Makom», 2022.

TABLE DES MATIÈRES

Équipe éditoriale

RESPONSABLE ÉDITORIAL : David Reinharc

CONSEILLÈRE ÉDITORIALE : Clara Souply

ASSISTANTS ÉDITORIAUX : David Chapon, Najwa El Haïté

RÉVISEURS : Paulina Dalmayer, Alexandra Laignel-Lavastine, Adriana Langer, Paul-François Paoli

GRAPHISME COUVERTURE : Caroline Keppy

GRAPHISME INTÉRIEUR ET MAQUETTE : Chloé Laforest

CONCEPTRICE DE LA CHARTE TYPOGRAPHIQUE ET PREMIÈRE CORRECTRICE : Isabelle Kersimon

CORRECTRICE : Margaux Merand

CONSULTANT JURIDIQUE : Me Nathanaël Majster

L'éditeur remercie également Me Frédéric Wizmane.

Crif

CONSEIL REPRÉSENTATIF DES INSTITUTIONS JUIVES DE FRANCE

MIXTE
Papier | Pour une gestion forestière responsable
FSC® C108412

Un premier tirage (30 000 exemplaires) de cet ouvrage a été diffusé gratuitement par le Consistoire central israélite dans toutes les synagogues et les lieux communautaires de France.

Ce livre a aussi été offert aux invités du dîner du CRIF (Conseil représentatif des institutions juives de France) de l'année 2023.

Cet ouvrage a été imprimé par Typo'Libris.

Dépôt légal : février 2023

ISBN : 978-2-49357-524-1

N° impression : 22060880

Imprimé en France